Hassan Ali Djan

Afghanistan.
Deutschland.
Ich.

Meine Flucht in ein besseres Leben

In Zusammenarbeit mit Veronica Frenzel

HERDER

FREIBURG · BASEL · WIEN

Titel der Originalausgabe: Afghanistan. München. Ich.
© Verlag Herder GmbH, Freiburg im Breisgau 2015
ISBN 978-3-451-31304-2

Neuausgabe
© Verlag Herder GmbH, Freiburg im Breisgau 2018
Alle Rechte vorbehalten
www.herder.de

Umschlaggestaltung: Designbüro Gestaltungssaal
Umschlagmotiv: © Jan Schmiedel

Satz: Barbara Herrmann, Freiburg
Herstellung: CPI books GmbH, Leck

Printed in Germany

ISBN Print 978-3-451-06905-5
ISBN E-Book 978-3-451-81483-9

Inhalt

1. „Tot bin ich also nicht"

Ankunft in Deutschland

Fühlt sich so der Tod an? In meinem Inneren spüre ich einen Eisklotz. Meine Muskeln gehorchen nicht, Hände und Füße sind taub.

Wenn ich nicht tot bin, denke ich, dann kehre ich jetzt heim. In die Berge von Zentralafghanistan, in mein Heimatdorf Almitu. Zu meiner Mutter, zu meinen jüngeren Geschwistern, den drei Schwestern und den drei Brüdern. Mehr als vier Jahre zuvor bin ich dort aufgebrochen, im Frühjahr 2001. Seitdem habe ich alles getan, um meiner Familie und mir ein besseres Leben zu verschaffen. Ich habe es weit geschafft. Aber alles ist anders, als ich es mir vorgestellt habe.

Ich liege im Ersatzreifen eines Lastwagens unter der Ladefläche, eingerollt wie ein Embryo, zwei Tage schon. Mehr als 48 Stunden habe ich mich nicht bewegt, habe nichts getrunken, nichts gegessen. Immer wieder wurde ein Kieselstein gegen meine Beine, meine Arme, meine Brust geschleudert, beim ersten Mal dachte ich, mich hätte eine Kugel getroffen. Immer wieder nahmen mir die Abgase den Atem, sekundenlang fürchtete ich, ich würde ersticken. Auch jetzt steigt ätzender Geruch von verbranntem Diesel in meine Nase, legt sich auf die Zunge, brennt in meiner Kehle.

Ich habe gelitten in meinem bisherigen Leben. Habe oft schrecklichen Hunger gehabt und wahnsinnigen Durst. Habe immer wieder mein Leben riskiert. Aber nie habe ich mich so schlecht gefühlt wie in diesem Moment.

Wenn sich Europa so anfühlt, denke ich, dann will ich hier nicht sein.

Der Lastwagen, in dessen Ersatzrad ich liege, ist gerade am Zielort angekommen, über mir wird der Laderaum ausgeräumt. Es ist ein Tag Mitte Oktober im Jahr 2005. Ich habe keine Ahnung, in welchem Land ich mich befinde. Erst am folgenden Tag werde ich erfahren, dass ich in Deutschland bin, in einem Industriegebiet im Nordwesten von München.

Meine letzte Station war der Hafen von Patras. Drei Wochen lang habe ich dort versucht, mich auf einen der Lastwagen zu schmuggeln, die nach Norden fahren. Zuvor hatte ich in Athen erfahren, dass es nur in Nordeuropa Arbeit für Einwanderer wie mich gibt. In Athen sagte man mir auch, dass ich in Patras in das Ersatzrad eines LKWs klettern müsste, um in den Norden zu gelangen. Dass die Lastwagen von dieser griechischen Hafenstadt auf Schiffen nach Italien übersetzten und dann weiterfuhren nach England, Frankreich, Deutschland, Skandinavien. Nur drei Wochen bevor ich Patras erreichte, war ich in Teheran aufgebrochen, mit dem Ziel, nach Europa zu gelangen. Vier Jahre zuvor hatte ich meine Heimat Afghanistan verlassen.

Patras war schlimmer als alle Stationen zuvor. Dort lebten Tausende Flüchtlinge im Wald, wie ich, aßen, was sie in Mülltonnen fanden, kämpften, auch gegeneinander, um in den Norden zu kommen.

Während der drei Wochen dort habe ich Afghanen getroffen, die lange Zeit in Deutschland verbracht hatten, manche Jahre. Das Land sei nicht gut zu Einwanderern, erzählten sie. Zwar hatten sie, während sie auf das Ende ihres Asylverfahrens warteten, ein Bett und genug zu essen, sie waren nicht eingesperrt. Und trotzdem fühlten sie sich wie in einem Gefängnis, entmündigt. Alles wurde ihnen abgenommen, das Einkaufen, das Waschen, das Putzen. Das Schlimmste: Während sie darauf warteten, zu erfahren, ob sie bleiben konnten oder nicht, durften sie nicht arbeiten, keine Schule besuchen, kein Deutsch lernen. Sie hatten die ganze Zeit überhaupt nichts zu tun. Und dann waren sie nach Monaten und Jahren des Wartens doch nach Griechenland abgeschoben worden. Einfach, weil Griechenland das erste europäische Land war, das sie erreicht hatten. Jetzt wollten sie nach England oder nach Skandinavien. Sie fürchteten, wieder nach Deutschland zu gelangen.

Jahrelang warten? Ohne Arbeit? Das kann ich nicht, dachte ich, als ich ihre Erzählungen hörte. Was soll denn aus meiner Familie werden? Sie brauchen mich doch!

Als ich im Ersatzreifen lag und auf den Asphalt blickte, der unter mir vorbeiraste und immer neue graue Muster formte wie das Bild in einem Kaleidoskop, betete ich, mein Lastwagen möge bloß nicht nach Deutschland fahren.

Der Lastwagen steht schon eine Weile, als ich höre, wie jemand von der Ladefläche springt. Wie sich Schritte entfernen. Erst mal bin ich alleine, denke ich und versuche, aus dem Reifen zu klettern. Es geht nicht, meine Muskeln sind immer noch wie gelähmt. Die kleine Wasserflasche, die ich an einem Brunnen in Patras aufgefüllt hatte, bevor ich mich auf den Weg zum Hafen machte, fällt auf den Betonboden. Sie ist voll. Ich habe nichts getrunken, ich wusste nicht, wann ich wieder auf die Toilette gehen könnte. Die Flasche rollt aus meinem Blickfeld, und während ich ihr nachblicke, kriecht Panik in mir hoch. Ich bin in diesem verdammten Reifen gefangen! Ich stecke fest! Auf meine Brust drückt plötzlich ein Gewicht, ich schnappe nach Luft. Versuche mich zu beruhigen, sage mir: „Du hast doch bisher alles gemeistert, irgendwie."

Nach endlosen Minuten schaffe ich es, meinen Kopf aus dem Reifen zu winden, dann die Arme, dann die Beine. Ich falle auf Beton. Der Aufprall tut weh. Tot bin ich also nicht.

Auf einer Seite des Lastwagens stehen ein paar Männer, ich kann ihre Schuhe sehen, schlammige Stiefel. Langsam rolle ich in die andere Richtung, zu einer Mauer. Niemand soll mich so sehen, so hilflos.

Ich versuche aufzustehen, stütze mich auf meine Arme, will die Beine durchdrücken. Die Arme knicken weg, bevor ich die Beine bewegen kann. Sie fühlen sich an, als gehörten sie nicht zu mir, sind unendlich schwer. Ich bleibe auf dem Bauch liegen, minutenlang. Versuche es dann noch mal. Die Arme halten stand. Jetzt die Beine. Sie geben nach, sind weich wie Gummi. Ich setze mich auf die Knie, schaue an mir herab. Mein ganzer Körper zittert.

Als ich mich ein drittes Mal aufrichten will und wieder in die Knie gehe, spüre ich an meinem Bein einen warmen Luftstrahl. Ein Lüftungsschacht! Ich krabble hinauf auf das Gitter, aus dem die warme Luft strömt, rolle mich wieder ein, automatisch, mein Körper will zurück in diese Haltung. Nach ein paar Sekunden beginnen meine Arme unerträglich zu kribbeln, dann meine Beine. Das Gefühl kenne ich aus den Wintern in Afghanistan, wenn ich nach dem Schneeschippen meine Hände ans Feuer hielt. Reflexhaft will ich mich vom Gitter rollen, weg von dem Schmerz. Doch ich sage mir, halt aus, du musst den Eisklotz in deinem Inneren auftauen, und ich bleibe liegen, ganz still, als ob ich so das Kribbeln abschalten könnte. Als der schlimmste Schmerz vorüber ist, strecke ich langsam die Beine, die Arme, bewege Zehen und Finger. Vorsichtig hebe ich die Arme in die Höhe, sie haben jetzt wieder Normalgewicht. Ich blicke auf meine Finger, sie sind blau.

Endlich schaffe ich es aufzustehen. Nicht weit entfernt sehe ich ein Häuschen. Vielleicht kann man mir dort helfen?

Meine Beine sind immer noch wackelig, als ich loslaufe. Hinter einer Scheibe erkenne ich einen Mann, er blickt mich erstaunt an, tritt heraus. Er sagt etwas, aber ich verstehe nichts. Es kommen andere Männer, auch sie sprechen zu mir, blicken mich mit großen Augen an. Ich spüre: Sie erwarten eine Antwort. Ich schüttele den Kopf, ich will, dass sie sehen, dass ich ihre Sprache nicht kenne. Doch die Männer verstehen mich nicht, sie sprechen einfach weiter zu mir. Auch ich beginne zu reden, auf Dari, Neupersisch, meiner Muttersprache. „Rufen Sie bitte die Polizei", sage ich, „ich will zurück nach Hause, nach Afghanistan." Noch während ich spreche, merke ich, dass die Männer jetzt sehen, dass ich sie nicht verstehe, dass auch sie mich nicht verstehen. Sie blicken erst irritiert, dann lächeln sie freundlich, ein wenig hilflos. Ich lächle zurück, auch ich hilflos.

Ein Mann zieht mich in das Häuschen, wo es warm ist. Noch immer zittere ich. Er fragt, ob ich Tee will, er sagt tatsächlich „Chai", so heißt Tee auf Dari, ich nicke, er gießt Tee in einen Becher, drückt ihn mir in die Hand. Dann nimmt er den Telefonhörer, und ich verstehe, dass er jetzt die Polizei ruft.

Auch wenn ich es mir gerade noch gewünscht habe, bekomme ich Angst. Ich habe keine guten Erfahrungen mit der Polizei gemacht. Im Iran, wo ich vier Jahre gelebt habe, haben wir uns immer versteckt, wenn wir Männer in Uniformen gesehen haben, es passierte oft, dass sie uns Afghanen festhielten und schikanierten. Und in Griechenland haben mich Polizisten geschlagen.

Während wir auf die Polizei warten, frage ich den Mann, wo ich bin. Auf Persisch nenne ich die Namen von ein paar Ländern, die ich kenne. England? Frankreich? „Alman?" Alman heißt auf Dari Deutschland. Er versteht mich nicht. Natürlich nicht. Ich zeige mit dem Finger auf den Boden, ziehe die Schultern hoch und blicke ihn fragend an. Er zieht die Augenbrauen nach oben, er versteht, dass ich wissen will, wo ich bin. Er zeigt ebenfalls auf den Boden, sagt: „Deutschland."

Deutschland? Das deutsche Wort für dieses Land, in das ich nie wollte, kenne ich nicht. Ich muss in einem Land gelandet sein, von dem ich noch nie zuvor gehört habe, denke ich, naiv.

Was für ein Glück, freue ich mich. Hierher muss es bisher kaum jemand geschafft haben. Und von hier kann niemand, den ich auf meiner Reise kennengelernt habe, weggeschickt worden sein.

Angesichts dieser neuen Erkenntnis schwindet mein Wunsch, nach Almitu zurückzukehren.

Nur wenige Minuten später stehen zwei junge Männer vor dem Häuschen. Sie lächeln freundlich und sehen überhaupt nicht aus, als würden sie mich schlagen wollen. Trotzdem bleibt mein Unbehagen. Die Polizisten beachten mich zuerst nicht weiter. Sie unterhalten sich mit den Männern, die immer noch um das Häuschen stehen. Durch die Scheibe beobachte ich die Szene, als würde ich nicht dazugehören. Einen Moment kann ich die Illusion aufrechterhalten, es würde hier gar nicht um mich gehen. Ich sehe, wie die Männer gestikulieren, wie sie auf den Lastwagen deuten, aus dessen Reifen ich geklettert bin, dann auf die Scheibe, hinter der ich sitze. Keiner schaut mich an. Erst als einer der Polizisten die Tür öffnet und mich ansieht, dringt in mein Bewusstsein, dass die Beamten wegen mir da sind. Der Mann sagt etwas. Ich blicke ihn stumm an. Er greift sanft nach meinem Unterarm, macht eine schnelle Kopfbewegung. Ich verstehe, dass ich mitkommen soll.

Auf dem Präsidium tastet mich ein neuer Polizist ab, nimmt meine Fingerabdrücke, auch er lächelt mich an. Er durchsucht meine Taschen und findet die 250 Euro, die ich in einer Innentasche meiner Jeans versteckt habe, mein letztes Geld. Er schiebt das Geld in einen Umschlag und verwahrt ihn in einer Kiste. Dann führt er mich in einen Raum, der vollkommen weiß gekachelt ist, selbst die Bank in der Mitte ist weiß gefliest. In einer Ecke steht eine Toilette. Auf der weißen Bank sitzen drei Männer. Sie starren mich an, sagen nichts. Auch der Polizist bleibt stumm. Wahrscheinlich weiß er, dass ich sowieso nichts verstehen würde. Er schiebt mich in den Raum, schließt hinter mir die Tür, sie ist weiß und aus Stahl. Auf der Bank ist kein Platz, ich setze mich auf den Boden, lehne mich mit dem Rücken an die Wand.

Wie geht es jetzt weiter?, frage ich mich. Muss ich wieder gehen? Darf ich bleiben? Und was ist das überhaupt für ein Land? Ich schaue die Männer an, die neben mir auf der Bank sitzen, als ob sie mir eine Antwort geben könnten. Der erste schläft, sein Kopf ist nach hinten gefallen, der Mund offen. Der zweite starrt auf die weiß gekachelte Wand vor ihm, ohne mit den Wimpern zu schlagen. Der dritte mustert mich, stumm. Sind sie Flüchtlinge? Sie sehen anders aus als die Menschen, die ich in Griechenland kennengelernt habe, die wie ich nach Nordeuropa wollten. Ihre Klamotten sind ordentlicher, ihre Haut ist heller.

Weil ich keine Antworten finde, male ich mir meine Zukunft aus, so wie ich sie mir wünsche, wieder mal. Wie immer tauchen Bilder aus dem Iran vor meinem inneren Auge auf, wo ich vier Jahre lang auf Baustellen gearbeitet habe, vor allem Bilder aus meinem letzten Jahr, als ich in einem Luxushotel Fliesen gelegt habe. Ich stelle mir vor, dass ich auch in diesem Land auf Baustellen arbeiten werde und dass sie so schön sein werden wie das iranische Luxushotel.

Als ich mir gerade eines der Hotels vorstelle, öffnet sich die weiße Stahltür. Ein Polizist schiebt vier Tabletts herein, darauf stehen jeweils ein Glas Wasser sowie ein Teller mit zwei dicken, schneeweißen Scheiben, dazwischen klemmt eine dünne, orangegelbe Scheibe, die glänzt wie Plastik. Toastbrot mit Schmelzkäse, werde ich später erfahren. Jetzt habe ich keine Ahnung, was ich vor mir habe. Während ich den Teller noch skeptisch beäuge, beißen die drei anderen schon in das Sandwich. Ich merke, dass ich unglaublichen Hunger habe. Doch als ich in das Brot beiße, muss ich würgen. Es schmeckt seltsam, ungewohnt. Ich versuche es noch einmal. Wieder muss ich würgen. Ich lege das Brot auf den Teller und trinke langsam das Wasser. Plötzlich übermannt mich große Müdigkeit, ich lege mich auf die kalten Kacheln und dämmere weg, falle in einen traumlosen Schlaf.

Das Quietschen der Stahltüre weckt mich. In der Tür steht ein Polizist, er gibt mir Zeichen, ihm zu folgen. Ich blicke mich um, die anderen Männer sind weg. Der Polizist schiebt mich in einen dunkelgrauen Raum, schließt die graue Tür hinter mir, lässt mich alleine zurück. Auf dem Betonboden liegen eine dünne Matratze und dünne Decke. In der Ecke steht eine Toilette. Durch ein kleines Fenster erahne ich den Nachthimmel.

Ich lege mich auf die Matratze. Doch ich kann nicht mehr schlafen. Mein ganzer Körper tut jetzt weh, mein Rücken, meine Schultern, meine Beine. Ich wälze mich hin und her, halte es nie länger als ein paar Minuten in einer Position aus. Meine Gedanken rasen, von Afghanistan in den Iran, nach Griechenland, in dieses neue Land. „Wann ist endlich diese Nacht vorbei?", frage ich mich, immer wieder, und versuche erst an das grüne Tal von Almitu zu denken, dann an den grauen, fensterlosen Bauarbeiterverschlag, in dem ich in Teheran wohnte. An jene Orte, an denen mein Kopf klar war und meine Gedanken langsam dahinplätscherten.

Als am nächsten Morgen die Stahltür aufgeht und ein Polizist ein Tablett auf den Boden stellt, springe ich auf, wie erlöst. Ich habe das Gefühl, keine Sekunde geschlafen zu haben. Doch kaum stehe ich, fällt die Tür schon wieder ins Schloss. Wieder liegt auf dem Tablett weißes Brot mit gelbem, glänzendem Käse. Wieder bringe ich keinen Bissen hinunter. Ich trinke das Wasser. Und werde allmählich ruhiger.

Zwei Beamte kommen wenig später in den grauen Raum, an ihrer Seite ist ein älterer Mann. Auf Persisch stellt er sich als Dolmetscher für die deutsche Sprache vor, für „Almani".

Deutsche Sprache? Bin ich doch in Deutschland gelandet, in diesem Land, in das ich niemals wollte, in dem man jahrelang auf das Ergebnis seines Asylverfahrens wartet, nicht arbeiten darf und dann doch abgeschoben wird? Was soll meine Familie tun ohne mich? Und was wird jetzt mit mir passieren? Soll ich gehen? Kann ich einfach gehen?

Meine Gedanken rasen wieder. Nach Almitu. Im Oktober kann die Kälte dort schon unerträglich sein, wenn kein Feuerholz da ist. In den Iran. Einem Freund habe ich ein paar Hundert Euro hinterlassen, damit er das Geld meiner Familie gibt, wenn er das nächste Mal nach Afghanistan fährt. Und nach Deutschland, ins Jetzt. Ich sage mir, dass die Polizisten und die anderen Leute, die ich bisher kennengelernt habe, freundlicher waren als an allen anderen Orten, an denen ich bisher gewesen war. Und dass es hier deshalb so schlimm nicht sein kann. Vielleicht habe ich Glück? Vielleicht ergeht es mir anders als den anderen?

Der Dolmetscher – ein kleiner, schmaler Mann, mit dunkelgrauem, zurückgekämmtem Haar und schmalem Mund – fragt, ob ich einen Pass dabeihabe. Er scheint mich zum zweiten Mal zu fragen, seine Stimme ist fordernd, sein Blick ungeduldig. Ich schüttele den Kopf. Nie in meinem Leben habe ich einen Pass besessen. Ich wüsste nicht einmal, wo und wie ich in Afghanistan einen Pass hätte bekommen können. Der Dolmetscher fragt mich jetzt nach meinem Namen, nach meinem Geburtsdatum.

Als die Beamten hören, dass ich im Jahr 1368 geboren bin, lachen sie, der Dolmetscher lächelt. Er erklärt mir, dass in Deutschland ein Kalender gilt, der dem afghanischen um 621 Jahre voraus ist. Das afghanische Jahr 1368 entspricht also dem westlichen 1989, demnach bin ich zum Zeitpunkt meiner Ankunft 16 Jahre alt. Die Polizisten fragen nach meinem Geburtstag, und ich erkläre, dass ich leider nicht weiß, ob ich im Winter oder im Sommer geboren bin. Erst schauen sie erstaunt. Dann lachen sie wieder. Ich lächele, ohne zu verstehen, was lustig sein soll. Der Dolmetscher erklärt, dass die Deutschen ihr genaues Geburtsdatum kennen.

Die Beamten fragen dann, wie ich gekommen bin, wie ich die Reise vom Iran nach Europa organisiert habe. Ich antworte, dass ich einen Iraner dafür bezahlt habe, mich nach Istanbul zu bringen. Der Dolmetscher übersetzt. Dann erklärt er mir, er habe den Polizisten gesagt, mein Vater habe die Reise für mich organisiert. Das sei besser, sagt er.

Ich starre ihn an, Gedanken jagen wieder durch meinen Kopf. Ich denke an meinen Vater, daran, wie er vor vier Jahren auf dem Sterbebett zu mir sagte: „Ich gehe jetzt in eine andere Welt, du trägst jetzt die Verantwortung für die Familie." Ich denke an die Nacht, in der ich Almitu verließ, um in den Iran zu gehen, weil ich dieser Verantwortung in Afghanistan nicht gerecht werden konnte. Daran, wie ich vier Jahre später, mitten in der Nacht, in Teheran meine besten Freunde Hamid und Naem überredete, mit mir nach Europa zu gehen, auf der Suche nach einem besseren Leben für meine Familie.

Ich bin verwirrt, fühle mich schwach, stumm. Will der Dolmetscher mir helfen? Wieso sonst sollte er für mich lügen?

Glaubt er, dass mir die deutschen Behörden wohler gesonnen sind, wenn nicht ich selbst die Entscheidung getroffen habe, nach Europa zu gehen? Aber wie soll ich dann erklären, wieso ich hier bin? Wieso ich mein Land verlassen habe?

Während ich noch grüble, bringen mich die Beamten zurück in die Zelle, es gibt Mittagessen. Ich fühle mich wie ein Taubstummer, der nicht kommunizieren kann, hilflos, ausgeliefert. Bin wütend auf den Dolmetscher, der ohne mein Wissen Unwahrheiten über mich verbreitet hat. Immer wieder frage ich mich, ob er es böse mit mir meinen könnte. Und schließlich beruhige ich mich, dass er mir wahrscheinlich helfen wollte. Dass es besser ist, wenn ich bei seiner Version bleibe. Ich denke darüber nach, was das bedeutet. Was ich bei künftigen Verhören sagen muss. Der Gedanke beunruhigt mich, ich müsste beginnen zu lügen. Ich bete, die Aussage des Dolmetschers über meinen Vater werde niemand ernst nehmen. Wenn mich das nächste Mal jemand nach meiner Flucht fragt, sage ich mir, werde ich widersprechen.

Am Nachmittag holen mich die Beamten wieder in den Verhörraum. Ein anderer Dolmetscher ist jetzt da. Die Beamten fragen wieder nach meiner Reiseroute. Ich erzähle nicht, dass ich in Griechenland war. Ich muss an die Afghanen in Patras denken, die aus Deutschland nach Athen abgeschoben wurden. Ich fühle mich unbehaglich. Misstrauisch beobachte ich die Gesichter der Beamten, wenn der Dolmetscher übersetzt. Passt ihre Reaktion auf meine Antwort? Stellen sie die passenden Rückfragen? Übersetzt er das, was ich sage? Ich habe das Gefühl, es passt nichts. Oft fragen die Polizisten Dinge, die ich gerade schon gesagt habe. Ich denke: Mein Sprachrohr funktioniert nicht. Der Dolmetscher verdreht meine Worte.

Bis über meinen Fall entschieden ist, soll ich in einem Asylbewerberheim leben, erklärt der Dolmetscher schließlich. Ich will fragen, wie lange es dauern wird, bis ich weiß, ob ich bleiben kann oder nicht. Wieder denke ich an die Afghanen aus Patras, die ein paar Jahre hier waren, und bleibe stumm. Das will ich nicht hören.

Die Beamten gehen dann nach draußen, der Dolmetscher fordert mich auf zu folgen. Der Himmel hängt tief und grau über der Stadt, ein kalter Wind weht. Noch immer trage ich nur ein T-Shirt. Der Iraner führt mich zur Rückbank eines Polizeiwagens, nimmt neben mir Platz. Wir fahren zu Orten, die so ähnlich aussehen wie das Gelände, auf dem ich am Vortag angekommen bin. Der Dolmetscher fragt mich immer, ob ich etwas wiedererkenne, ob ich an diesem oder jenen Ort schon mal gewesen bin. Ich schüttle jedes Mal den Kopf. Dann halten die Beamten vor dem Gelände, auf dem der LKW, aus dessen Ersatzrad ich mich am Vortag gequält habe, gehalten hat. Ich zeige mit dem Finger auf die Stelle.

Die Polizisten schauen plötzlich unfreundlich, murmeln in kühlem Ton etwas. Der Dolmetscher sagt, dieser Lastwagen sei am Tag zuvor aus Griechenland gekommen. Panik kriecht in mir hoch. Ich fürchte, man könnte mich nach Griechenland zurückschicken. Erst Jahre später werde ich vom Dublin-Abkommen hören, von diesem europäischen Vertrag, der besagt, dass jeder Flüchtling in Europa in dem Land Asyl beantragen muss, das er als erstes betreten hat.

Jetzt schüttele ich den Kopf, aus dieser diffusen Angst heraus, mich könnte das gleiche Schicksal wie die anderen Afghanen ereilen. Ich will nicht nach Patras zurück, wo jeder ums Überleben kämpft, ums Fortkommen, auf sich alleine gestellt, ich sage: „In Griechenland bin ich nie gewesen."

Dies sei aber der einzige Laster, der gestern bei dieser Firma angekommen ist, übersetzt der Dolmetscher, kühl. „Und der ist aus Griechenland gekommen." Ich erwidere, es könne ja sein, dass der Laster aus Griechenland kommt. Ich aber sei schon in der Türkei in das Ersatzrad gestiegen.

„Wir könnten dich jetzt sofort nach Athen zurückschicken", sagt einer der Polizisten, er schaut mich streng an. Ich will protestieren, doch ich bin zu schwach. Der Polizist blickt mich lange an. „Wir geben dir eine Chance. Weil du minderjährig bist." Ein Gericht werde entscheiden, ob ich bleiben kann oder nicht. Ein Gericht? Ich werde meine Geschichte erzählen können, denke ich, ich werde für mich sprechen können.

Ich muss an Griechenland denken, wo mir Polizisten einen Abschiebebescheid ausgestellt hatten, ohne ein Wort mit mir gewechselt zu haben. Und wieder denke ich: Deutschland kann so schlecht nicht sein.

Dann wollen die Beamten genau wissen, wie ich nach Deutschland gekommen bin. Wo ich auf den Lastwagen geklettert bin, wie genau ich mich in dem Ersatzreifen versteckt habe. Ich sage, ich hätte am Hafen von Izmir gewartet, bis das Sicherheitspersonal außer Sichtweite war, um über den Zaun zu klettern. Dort hätte ich zuerst meine Beine in den Reifen gelegt, zum Schluss hätte ich meinen Kopf hineingezogen.

Als ich geendet habe, fordern die Beamten mich auf, ins Auto zu steigen. Nach zehn Minuten halten sie an. Einer der beiden reicht mir zwei Zettel. Der Dolmetscher erklärt, dass auf einem die Adresse meines neuen Zuhauses steht und dass ich den anderen Zettel am Eingang des Zuhauses abgeben soll. Auch den Umschlag mit meinem Geld, den 250 Euro, erhalte ich zurück.

Der Dolmetscher sagt, dass ich jetzt aussteigen soll. Doch ich bleibe im Auto sitzen, stumm, blicke fragend zu den Polizisten, zum Dolmetscher, auf den Zettel, wieder zu den Polizisten. Ich habe keine Ahnung, was ich jetzt tun soll, wohin ich muss, wie ich dorthin komme. Ich sage dem Dolmetscher, dass ich nicht lesen kann. Weder persische noch lateinische Schrift. Er übersetzt. Einer der Beamten nickt in meine Richtung, steigt aus, Ich verstehe, dass ich mit ihm gehen soll. Er begleitet mich in den Bahnhof, kauft für mich eine Fahrkarte, zeigt mir auf einem Plan, wo ich aussteigen soll, und bringt mich zum Bahnsteig. Dort wartet er, bis mein Zug kommt.

Als ich einsteige, lächelt er und winkt. Ich winke zurück. Noch immer habe ich keine Ahnung, wie ich zu der Adresse finden soll. Dem ersten Mann, der mir sympathisch scheint, halte ich den Zettel mit der Adresse der Unterkunft vors Gesicht, gleichzeitig ziehe ich fragend die Schultern hoch. Auch er will mir auf dem Fahrplan, der auch in der Bahn hängt, den Weg erklären. Ich schüttele den Kopf, sage auf Persisch, dass ich nicht lesen kann, dass ich diesen Plan nicht verstehe, vielleicht ein wenig zu aufgeregt. Er lächelt und legt eine Hand auf meine Schulter, als wolle er mich beruhigen. An der nächsten Haltestelle schiebt er mich nach draußen. Er selbst steigt auch aus. Er fasst mich sanft am Arm, zieht mich nach vorne, ich folge. Treppen rauf, Treppen runter. Mit eindeutigen Gesten erklärt er mir an einem anderen Gleis, dass ich zwei Stationen später aussteigen soll. Als ich in den Zug steige, bleibt auch er am Gleis stehen und winkt. Ich winke zurück, berührt von seiner Hilfsbereitschaft.

Als ich zwei Haltestellen später aus der Bahn steige, halte ich einen Mann am Arm fest, der gleichzeitig mit mir ausgestiegen ist, mit fragendem Blick zeige ich ihm den Zettel. Er schüttelt meine Hand ab, deutet genervt auf Schilder und geht weiter. Erst Wochen später verstehe ich, dass im U-Bahnhof der Weg zu der Adresse auf dem Zettel ausgeschildert ist. Der Weg zur Erstaufnahmeeinrichtung Obersendling, meiner ersten Unterkunft in Deutschland. Der zweite Mann, den ich frage, ignoriert mich, der dritte auch. Der vierte schließlich macht mit der Hand eine kräftige Bewegung: „Folge mir."

Nach nur wenigen Minuten hält er vor einem dreistöckigen, senfgelben Gebäude, er tippt mit dem Zeigefinger auf die Adresse, deutet auf das Gebäude, lächelt aufmunternd und geht. Als er nicht mehr zu sehen ist, vergleiche ich die Buchstaben auf dem Zettel mit denen auf dem Straßenschild an der Ecke. Sie stimmen überein. Ich bin angekommen.

Am Eingang kontrollieren mich zwei Wachmänner. Sie finden mein Geld, behalten 200 Euro und geben mir 50, notieren etwas auf Blättern. Ich wundere mich, traue mich aber nicht zu widersprechen. Dann drückt mir einer der beiden ein Bündel in die Hand – darin sind Bettwäsche, Handtücher, Duschgel, Zahnbürste und -pasta – und bringt mich zwei Etagen höher, bis vor eine Tür. Er klopft, wartet, bis sich die Tür öffnet, und lässt mich dann alleine zurück.

Im Türrahmen steht ein dunkelhaariger Junge, er ist etwa so alt wie ich. Das Zimmer hinter ihm ist klein und vollgestopft mit Stockbetten und Schränken. An einem Tisch in der Mitte sitzen drei weitere Jungs, auch sie sind in meinem Alter, auch sie dunkelhaarig. Alle vier starren mich entgeistert an. „Was ist los?“, frage ich auf Dari. „Hast du versucht, ein Auto zu reparieren, oder was?“, fragt der Junge an der Tür auf Persisch zurück und lacht laut. Er zieht mich ins Zimmer und vor einen Spiegel. Mein Gesicht ist schwarz von Ruß und Öl.

Erst jetzt fällt mir auf, dass ich das erste Mal, seit ich in Deutschland angekommen bin, in einen Spiegel schaue – und dass ich bisher keine Möglichkeit hatte, mich zu waschen. Wieso haben die Polizisten mich nicht auf den Ruß hingewiesen? Wieso konnte ich ihn nicht abwaschen? Gleichzeitig muss ich an all die Menschen denken, denen ich bisher begegnet bin, und die mich freundlich behandelt haben – trotz meinem schwarzen, verschmierten Gesicht: in dem Industriegebiet, in dem ich aus dem Lastwagen geklettert bin, in der Bahn, auf dem Weg in die Unterkunft. Ich beschließe, dass ich die Deutschen nett finde.

„Woher kommst du?", fragt einer der Jungs. Ich erzähle, dass ich im Ersatzrad aus Griechenland gekommen bin, dann berichten sie durcheinander von ihren Reisen. Die vier sind ebenfalls im Lastwagen aus Griechenland gekommen, allerdings nicht im Reifen, sondern im Laderaum. Ich hatte in Patras von dieser Möglichkeit gehört. Es ist sicherer als im Ersatzrad, aber teuer. Man muss einen Helfer bezahlen, der den Container verschließt und plombiert, nachdem man hineingeklettert ist.

Der Junge, der mir die Tür geöffnet hat, stellt sich als Arif vor. Er fragt, ob ich auch bei der Polizei übernachten musste. „Und hast du auch dieses weiße, labbrige Brot bekommen? Und diesen Plastikkäse?", fragt er. „Ich konnte keinen Bissen essen!", antworte ich. Alle vier verziehen mitleidig das Gesicht. „Leider mögen die Deutschen dieses Brot und diesen Käse – das bekommen wir hier auch." Jetzt ziehe ich eine leidende Grimasse. Wir lachen.

„Du musst Hunger haben", sagt Arif. Aus zwei Kühlschränken holen die vier Jungs bunte Becher und stellen sie vor mir auf den Tisch „Joghurt, iss, so viel du willst."

Als ich die Becher vor mir sehe, überwältigt mich der Hunger. Fast vier Tage habe ich jetzt schon nichts gegessen. Ich reiße den Deckel eines orangefarbenen Bechers auf. Während ich den ersten Löffel in den Mund schiebe, frage ich mich, wieso die Jungs bloß so nett zu mir sind, wieso sie mir ihre ganzen Vorräte geben. Ist irgendwas faul? Der intensive Geschmack des Joghurts verdrängt meine Gedanken. Er schmeckt anders als die, die ich bisher gegessen habe. Süß, ungewohnt fruchtig. Und ich merke, dass ich unglaublichen Hunger habe. Kaum habe ich den Joghurt ausgelöffelt, öffne ich den nächsten Becher.

„Schmeckt dir das?", fragt Arif mit ungläubigem Blick. Erst jetzt merke ich, dass die vier mich unverhohlen anstarren. Als ich nicke, erklären sie, dass sie zwei Mal in der Woche eine Kiste mit Lebensmitteln bekommen und dass jedes Mal Fruchtjoghurts dabei sind, die keiner von ihnen essen mag. Ich zucke die Schultern, esse noch zwei Joghurts. Dann ist mein Bauch voll.

„Du solltest dein Gesicht waschen", sagt Arif und springt auf. „Ich sollte überhaupt mal duschen", erwidere ich. Während ich Handtuch und Seife aus dem Bündel packe, das ich am Eingang bekommen hatte, holt Arif aus einem schmalen Blechschrank Unterwäsche, eine Jeans, ein T-Shirt und eine Jacke und legt alles vor mir auf ein Bett. „Kannst du haben, bis du was eigenes bekommst."

Die Duschen liegen im Keller. Auch meine Arme und mein Hals sind schwarz von Öl, Ruß, Abgasen. Es dauert lange, bis ich den ganzen Dreck von meiner Haut gewaschen habe. Als ich fertig bin, bringe ich die schmutzigen Sachen zur Wäscherei, sie liegt gleich neben den Duschen. Dort scheint ein Mann nur auf mich zu warten. Er nimmt meine Schmutzwäsche entgegen, packt sie in einen Beutel, gibt mir eine Nummer, sagt etwas und macht dabei Zeichen. Ich verstehe, dass meine sauberen Klamotten morgen abholen kann.

Die Afghanen, die ich in Patras getroffen habe, scheinen in diesem Punkt recht gehabt zu haben. In Deutschland ist man als Flüchtling unmündig. Man darf weder Wäsche waschen noch selbst Essen kaufen. Ich beschließe, dass das jetzt mein geringstes Problem ist.

Am Abend kocht einer meiner neuen Mitbewohner Nudeln mit Fleischsauce. In der Küche stinkt es nach verbranntem Fett. An schmutzigen Kochplatten stehen Männer und Frauen, einige komme aus Afrika. Sie reden viel, ich verstehe kein Wort. In sechs Waschbecken stapelt sich schmutziges Geschirr. Auf dem Boden liegen leere Konservenbüchsen, Plastikverpackungen, Zwiebelschalen. Kaum habe ich meinen Teller Nudeln aufgegessen, übermannt mich Müdigkeit.

In unserem Zimmer gibt es zwei Stockbetten und ein Einzelbett. Das Einzelbett ist schon belegt. Trotzdem sage ich, dass ich gern dort schlafen würde, ich will ein wenig Ruhe. Meine Mitbewohner verstehen das und räumen das Einzelbett.

Ich lege mich auf die Matratze. Sie ist weich, die Decke auch. Ich höre leise die Stimmen meiner Zimmergenossen, die am Tisch in der Mitte unseres Zimmers sitzen, und muss an die Unterkunft in Griechenland denken, wo wir in einem riesigen Raum mit Hunderten von Menschen schliefen. Ich denke an Naem und Hamid, meine Freunde aus Almitu, mit denen ich aus dem Iran bis nach Patras gereist bin. Ich wünsche mir, dass sie jetzt auch in so einem weichen Bett liegen. Über dem Gedanken schlafe ich ein.

Ich träume, dass ich in einem schneebedeckten Tal eine verlorene Ziege suche. Es ist dunkel, Wolken bedecken den Mond, ich stolpere über Steine. Als ich endlich die Ziege vor mir sehe, zu ihr laufen will, fallen plötzlich Steine auf mich. Ich wache auf.

Die anderen Betten sind leer, draußen ist es hell. Jemand klopft kräftig an der Tür. Ich springe auf, ziehe mir die Jeans über und öffne. Vor der Tür steht ein freundlicher junger Mann. Ein Sozialarbeiter.

Er winkt mir, und ich folge ihm in den Keller, in einen Raum, der aussieht wie ein Geschäft auf einem iranischen Basar. In Regalen stapeln sich Hosen in verschiedenen Farben und Stoffen, T-Shirts, Pullover, Jacken. Alles ist geordnet nach Größen. Der Mann reicht mir eine Plastiktüte und gibt mir mit einer ausladenden Handbewegung zu verstehen, dass ich mir etwas aussuchen soll. Ich gehe zuerst zu den Jacken. Ich nehme zwei – ich friere – und blicke fragend zu dem

24

Mann, der im Türrahmen steht, unsicher, ob ich wirklich so viel nehmen darf. Er nickt freundlich. Ich packe auch noch einen Schal in die Tüte, Handschuhe, vier Pullover, T-Shirts, Socken, Unterwäsche, ein Paar Turnschuhe.

Ich verstaue die Sachen in dem freien grauen Metallschrank in unserem Zimmer, der Sozialarbeiter, der in der Tür auf mich wartet, gibt mir zu verstehen, dass ich das Vorhängeschloss am Türrahmen benutzen soll. Dann bringt er mich zu einem Gebäude ein paar Häuser weiter. Später erfahre ich, dass es die Münchner Außenstelle des Bundesamts für Migration ist, der Ort, an dem über meinen Asylantrag entschieden wird. Schon jetzt ahne ich, dass es dort um meine Zukunft in Deutschland gehen soll.

Das Gebäude ist dunkel, riesig, einschüchternd. Vom Foyer laufen wir in einen langen Flur mit unzähligen Türen. Vor einer bleibt der Sozialarbeiter stehen. Während ich mich noch wundere, wieso er gerade diese Tür gewählt hat, zeigt er auf einen Stuhl, der neben der Tür steht. Ich verstehe, dass ich warten soll. Als ich mich gesetzt habe, reicht er mir ein Papier, lächelt, winkt und verschwindet.

Was, wenn ich auch so lange auf das Ergebnis des Asylverfahrens warten muss wie die jungen Afghanen, die ich in Patras kennengelernt habe? Was, wenn auch ich jahrelang nicht arbeiten kann? Und was, wenn es bei mir anders läuft? Was, wenn ich Glück habe? Ich habe keine Antworten, nur immer neue Fragen. Ich versuche, die Gedankenflut zu stoppen, diese fürchterliche Unruhe wegzuatmen, aber es gelingt mir nicht.

Nach langer Zeit öffnet sich endlich die Tür, und mir gegenüber stehen zwei Männer in grauen Anzügen, einer dunkelhaarig, der andere blond. Mit strengem Blick winken sie mich herein. Plötzlich sind die Fragen in meinem Kopf verschwunden. Der Dunkelhaarige stellt sich als Dolmetscher vor, ein Iraner. Die beiden wollen Dinge von mir wissen, die ich schon den Polizisten erzählt habe. Von meiner Reise. Ich wiederhole, dass ich in der Türkei in den Lastwagen gestiegen bin. Ich sage, dass ich hier bin, weil ich für meine Familie in Afghanistan verantwortlich bin. Nach meinem Vater fragen sie nicht, ich sage auch nichts.

Nachdem wir etwa eine Stunde gesprochen haben, gibt mir der Dolmetscher einen Zettel mit persischen Buchstaben, die ich nicht lesen kann. Ich bin müde, will aus diesem Büro, frage nicht nach. Auf den Zettel hat der Dolmetscher ein Datum geschrieben. „An dem Tag sehen wir uns wieder." Zuhause werde ich meine Mitbewohner fragen, welcher Tag gemeint ist, um was es geht.

In der Unterkunft erfahre ich, dass auf dem Zettel nicht nur mein nächster Termin in dem großen, einschüchternden Gebäude steht, sondern auch, dass ich am folgenden Tag zum Gesundheitsamt muss.

Den ganzen nächsten Vormittag brauche ich, um die Adresse zu finden. Wieder zeige ich Passagieren und Passanten den Zettel mit dem Straßennamen. Diesmal habe ich weniger Glück, ich muss lange fragen, bis mir jemand hilft. Im Gesundheitsamt begrüßt mich eine freundliche Krankenschwester. Sie gibt mir einen Plastikbecher und schickt mich aufs Klo. Später nimmt mir ein Arzt Blut ab, hört meine Lunge ab, meinen Herzschlag. Dann muss ich in einem kahlen Zimmer warten. Nach einer halben Stunde kommt die freundliche Krankenschwester und gibt mir zu verstehen, dass ich jetzt gehen kann. Von den Ergebnissen der Untersuchungen werde ich nie erfahren.

Am nächsten Morgen ist der Himmel strahlend blau. „Ich gehe Fußballspielen, kommst du mit?", fragt Arif. Er erzählt, dass er sich bei schönem Wetter immer mit ein paar anderen afghanischen Jungs trifft, im Ostpark.

Wir fahren mit der U-Bahn zu dem grünen Park, er ist umstellt von Hochhäusern. Nicht weit von der Haltestelle kicken schon ein paar Jungs auf einer großen Grünfläche, vier Jacken markieren die Tore. Es ist kühl, die Luft ist so klar, wie ich sie zuletzt in Almitu erlebt habe. Wir warten am Spielfeldrand, bis der Ball ins Aus geht, verteilen uns dann auf die beiden Mannschaften. Ich laufe dem Ball hinterher, verteidige ihn, werfe mich vors Tor, blockiere die Gegenspieler. Mein Kopf ist leer. Schon lange habe ich mich nicht mehr so gut gefühlt.

In einer Spielpause erzählen die anderen Jungs, dass sie schon mehrere Jahre in Deutschland leben. Ein paar arbeiten in Supermärkten, ein paar putzen, ein paar spülen in Restaurants Geschirr.

Und einer erzählt, dass er gerade den Schulabschluss macht, dass er nächstes Jahr eine Ausbildung zum Automechaniker beginnen wird. Ich horche auf. Ich habe das Gefühl, dass er mir gerade den Schlüssel genannt hat für meine Zukunft. Wenn ich eine Ausbildung machen kann, dann kann ich wirklich ein besseres Leben haben. Dann kann ich ankommen in diesem Land, kann ein erfolgreiches Leben führen, wie ein Europäer, dann kann ich mir etwas aufbauen. Dann kann ich noch viel mehr erreichen, als ich jemals für möglich gehalten hätte.

„Was muss ich tun, um in die Schule zu gehen? Ist es schwierig? Kostet es was?" Ich bestürme den Jungen mit Fragen. Ich verstehe, dass ich nur eine Aufenthaltserlaubnis brauche, um all das machen zu können. Und ich verstehe auch, dass es schwierig ist, eine zu bekommen.

Von meinen Mitbewohnern erfahre ich in den nächsten Tagen, dass ich als Asylbewerber in Deutschland frühestens nach vier Jahren arbeiten darf – außer über mein Asylverfahren wird früher entschieden. Bekomme ich eine Aufenthaltserlaubnis, kann ich sofort arbeiten. Bekomme ich eine Duldung, müsste ich mindestens vier Jahre warten, bis ich arbeiten kann, wahrscheinlich mehr.[1] Erhalte ich einen Abschiebebescheid, muss ich Deutschland verlassen, und kann versuchen, in einem anderen europäischen Land Asyl zu beantragen. Ich erfahre auch, dass ich in der Zeit, in der ich auf den Ausgang meines Asylverfahrens warte, 40 Euro Taschengeld bekomme.[2] Geld, das ich sparen will, um es im Notfall meiner Familie zu schicken.

Ich lerne, dass ich bald ein Gespräch führen werde, das für meine Zukunft entscheidend sein wird, dass ein Beamter danach beschließt, ob ich eine Aufenthaltserlaubnis, eine Duldung oder eine Abschiebung bekomme. Dieses Gespräch heißt Anhörung. Drei Jungs in meinem Zimmer haben es schon hinter sich. Einer sagt, es gehe dabei um die Gründe, wieso man gerade nach Deutschland gekommen ist. Zwei sagen, es gehe um die Gründe, warum man sein Heimatland verlassen hat. Welche Gründe wichtig sind, welche nicht, kann mir keiner sagen. Ich beginne das Gespräch zu fürchten, bereite Antworten auf ungewisse Fragen vor. Ich will von meinem Traum erzählen, in Deutschland eine Ausbildung zu machen und mir hier ein Leben aufzubauen.

---

[1] Mittlerweile dürfen Asylsuchende und Geduldete nach drei Monaten Aufenthalt in Deutschland arbeiten, allerdings haben Deutsche, EU-Ausländer und anerkannte Flüchtlinge Vorrang. Nach 15 Monaten fällt diese Einschränkung weg.

[2] Heute bekommen minderjährige Flüchtlinge – je nach Alter – etwa 90 Euro.

Bei meinem dritten Termin in der Außenstelle der Ausländerbehörde – ich bin gerade zwei Wochen in Deutschland – sagt
der Dolmetscher, ein Afghane, dass ich das nächste Mal ein
sehr wichtiges Gespräch führen werde. Seine Stimme hat einen feierlichen Klang. Ich verstehe, dass es darum gehen wird,
ob ich in Deutschland bleiben darf oder nicht. Ich verstehe,
dass er von der Anhörung spricht.

2. „Du wirst für die Familie sorgen"
Abschied von Afghanistan

Ich war gerade elf Jahre alt, als mein Vater krank wurde. Dass etwas mit ihm nicht stimmte, merkte ich zum ersten Mal an einem kalten Herbstnachmittag im Jahr 1999. Um unser Haus tobte der Wind, dunkle Wolken hingen tief am Himmel. Er legte sich schlafen, als die Sonne noch nicht untergegangen war. Das passierte selten und überhaupt nur im Sommer, wenn die Tage lang und anstrengend waren. Jetzt im Herbst aber war wenig zu tun, die Ernte hatten wir eingebracht, die Felder schon für den Winter vorbereitet. „Es gibt keinen Grund, so erschöpft zu sein", dachte ich noch. Da merkte ich, dass er sich nicht aus Müdigkeit hingelegt hatte.

In unserem Haus gab es einen großen Raum, der gleichzeitig Wohn- und Schlafzimmer war. Wir schliefen alle in derselben Ecke auf dem Boden, auf Matratzen, die wir nachts ausrollten. Die Kochstelle lag direkt gegenüber in einem kleinen Raum. Dort half ich meiner Mutter an diesem Nachmittag wie so oft beim Zubereiten des Abendessens. Dabei konnte ich meinen Vater durch die halbgeöffnete Tür sehen. Er lag nicht still auf der Matratze wie sonst, sondern rollte sich, die Knie zum Bauch gezogen, von einer Seite auf die andere. Nach ein paar Minuten hielt ich es nicht mehr aus. Ich ging zu ihm, fragte, ob ich etwas tun könne, ob ich dem Nachbarn Bescheid sagen solle, ob wir ihn zum Arzt bringen sollten. Mein Vater lächelte und sagte mit schwacher Stimme, ich solle mir keine Sorgen machen, morgen gehe es ihm wieder besser. Er sei nur ein wenig zu lang barfuß auf dem Feld gestanden. „Vielleicht habe ich mich verkühlt", sagte er und nach einer Pause, „oder was Schlechtes gegessen."

Ich verstand sofort, dass er nur so sprach, weil der Arztbesuch teuer war, weil wir arm waren und der Winter bevorstand. Das nächste Krankenhaus war im Nachbarort, allein die Fahrt dorthin kostete mehr als einen Tagelohn. Und wir benötigten jetzt alles Ersparte. Sobald Schnee lag, gab es in Almitu nur noch wenige Möglichkeiten, Geld zu verdienen. Gleichzeitig brauchten wir mehr, für Brennholz, für warme Kleidung.

Am folgenden Morgen ging es meinem Vater nicht besser. Er stand nicht einmal auf. Noch nie hatte ich ihn morgens im Bett gesehen. Immer war er schon auf den Beinen gewesen, bevor ich aufwachte.

Mein Vater hat immer hart gearbeitet, oft auch am Freitag, dem muslimischen Sonntag. Er arbeitete nicht nur auf dem Feld, sondern war auch ein begabter Handwerker. Die Leute kamen zu ihm, wenn sie ein Haus bauen wollten, wenn eine Tür kaputt war oder irgendein Werkzeug, im Winter reparierte er für das ganze Dorf die Schneeschaufeln. Vom Frühjahr bis zum Herbst, wenn kein Schnee lag, bestellte er für einen Bauern die Felder, einen Teil der Ernte durften wir behalten. Getreide und Gemüse horteten wir in unseren Vorratskammern für den Winter, die Gräser verkauften wir auf dem Markt als Tierfutter.

Seit ich denken kann, habe ich an der Seite meines Vaters gearbeitet. Meine Aufgabe war es vor allem, die Felder zu bewässern. Jeden Morgen und jeden Abend leitete ich mit großen Steinen den Bach, der oberhalb der Äcker floss, um, sodass sein Wasser die Felder flutete. Ich half auch bei der Ernte, ich war flink. Obwohl ich kleiner als die anderen war, füllte ich den Weidenkorb auf meinem Rücken immer schneller als die erwachsenen Helfer.

Zur Schule bin ich nie gegangen. In meinem Dorf gab es zwar ein Schulgebäude, aber so lange ich mich erinnern kann, war es geschlossen. Es gab keine Lehrer. Im Sommer unterrichteten gebildete Leute aus dem Dorf auf dem Platz vor der Schule Schreiben und Lesen. Sie verlangten Geld für diese Stunden. Nur wenige Familien konnten sich den Unterricht leisten.

Auch meine Eltern sind nicht in die Schule gegangen, Lesen und Schreiben haben sie nie gelernt. In unserem Dorf brauchten sie beides auch nicht zu können. Uns Kindern brachten sie bei, was sie übers Rechnen wussten, damit wir auf dem Basar mit den Verkäufern verhandeln konnten. Mein Vater lehrte uns Jungs außerdem, wie man die Felder bestellt, und wir schauten ihm zu, wenn er Werkzeug reparierte. Meine Mutter zeigte den Mädchen, wie man kocht, Brot bäckt und sich um den Haushalt kümmert.

Wir führten ein ärmliches Leben. Lebensmittel waren immer knapp, spätestens am Ende jeden Winters mussten wir unsere Vorräte rationieren. Es gab keine Perspektive auf Besserung.

Freitags blieben wir nach dem Gebet auf dem Platz vor der Moschee, dort traf sich das ganze Dorf. Die Eltern unterhielten sich, und wir Kinder spielten, am liebsten ein Spiel, das Murmeln sehr ähnlich ist. Anstatt Kugeln benutzten wir die Zehenknochen der Schafe, die beim Opferfest geschlachtet wurden. Besonders schöne Knochen färbten wir orange, damit wir sie im Winter auch im Schnee finden konnten.

Ich freute mich die ganze Woche auf die Freitage, am meisten darauf, Hamid und Naem zu sehen. Sie waren etwa so alt wie ich, und seit ich denken konnte, haben wir immer zusammen gespielt. Murmeln, Verstecken, Fangen. Manchmal saßen wir auch nur da und malten uns aus, wir würden zu dritt in den Bergen leben. Wir waren beste Freunde.

Als ich an jenem Herbstmorgen aufwachte und sah, dass mein Vater nicht aufgestanden war, suchte ich zuerst meine Mutter. Vor unserem Haus knetete sie Brotteig. Sie begrüßte mich wie jeden Morgen, als sei nichts geschehen, aber in ihren Augen sah ich, dass auch sie sich Sorgen machte. Als ich sie so sah, wusste ich, sie würde nichts unternehmen, solange mein Vater sie nicht dazu aufforderte. Und ich ahnte, dass mein Vater sie nicht bitten würde, einen Arzt zu rufen. Also rannte ich zu meinem Nachbarn. „Mein Vater ist krank", rief ich aufgeregt, ohne an der Tür zu klopfen. Ich wusste, mein Nachbar würde helfen.

Almitu, der Ort, in dem ich aufgewachsen bin, ist ein kleines Bergdorf in Zentralafghanistan, zwischen Kabul und Kandahar. Als ich noch dort lebte, waren wir etwa tausend Einwohner, alle gehörten wie meine Familie zum Volksstamm der Hazara. Die Hazara sind eine Minderheit, die damals von den Taliban verfolgt wurde. Als mein Vater krank wurde, regierten gerade die Taliban in Almitu. Zwei Jahre zuvor hatten sie neben dem Basar ein Büro eröffnet und dort ein paar ihrer Männer stationiert.

Vielleicht weil wir immer verfolgt worden sind, vielleicht weil unser Dorf so abgeschieden lag, jedenfalls hielten wir Dorfbewohner zusammen wie eine große Familie. Wenn es viel schneite, schippten wir gemeinsam den Schnee von den flachen Dächern unserer Häuser, bevor diese unter der Last einstürzten. Wenn auf einem Acker die Ernte eingebracht werden musste, arbeitete mit, wer Zeit hatte.

In unserem Dorf besaßen damals nur zwei Familien ein Auto, einen alten russischen Geländewagen. Mein Nachbar brachte mich zu einem der Autobesitzer – er war mit ihm befreundet –, ich erklärte die Situation. Der Autobesitzer sagte, er könne meinen Vater ins Krankenhaus fahren, wir müssten aber das Geld für den Sprit vorstrecken. „Wenn dein Vater sehr krank ist, könnte er bald sterben", erklärte er und fragte: „Wer bezahlt dann den Sprit?" Ich war wütend. Er sprach aus, woran ich nicht denken wollte. Dass mein Vater sterben könnte. Doch ich verstand ihn auch. Kaum jemand in Almitu besaß viel Geld, und die Winter waren hart. Wir sagten, wir würden später wiederkommen. Mein Nachbar würde mit meinem Vater sprechen, ihn überreden, die Fahrt und den Krankenhausaufenthalt zu bezahlen.

Als der Nachbar und ich zuhause ankamen, lag mein Vater noch immer gekrümmt auf dem Bett. Der Nachbar fragte umständlich, wie es ihm gehe. Mein Vater unterbrach ihn: „Ich muss ins Krankenhaus." Obwohl ich gehofft hatte, dass er diese Einsicht zeigen würde, war ich schockiert, dass er sie jetzt so drängend aussprach. Es musste ihm wirklich schlecht gehen.

Von dem Autobesitzer erfuhren wir später, dass Vater im Krankenhaus sofort operiert worden war. Er sagte uns auch, dass er meinen Vater abholen würde, sobald der ihm Bescheid sagte.

Erst vier Wochen später hörte ich endlich wieder den knatternden Motor des Geländewagens vor unserem Haus. Meine Geschwister und ich liefen jubelnd vor die Tür. Doch als wir vor dem Auto standen, verstummten wir. Unser Vater brauchte lange, um aus dem Auto zu steigen. Er, der sonst immer so aufrecht ging, stützte sich auf Krücken, die viel zu klein für ihn waren, ging gebeugt, wackelig. Er hatte viel Gewicht verloren, sein Gesicht war bleich.

Als ich ihn so sah, spürte ich einen Kloß in meiner Kehle, ich konnte kaum schlucken. Ich war unendlich traurig. Ich blickte zu meinen Geschwistern und sah, dass auch sie der Anblick meines Vaters erschütterte. Ich wollte ihnen die Angst nehmen und wohl auch mir, also lief ich auf unseren Vater zu, begrüßte ihn laut, tat so, als sei alles wie immer. Mein Vater schien dankbar. Er lächelte, grüßte zurück, und fragte tapfer, welche Arbeit anstand.

Die erste Woche nach seiner Rückkehr aus dem Krankenhaus, stand er morgens wie immer vor uns allen auf und ging ins Dorf, um Vorbereitungen vor dem Winter zu treffen, um Feuerholz zu kaufen, die Getreidevorräte aufzufüllen. Aber ich sah, dass er litt. Wenn er abends glaubte, niemand beobachte ihn, fasste er sich an den Bauch, schloss die Augen und krümmte sich.

Der erste Schnee kam und mit ihm der erste Nachbar, der meinen Vater mit der Reparatur seiner Schneeschaufel beauftragen wollte, der Stiel war abgebrochen. Mein Vater nahm die Arbeit dankbar an, wie immer. Doch als er die eiserne Schaufel auf den neuen Stiel montieren wollte, rutschte er ab, einmal, zweimal, dreimal. Was er früher in fünf Minuten erledigt hatte, schaffte er erst nach einer Stunde, er war schweißgebadet. Danach schickte er mich zur Tür, wenn die Nachbarn um Reparaturen baten. Ich sollte sagen, dass mein Vater viel zu tun habe, gerade keine neuen Aufträge annehme. In Wirklichkeit kauerte er auf dem unebenen Lehmboden unserer Hütte, unter einem Berg von Decken, und litt Schmerzen.

Er war keine zwei Wochen zuhause, als ich wieder zum Mann mit dem Geländewagen lief. Diesmal begleiteten meine Mutter und ich Vater zum Arzt. Im Gesicht des Doktors erkannte ich Entsetzen, als er meinen Vater sah. Der Doktor untersuchte ihn, dann bat er ihn um eine Urinprobe. Als mein Vater weg war, flüsterte er uns zu, er könne nichts mehr für ihn tun, wir sollten ihn jetzt in Ruhe lassen, versuchen, ihm das Leben so angenehm wie möglich zu gestalten. Zu meinem Vater sagte er bei seiner Rückkehr, er solle in ein paar Wochen wieder kommen.

Als wir im Geländewagen nach Hause fuhren, sprachen wir kein Wort. Mutter, die zwischen uns saß, streichelte unentwegt die Hand meines Vaters, mein Vater stierte aus dem einen Fenster. Ich starrte aus dem anderen und versuchte meine Wut auf den Arzt zu unterdrücken. So schlecht ging es meinem Vater doch gar nicht! Natürlich war etwas nicht in Ordnung. Aber wie konnte er ihn einfach so aufgeben? Wie konnte er ihn einfach sterben lassen? Er lief mittlerweile doch gut auf den zu kurzen Krücken, er stand früh auf, arbeitete ein wenig, immerhin. Und er redete wie immer. Mit klarer, fester Stimme. Vielleicht war er ein wenig trauriger als früher. Aber das würde sich sicher ändern, sobald er keine Schmerzen mehr hatte.

Doch kurze Zeit nach dem zweiten Arztbesuch begann mein Vater, sich seltsam zu verhalten. Obwohl es schon später Herbst und sehr kalt war, wollte er nur kalte Sachen essen, am liebsten Joghurt. An einem Abend bat er mich, Eis zu holen, aus dem Bach hinter unserem Haus, der schon fast ganz zugefroren war. Ihm sei so heiß, sagte er, er brauche Abkühlung. Ich weigerte mich, argumentierte, das sei nicht gut für ihn, erst recht nicht für seinen Magen. Schließlich ging er selbst zum Bach, langsam, auf seinen viel zu kurzen Krücken.

Am folgenden Tag trug er mir auf, den Imam zu holen. Ich wusste sofort, was das bedeutete. Der Imam war der Einzige in Almitu, der ein offizielles Testament aufsetzen konnte. Ich saß bei meiner Mutter auf der anderen Seite des Ofens, als mein Vater sich mit dem Imam unterhielt, sortierte Steinchen aus dem Getreide und lauschte.

„Was willst du denn jetzt schon ein Testament?", fragte der Imam, ungehalten. „Du stirbst doch noch lange nicht. Du bist jung, du hast kleine Kinder."

„Es ist ja nur für den Fall der Fälle", erwiderte mein Vater leise. Es folgte langes Schweigen.

„Wenn du unbedingt willst", sagte der Imam schließlich. Ich sah, wie er sich über eine Schriftrolle beugte, sein Tintenfass und die Feder hervorholte. Dann schrieb er nieder, was mein Vater ihm flüsternd diktierte. Ich verstand jetzt nichts mehr, das Kratzen der Feder auf dem Papier übertönte die schwache Stimme meines Vaters.

Eine Woche später war Vater gar nicht mehr zu verstehen. Er hatte noch mehr Gewicht verloren, die Augäpfel waren tief in die Höhlen gesunken, und vor den Augen lag ein milchiger Schleier. Meine Geschwister mieden jetzt sein Schlaflager. Nur ich ging noch jeden Tag zu ihm. Ich musste mein Ohr an seinen Mund halten, um ihn zu hören. Meist sagte er nicht viel. Er bat mich um Wasser, um eine Decke, manchmal wollte er, dass ich eine Kerze an sein Bett stelle.

Eines Morgens winkte er mich zu sich, bevor ich zu ihm gehen konnte. Ich legte, wie immer in den vergangenen Tagen, mein Ohr auf seinen Mund. „Mein Sohn, hör gut zu." Er sprach deutlicher als an anderen Tagen. „Ich gehe jetzt in eine andere Welt. Du wirst von nun an für die Familie sorgen."

Wieder spürte ich diesen Kloß in meiner Kehle. Doch diesmal konnte ich nicht so tun, als sei alles gut. Ich spürte, dass Tränen über meine Wangen liefen. Mein Vater schien davon nichts zu merken. Er griff nach meiner Hand, zog mich zu sich, mit einer Kraft, die ich schon lange nicht mehr bei ihm gesehen hatten, drückte mein Ohr an seinen Mund und sagte, ich solle die Familie jetzt nach Hause bringen.

Damals lebten wir in einem Haus ein wenig außerhalb des Dorfs. Es gehörte dem Bauern, für den mein Vater die Felder bestellte, und lag unweit der Äcker, die mein Vater bewirtschaftete. Wir waren dorthin gezogen, damit wir es nicht weit zur Arbeit hatten. Unser Haus, das Vater ein paar Jahre zuvor für uns gebaut hatte, lag mitten im Dorf.

„Vater will, dass wir nach Hause gehen", sagte ich zu meinen älteren Geschwistern, als ich mich wieder beruhigt hatte. Sie schauten mich stumm an, sahen meine nassen Wangen und verstanden. Sie begannen Töpfe, Geschirr und Decken zusammenzupacken. Meine Mutter war gerade beim Bach, Wasser holen, meinen jüngsten Bruder hatte sie sich auf den Rücken gebunden. Als sie zurückkam, wiederholte ich, was mein Vater gesagt hatte. Sie schluchzte auf und drehte sich weg. Dann begann auch sie, unser Hab und Gut zu Bündeln zu schnüren. Ich sagte auch den Nachbarn Bescheid. Auch sie verstanden sofort, dass es der letzte Wille unseres Vaters war. Viele Leute halfen beim Umzug.

Am frühen Nachmittag hatten wir alles in unser Haus im Dorfzentrum gebracht. Zwei meiner Onkel trugen unseren abgemagerten Vater auf den Händen hinüber. Er war eingewickelt in dicke Decken. Meine Mutter hatte in unserem Haus schon sein Schlaflager vorbereitet. Keine halbe Stunde später schlief er dort ein und wachte nie mehr auf. Gerade mal zwei Monate waren vergangen seit dem Tag, an dem ich das erste Mal gemerkt hatte, dass er krank war. Er war 42 Jahre alt geworden.

Von da an war das Leben meiner Familie noch schwieriger als vorher.

Ich habe fünf Onkel väterlicherseits, einer von ihnen lebte damals im Iran. Nach der Trauerfeier für meinen Vater nahmen seine vier Brüder meine Mutter und mich beiseite und erklärten, dass sie nicht für uns sorgen könnten. Sie hätten ihre eigenen Familien, ihre eigenen Probleme. Der älteste Onkel legte seine Hand auf meine Schulter und wiederholte, was mein Vater mir auf dem Sterbebett gesagt hatte: „Es ist jetzt deine Aufgabe, die Familie zu versorgen."

Ich war der älteste Sohn, und auch wenn ich erst elf war, musste ich gemäß der Tradition nach dem Tod unseres Vaters dafür sorgen, dass in unserem Haus genug zu essen da war, genug Holz zum Heizen. Ich war von jetzt an verantwortlich für meine Familie. Als mein Vater starb, waren meine fünf jüngeren Geschwister zwischen zehn und einem Jahr alt, und meine Mutter war gerade schwanger mit meiner kleinsten Schwester.

Aber auch wenn man in Almitu mit elf Jahren alt genug sein soll, um für die Familie zu sorgen, so ist man gleichzeitig zu jung, um zu arbeiten. Der Bauer, dessen Felder mein Vater bewirtschaftet hatte, antwortete jedenfalls, ich sei noch zu klein, als ich ihn fragte, ob meine Familie weiterhin seinen Acker pachten könne. Auch auf dem Basar fand ich keine Arbeit. Tag für Tag wuchs meine Verzweiflung. Nachts lag ich wach und grübelte, wie es weitergehen sollte. Ich wusste einfach nicht, wie ich meiner neuen Verantwortung gerecht werden könnte. Meine Mutter verdiente zwar ein bisschen Geld. Wenn die Schafe geschoren wurden, sammelte sie die Wolle und spann sie zu Fäden, die sie an ein Geschäft auf dem Basar verkaufte. Doch was sie einnahm, reichte vielleicht für ein paar Säcke Reis im Jahr.

Ein paar Wochen nach dem Tod meines Vaters kamen die Viehbesitzer zu uns. Sie boten mir und meinem jüngeren Bruder Ehsan – er war zehn – an, als Hirten zu arbeiten. Diese Arbeit will in Almitu niemand machen, nur der, der in Not ist. Man ist den ganzen Tag und die ganze Nacht bei den Tieren, verdient kaum Geld, wird von den Bauern schlecht versorgt und häufig auch verprügelt. Ehsan und ich nahmen den Job trotzdem an, wir hatten keine Wahl. So konnten wir unserer Mutter zumindest ein wenig Geld geben. Und zuhause mussten zwei weniger versorgt werden.

Von da an verbrachte ich meine Tage mit sechzig Schafen, sechzig Ziegen und dreißig Eseln. Die Tiere gehörten verschiedenen Bauern. Frühmorgens sammelte ich sie ein. Einer der Bauern gab mir dann ein wenig Brot. Es war mein Frühstück und Mittagessen. Meist war das Brot, das ich bekam, steinhart. Um es essen zu können, brach ich Stücke heraus und tunkte sie in Bäche. Manche Bauern gaben mir auch ein wenig Butter, oder sie ließen mich ein Schaf oder eine Ziege melken. Aus der Milch machte ich manchmal Käse. Abends führte ich die Tiere von der Weide in ihre Ställe und fütterte sie. Die Nächte verbrachte ich in den Häusern der Viehbesitzer, sie gaben mir etwas zu essen, fast immer Brot.

An meinem ersten heißen Sommertag als Hirte – in den Bergen von Almitu kann es 40, 45 Grad heiß werden – trug ich das Brot wie immer in einem Tuch auf dem Rücken. Als ich es auswickelte, war es aufgeweicht von meinem Schweiß. An diesem Tag aß ich nichts.

Manchmal passierte es, dass ich auf dem Weg zurück ins Tal ein Schaf oder eine Ziege verlor. Ich musste dann im Dunkeln den Berg hinaufklettern. Es gab keinen Weg, aber viele Felsen. Oft suchte ich die ganze Nacht nach dem Tier. Ich wusste: Wenn ich es nicht nach Hause brächte, würde ich verprügelt.

Überhaupt verging kaum ein Tag, an dem mich die Bauern nicht anbrüllten und schlugen. Entweder war ich zu früh oder zu spät dran, nie konnte ich es recht machen. Im Sommer ließen sie mich oft vor der Türe schlafen. Ich sei schmutzig, sagten sie in herablassendem Ton.

Während der härtesten Wintermonate, von Dezember bis Februar, blieben die Tiere im Stall. In dieser Zeit bekamen wir kein Geld und kein Essen. Mein Bruder Ehsan ging dann nach Hause zu meiner Mutter, ich arbeitete bei den Bauern als Diener. Schippte Schnee, mistete die Ställe aus, trug Wasser aus dem Bach in die Häuser, holte die Einkäufe vom Basar, kehrte das Haus. Meine Mutter hatte mir aus Wolle eine dicke Jacke gewebt, damit ich draußen nicht fror. Aber ich hatte keine Mütze und keine Handschuhe. Wenn ich abends am Feuer saß, schmerzten meine Hände und meine Ohren. Die Arbeit war noch schlimmer als das Tierehüten. Ich wurde ständig überwacht, kritisiert.

Doch in keinem Moment dachte ich daran aufzuhören. Mit dem, was mein Bruder und ich verdienten, hatten wir gerade genug, um zu überleben.

Ich wusste, dass einige Männer aus dem Dorf auf Baustellen in Teheran arbeiteten. Ihren Familien ging es besser als den anderen. Die Kinder trugen neue Kleidung und gingen im Sommer in den Schulunterricht. Wenn die Männer nach Almitu zu Besuch kamen, brachten sie Geschenke mit, Jacken, Schuhe, Uhren. Auch einer meiner Onkel hatte eine Zeitlang im Iran gearbeitet. Erst vor ein paar Monaten war er nach Hause zurückgekehrt, sofort hatte er sich ein Auto gekauft.

Bei seiner Rückkehr dachte ich das erste Mal darüber nach, selbst in den Iran zu gehen. Doch ich sagte mir, wenn ich in Almitu zu klein zum Geldverdienen bin, kann ich auch im Iran nicht arbeiten. Die Monate vergingen, doch der Gedanke kehrte wieder, immer drängender.

In einer Winternacht, ich lag auf dem Holzboden in einem Bauernhaus und fror, fiel mein Entschluss. Ich würde gehen, sobald sich eine Gelegenheit bot. Schlimmer als in Almitu konnte es in Teheran nicht werden.

Ein paar Wochen später, der Winter war schon milder, aber ich hatte noch nicht wieder mit dem Viehhüten angefangen, besuchte ich eines Abends meinen Onkel. Ich wollte ihn fragen, was ich tun müsste, um in den Iran zu gehen.

„Wann gehen wieder Männer in den Iran?“, fragte ich, ein wenig umständlich. Mein Onkel antwortete, mit solchen Dingen müsse ich mich nicht befassen. Ich erwiderte, dass ich auch in den Iran gehen wolle. „In Almitu kann ich nicht für die Familie sorgen." Mein Onkel versuchte es mir auszureden. Doch als er merkte, dass ich es ernst meinte, schaute er mich lange an. Und schließlich nickte er. „Ich werde dir helfen." Schon in wenigen Tagen würde er mit seinem Wagen ein paar Männer nach Kandahar bringen, die von dort weiter in den Iran ziehen würden, ich könnte mitfahren. Ich erfuhr, dass wir über Pakistan in den Iran reisen würden. Er sprach mit meinem älteren Cousin, Enayat, der zum zweiten Mal in den Iran gehen sollte, und mit den anderen Männern und bat sie, mir das Geld für die Fahrt zu borgen. Ich musste versprechen, dass ich es im Iran zurückzahlen würde, sobald ich etwas verdiente. Es sollte fast zwei Jahre dauern, bis ich meine Schulden abbezahlt hatte.

Am nächsten Abend erzählte ich meiner Mutter von den Plänen. Meine Geschwister schliefen schon, ich wollte nicht, dass sie etwas mitbekamen. Mutter wurde traurig, bat mich, zu bleiben. Sie sagte, wir würden es schon schaffen mit meinem Einkommen als Tagelöhner, sie sagte, bald sei ich groß genug, um die Äcker zu bewirtschaften. Es war das einzige Mal, dass ich meine Mutter weinen sah. Ich umarmte sie und sagte, es sei meine einzige Chance, der Verantwortung gegenüber ihr und den Geschwistern gerecht zu werden, die ich seit dem Tod meines Vaters trug. „Im Iran werde ich sehr gut verdienen", sagte ich. Sie hörte auf zu weinen. „Pass auf dich auf, mein Sohn."

Wir verabredeten uns im Morgengrauen vor dem Haus meines Onkels. Ich lag die ganze Nacht wach, in keinem Fall durfte ich die Abfahrt verpassen. Als ich aufstand, war meine Mutter schon wach. Sie gab mir zwei hart gekochte Eier. Eines aß ich sofort, das andere steckte ich in meinen Beutel, in den ich auch ein Hemd zum Wechseln gepackt hatte. Sie reichte mir dann ein Bündel mit frittierten süßen Teilchen, eine Spezialität aus Almitu, und sagte: „Falls du irgendwo das Essen nicht verträgst ..." Die Teilchen kann man wie Kekse wochenlang aufbewahren. Als ich aus der Tür ging, hielt sie meine Hand ganz fest. Ich fürchtete, sie würde noch einmal weinen. Entschlossen sagte ich: „Ich gehe." Und sie ließ mich los. Ich drehte mich nicht mehr um, ich wollte den Abschied nicht noch schwerer machen. Nicht für sie und nicht für mich. Der Vollmond leuchtete noch, als ich zum Haus meines Onkels lief.

Es war das erste Mal, dass ich Almitu verließ. Der Frühling zog gerade in unser Tal, gerade hatten die ersten Blumen zu blühen begonnen. Ich musste an vergangene Frühjahre denken, als ich mit Hamid und Naem eine kleine Hütte an einem der Hänge gebaut hatte. Wir hatten uns dort, sooft es ging, getroffen. Meistens hatten wir mit den Tierknochen gespielt, manchmal waren wir einfach dort oben gesessen, hatten auf das grüne Tal und die Hütten von Almitu geblickt. Ich schob die Erinnerung beiseite. Diese Zeit würde sowieso nie wieder zurückkommen.

Es war ein Märztag im Jahr 2001. Ein halbes Jahr später sollten die USA das Taliban-Regime angreifen. Seit dem Tod meines Vaters war fast ein Jahr vergangen.

Wir waren zu siebt, und der Wagen meines Onkels war klein. Auf die Rückbank passten mit Mühe vier Männer. Ich musste mich in den Kofferraum legen. Ich war der Kleinste und der Einzige, der meinem Onkel für die Fahrt nach Kandahar nichts bezahlte. Am Abend, nach mehr als fünfzehn Stunden Fahrt, kamen wir endlich an. Ich hatte während des ganzen Tages keinen Schluck getrunken und nichts gegessen.

Gemeinsam mit meinem Onkel aßen wir in Kandahar zu Abend. Als wir fertig waren, nahm er mich und meinen Cousin beiseite. Er sagte, wir dürften auf der weiteren Reise nicht klagen, auch nicht, wenn wir ein Problem hätten. „Wenn ihr für die Männer, die euch über die Grenze helfen, unangenehm werdet, seid ihr tot", sagte er, dabei hielt er uns an den Schultern fest. Dann verabschiedeten wir uns. Ich stieg mit Enayat und den anderen am Bahnhof von Kandahar in einen Bus. Nach ein paar Stunden, weit nach Mitternacht, erreichten wir ein Dorf an der pakistanischen Grenze. Auf dem Platz, an dem der Bus hielt, standen etwa zehn Geländewagen, hinten auf der Ladefläche saßen Männer mit Kalaschnikows auf dem Rücken. Sie schienen auf uns zu warten, jedenfalls sprangen sie von den Pritschen, als unser Bus hielt.

Es erstaunte mich nicht, dass sie bewaffnet waren. In Afghanistan besaß fast jeder eine Waffe. In Almitu hatten sich verfeindete Familien manchmal auf die gegenüberliegenden Talseiten gestellt und aufeinander gefeuert. Es ging nicht darum, jemanden zu töten – die Distanz war sehr groß –, sondern um die Frage, welche Familie mehr Dorfbewohner auf ihrer Seite hatte. Manchmal starb trotzdem jemand. Mein Vater hat nie bei diesen Machtspielen mitgemacht.

Enayat und die anderen, die schon mal im Iran gewesen waren, gingen auf die Kalaschnikow-Männer in den Geländewagen zu. Sie wussten, dass sie uns nach Pakistan bringen würden. Sie sprachen Paschtu mit ihnen, eine Sprache, die ich nicht beherrsche. Ich verstand trotzdem, dass sie den Preis für die Fahrt verhandelten. Natürlich wussten die Kalaschnikow-Männer, dass wir kein Visum hatten. Sie verlangten viel Geld. Wir sprachen untereinander über ihr Angebot, einer unserer Männer war ärgerlich, das letzte Mal hatte er viel weniger bezahlt. Ein anderer beschwichtigte ihn. Uns bliebe nichts anderes übrig, als das Angebot anzunehmen. Alle verlangten jetzt den höheren Preis, es gebe Absprachen.

Wir schüttelten also, einer nach dem anderen, einem der Kalaschnikow-Männer die Hand. Das Geld würden wir ihm geben, sobald wir Pakistan erreicht hätten.

Mit sieben anderen Männern und Frauen, die mit uns im Bus aus Kandahar gekommen waren, kletterten wir auf die offene Ladefläche des Geländewagens. Uns begleiteten zwei weitere Männer mit Kalaschnikows.

Um die Grenzkontrollen zu umgehen, fuhren wir nicht auf der Straße über die Grenze, sondern querfeldein. Obwohl es stockfinster war, schaltete der Fahrer das Licht nicht an. Manchmal, wenn ein Hang besonders steil war, mussten wir aussteigen und das Auto schieben. Nach langen Stunden, die Sonne ging gerade auf, kamen wir in einem Dorf an. Jemand sagte, wir seien jetzt in Pakistan. Wir stiegen in ein normales Auto, die bewaffneten Männer blieben zurück. Abends erreichten wir eine große Stadt. Später erfuhr ich, dass sie Quetta hieß. Wir bezahlten den Fahrer und trennten uns von den anderen Afghanen. In der Nähe des Marktes fanden wir bald eine günstige Unterkunft. Es war eigentlich ein einziger großer Raum. Als wir ankamen, schliefen in einer Ecke noch ein paar Männer, in einer anderen Ecke wurde das Abendessen serviert.

Fast zwei Wochen blieben wir dort. So lange dauerte es, bis wir jemanden fanden, der uns in den Iran brachte. Wir waren illegal nach Pakistan gereist, was wir vorhatten, war auch illegal. Wir konnten nicht einfach in ein Reisebüro gehen. Und Pakistan schien anders als Afghanistan zu sein. Jedenfalls konnten wir hier nicht einfach zur Grenze fahren und auf einen Geländewagen steigen.

Manchmal, wenn wir über den Markt liefen, flüsterten uns zwar Männer zu: „Wollt ihr in den Iran?" Doch wir ignorierten sie, ihre Angebote schienen uns unseriös. Wir waren vorsichtig, suchten jemanden, dem wir vertrauen konnten. In der Unterkunft kursierten Gerüchte, dass kürzlich Afghanen auf der Durchreise entführt worden waren und dass ihre Familien jetzt erpresst wurden.

Ich verließ die Unterkunft fast gar nicht. Bei der Suche nach einem Schlepper konnte ich nicht helfen, ich sprach kein Urdu, die Sprache, die in der Stadt gesprochen wurde. Wenn ich doch mal rausging, fühlte ich mich unwohl. In den Gassen kauerten Drogenabhängige. Und viele Pakistaner, denen ich begegnete, trugen große Messer am Gürtel.

Als wir endlich einen Schlepper fanden, dem wir vertrauten, war ich erleichtert. Einer unserer Männer hatte in einem Teehaus einen Hazara-Afghanen kennengelernt und von unseren Plänen erzählt. Der Afghane kannte wiederum einen Pakistaner, der schon mal eine Gruppe Hazara in den Iran gebracht hatte.

Dieser Pakistaner besuchte uns am nächsten Tag in unserer Unterkunft. Er trug kein Messer am Gürtel. Er war uns allen sympathisch. Auch den Preis, den er nannte, fanden wir in Ordnung. Mir erschien er hoch, aber ich hatte keinen Vergleich, also schwieg ich. Der Mann erklärte, er würde uns bis zu einer iranischen Grenzstadt bringen. Von dort würde uns dann ein Bekannter weiter in den Iran fahren. Das Geld gaben wir dem Afghanen, der in der pakistanischen Stadt lebte. Er werde es dem Schlepper geben, sobald wir ihn aus dem Iran anriefen und bestätigten, dass wir gut angekommen seien. So wären wir vor Entführungen und Betrügern in Sicherheit, versuchten wir uns einzureden.

Als wir den Ort an der Grenze in der Dämmerung erreichten, wir waren eine Gruppe von etwa dreißig Leuten, stiegen wir in drei Geländewagen um. Wieder fuhren wir nachts und ohne Licht querfeldein, wieder mussten wir absteigen, wenn das Gelände zu steil war. Die Grenzüberquerung war noch abenteuerlicher als die erste. Ein paar Mal blieben wir im Schlamm stecken. Aber wenn es das Gelände erlaubte, fuhr der Fahrer sehr schnell. Hinten auf der Ladefläche konnten wir nicht einschätzen, wann er wieder Gas geben würde. Die ganze Zeit duckten wir uns tief, klammerten uns an den Kanten der Ladefläche fest, um nicht herunterzufallen.

Ich war froh, als wir endlich in die iranische Grenzstadt gelangten. Dort stiegen wir auf die Ladefläche eines großen Baulastwagens. Es gab so wenig Platz, wir mussten stehen. Nach ein paar Kilometern hielt der Wagen unter einer Brücke, jemand sagte, hier würden wir eine Pause machen, bis die Nacht anbreche.

Am Morgen darauf erreichten wir eine große Stadt. Enayat war schon mal dort gewesen. Er brachte uns zum Busbahnhof. Von dort fuhren am nächsten Morgen Linienbusse nach Teheran.

Ich war hellwach, obwohl wir die vergangene Nacht kaum geschlafen hatten, ich versuchte mir auszumalen, was mich erwartete. Einen Moment lang fragte ich mich, wann ich meine Familie wohl wiedersehen würde. Ich hatte keine Vorstellung.

3. „Morgen gehe ich nach Europa!"
Leben im Iran

Teheran kam mir vor wie eine endlose Stadt. Stunden bevor wir den Busbahnhof erreichten, tauchten die ersten Häuser auf. Zuerst klein und niedrig, je weiter wir in die Stadt hineinfuhren, desto höher und größer. Die meisten waren so hoch, dass ich es im Vorbeifahren nicht schaffte, die Stockwerke zu zählen. Wir kamen nur langsam vorwärts. Die Straßen waren breit wie in Almitu die Felder und voller Autos. Schwarze, weiße, rote, große, kleine. Am Straßenrand zwängten sich Männer und Frauen in Hosen zwischen Läden und Essenständen hindurch.

Ich konnte mein Gesicht nicht von dem Anblick hinter der Fensterscheibe lösen. Noch nie hatte ich so hohe Häuser gesehen, so viele Autos, so viele Menschen. Alles war neu, fremd. Nur die schneebedeckten Berge am Horizont sahen vertraut aus. Sie erinnerten mich an die Berge, die Almitu einrahmen.

Was ich sah, verunsicherte und beeindruckte mich zugleich. Ich fragte mich, wie ich mich in dieser Stadt jemals zurechtfinden würde, wie ich Arbeit finden sollte. Gleichzeitig freute ich mich auf das neue Leben.

Nachdem wir aus dem Bus stiegen, wich ich meinem Cousin und den anderen Männer aus Almitu nicht mehr von der Seite. Enayat, der zuletzt aus dem Iran zurückgekehrt war, hatte schon im Bus angekündigt, er wüsste einen Schlafplatz. Er kannte eine Baustelle, auf der ein paar Männer aus Almitu schon seit Jahren arbeiteten und auch schliefen. Er ging voran, lotste uns über vierspurige Straßen, vorbei an Restaurants, Straßenhändlern, Barbieren, durch einen grünen Park, in dem Sträucher und Blumen blühten.

Ich dachte an das Tal von Almitu, das jetzt voller bunter Blumen sein musste, an meine Mutter und meine Geschwister, an meinen Bruder Ehsan, der jetzt schon wieder jeden Tag mit den Schafen, Ziegen und Eseln in die Berge ziehen durfte. Einen Moment war ich wehmütig, fürchtete, in dieser Stadt meiner Verantwortung, die Familie zu versorgen, nicht gerecht zu werden. Doch die vollen Geschäfte, die vielen Passanten, das Neue verdrängten den Gedanken an Almitu.

Nach einer Stunde gelangten wir zu einer Baustelle, auf der gerade ein weiteres Hochhaus entstand. Ich zählte mehr als zwanzig Stockwerke. Im Erdgeschoss saßen ein paar Männer um eine Feuerstelle – die Flammen kamen aus einem Gaskocher – und aßen zu Abend. Es roch köstlich nach Reis und Lammfleisch. Plötzlich hatte ich riesigen Hunger. Als die Männer Enayat erkannten, sprangen sie auf und begrüßten ihn laut. Im Schein des Feuers erkannte ich unter ihnen Männer aus unserem Dorf. Es waren jene, deren Kinder zur Schule gehen konnten und neue Kleidung trugen. Als ich mit den anderen aus der Dunkelheit ans Feuer trat, erkannten die Männer auch uns. Sie freuten sich, uns zu sehen. Als sie mich erkannten, sprachen sie mir ihr Beileid aus wegen des Todes meines Vaters. Sie hatten gehört, dass er gestorben war, waren seitdem aber nicht nach Hause gekehrt. Einer schaute mich ernst an und erklärte mit tiefer Stimme, ich bräuchte viel Glück, ich würde es schwer haben, in Teheran Arbeit zu finden. „Du bist noch sehr klein." „Das wollen wir doch erst mal sehen. Er ist klein, aber bärenstark", erwiderte Enayat, der neben mir stand, und lachte laut. „Gleich morgen gehen wir auf die Suche nach einem Job." Ich ahnte zwar, dass Enayat mich nur beruhigen wollte – ich war erst zwölf und kleiner und schmächtiger als alle anderen in der Runde –, doch ich wollte mich nicht entmutigen lassen, also lachte ich auch und reckte meine Arme wie ein Boxer in die Höhe.

Die Männer teilten ihr Essen mit uns. Dann fragten sie nach Neuigkeiten aus Almitu. Als wir das Lamm und den Reis vertilgt hatten, holte ich aus meinem Beutel die letzten beiden frittierten Teilchen, die mir meine Mutter für die Reise mitgegeben hatte. Die Männer johlten: „Das Beste aus Almitu!" Sie schnitten die Teilchen in kleine Stücke, sodass jeder einen Happen bekam. Sie kauten andächtig, manche schlossen dabei die Augen.

Wir sprachen noch eine Weile über die letzte Ernte in Almitu, den Winter. Dann legten sie Matratzen und Decken auf dem Betonboden aus, die sie in einer Ecke gestapelt hatten. Auch für uns Neuankömmlinge bereiteten sie ein Lager. Dann löschten sie das Feuer. Ich lag neben Enayat. Der Boden war ein wenig härter als der in unserer Hütte in Almitu, oder die Matratze war dünner. Jedenfalls schmerzte meine Hüfte, als ich mich zum Schlafen einrollte. Lange konnte ich nicht einschlafen, und ich musste nachdenken über das, was der Mann aus Almitu gesagt hatte. „Du bist noch sehr klein."

Am nächsten Morgen wachte ich in der Morgendämmerung auf. Es roch nach Chai. Enayat kauerte vor dem Gaskocher und kochte Tee. Dazu reichte er Fladenbrot. Ich hatte mein Stück noch nicht aufgegessen, da mahnte Enayat schon zum Aufbruch. „Die beste Arbeit bekommt, wer früh da ist", rief er mir und den anderen Männern aus Almitu fröhlich zu.

Etwa eine Stunde lang liefen wir entlang grauer Straßen. Nur wenige Autos waren unterwegs, im Vergleich zum Vortag schien die Stadt farblos. An den Rändern der betongrauen Straßen standen betongraue Häuser. Selbst die Luft schien grau. Ich dachte an das grüne Almitu. Diesmal verdrängte die Sorge, ob ich Arbeit finden würde, meine Schwermut. Als wir schon eine Weile gelaufen waren, ging rotglühend die

Sonne hinter dem Häusermeer auf. Enayat wurde nervös, sein Lächeln verschwand, er beschleunigte den Schritt.

Schließlich gelangten wir zu einem staubigen Platz, an dessen Rändern schon andere Männer warteten. Enayat blieb stehen, schaute nach einer Lücke in den Reihen. „Fast alle sind aus Afghanistan", flüsterte er mir ins Ohr, als wir uns an eine freie Ecke stellten. Ich schaute mich um. Eindeutig war ich der Jüngste. Die meisten Männer waren auch älter als Enayat. Sie sahen grau aus wie die Stadt, die meisten trugen zerrissene Kleidung und sahen nicht bärenstark aus. Noch mehr von ihnen strömten auf den Platz.

Keine fünf Minuten standen wir an unserer Ecke, als ein paar Meter von uns entfernt ein großer, dunkler Geländewagen hielt, fast genau in der Mitte des Platzes. Ein älterer Herr stieg aus, und alle Männer bewegten sich von den Rändern auf ihn zu. Ich musste an die Schafe und Ziegen in Almitu denken, daran, wie sie auf den Futtertrog zuliefen, sobald ich Futter eingefüllt hatte.

Auf Persisch rief der ältere Herr, er brauche ein paar Männer zum Steineschleppen. Die Männer drängten sich um ihn, ein paar reckten die Arme in die Höhe, um die Aufmerksamkeit auf sich zu lenken, alle fixierten ihn mit ihren Blicken. Er wählte die vier Stärksten aus oder vielmehr die, die am wenigsten schwach schienen. Sie stiegen in den Wagen, und er fuhr mit ihnen davon. Ich beobachtete die Szene vom Rand des Platzes aus, ich hatte Angst vor der Menschenmasse. Ich verstand jetzt endgültig, was der Mann aus Almitu am Vorabend gemeint hatte, als er sagte: „Du bist sehr klein." Auf diesem Arbeitsmarkt, auf dem die einzigen Auswahlkriterien Kraft und Größe waren, hatte ich kaum eine Chance.

Nach etwa einer Stunde war außer mir und Enayat nur noch eine Handvoll Männer übrig, sie waren besonders grau, ihre Kleidung besonders stark zerschlissen. Die anderen aus Almitu waren schon lange auf Pritschenwagen davongefahren. Auch Enayat hätte längst in einen Wagen steigen können, doch er hatte jedes Mal zur Bedingung gemacht, dass ich auch mitarbeiten dürfte, weshalb er am Ende doch auf dem Platz zurückgeblieben war. Meine vehementen Versuche, ihn davon abzubringen, auf mich Rücksicht zu nehmen, waren nutzlos. Als wir eigentlich schon gehen wollten, fuhr doch noch ein Geländewagen vor, ein Mann stieg aus. Er brauchte ein paar Leute zum Fliesenlegen. Er wollte alle übrig gebliebenen Männer mitnehmen. Außer mich. Enayat fragte, ob ich ihn zumindest begleiten dürfte. Der Mann nickte, würdigte mich aber weiter keines Blickes. Ich fühlte mich nutzlos, würdelos. Auf der Baustelle versuchte ich zu beweisen, dass ich arbeiten konnte, rührte Mörtel, reichte Fliesen. Doch der Arbeitgeber würdigte mich weiter keines Blickes, und am Ende des Tages bekam ich kein Geld.

Auf dem Weg zurück zu unserem Schlafplatz auf der Baustelle erklärte ich Enayat, in keinem Fall solle er am folgenden Tag wegen mir Jobs ablehnen. Sollte ich morgen wieder keine Arbeit finden, würde ich alleine zurück zur Baustelle finden, auf der wir schliefen. Er schaute mich erst skeptisch an. Doch er verstand schließlich, dass ich alleine für mich verantwortlich war.

Am nächsten Morgen lief ich wieder mit ihm und den anderen zum Platz und versuchte mir den Weg einzuprägen, das Hochhaus, den Barbierladen, den Basar. Ich ahnte, dass es auch an diesem Tag nicht anders als am Vortag verlaufen würde. Tatsächlich stiegen die anderen innerhalb einer halben Stunde auf die Ladefläche eines Pritschenwagens und verschwanden. Ich blieb allein zurück. Nach einer weiteren Stunde war ich der Einzige auf dem Platz. Auf dem Nachhauseweg wünschte ich mir nichts sehnlicher, als zu wachsen.

Die nächsten Tage verliefen ähnlich frustrierend. Auf der Baustelle, auf der wir schliefen, schaute ich den Arbeitern zu, die in den oberen Stockwerken hämmerten und bohrten. Manchmal half ich, Geld bekam ich keines. Am fünften Tag, lange bevor Enayat und die anderen von ihren Tagelöhner-Jobs zurückkamen, saß ich wieder mal auf einem Stein, starrte auf den grauen Boden vor mir und fragte mich, ob es nicht besser gewesen wäre, in Almitu zu bleiben. Als ich hochblickte, fiel mein Blick auf einen jungen Afghanen. Er war Aufpasser auf der Baustelle, er musste die Ware annehmen, immer da sein. Handwerken musste er nicht. Ich sprang auf. So einen Job konnte ich auch machen! Dass ich klein war, würde nicht stören. Ich fragte den Mann, was die Bedingungen waren, wie er den Job gefunden hatte. Er erklärte, er müsse 24 Stunden lang auf dem Gelände sein, Geräte bewachen, aufpassen, dass sich kein Streuner auf der Baustelle niederließ, und Ansprechpartner sein für Lieferanten und Subunternehmer. Er sagte auch, der Job sei nicht besonders gut bezahlt, aber dafür habe er ein regelmäßiges Einkommen und sei nicht auf die Tagelöhnerjobs angewiesen. Das klang perfekt! Und der Verdienst, den er nannte, erschien mir hoch. Es war fast zehn Mal so viel, wie ich in Almitu als Hirte verdient hatte.

Noch am selben Tag begann ich die Baustellen in der näheren Umgebung abzuklappern. Obwohl ich kein Glück hatte – nirgends wurde gerade ein Aufseher gebraucht –, hörte ich den übrigen Tag nicht auf zu grinsen. Endlich hatte ich eine Idee, was ich in Teheran machen konnte. Und die Bauherren, die ich fragte, hatten mich angehört, mich ernstgenommen. Als Enayat am Abend zurückkam, lief ich auf ihn zu und erzählte ihm von dem Plan. Er nickte begeistert. Er freute sich, dass ich eine Perspektive hatte. Vor allem aber war er erleichtert.

Am nächsten Tag zog ich früh los. Als Erstes betrat ich eine Baustelle, auf der schon ein fünfstöckiger Rohbau stand, und fragte einen der Arbeiter nach dem Bauherren. Nach einer

Weile kam ein älterer Herr zu mir. Ich erklärte ihm, dass ich gern als Aufseher arbeiten wollte. Der Bauherr musterte mich skeptisch, während ich sprach. Auch ihn irritierte offenbar, dass ich noch jung und klein war. Bevor er etwas sagen konnte, erzählte ich, dass ich in Afghanistan schon eineinhalb Jahre als Hirte und als Diener gearbeitet hatte. Als ich verstummte, sagte er: „Du hast Glück, ich brauche tatsächlich jemanden." Ich sprang in die Luft. Am liebsten wäre ich dem Mann um den Hals gefallen. „Wenn du willst, kannst du gleich heute Nacht anfangen." Er erklärte, auf der Baustelle würden auch die Bauarbeiter schlafen, sie könnten mir helfen, die Baustelle zu verteidigen, wenn tatsächlich mal jemand nachts Material klauen wollte. In jeder Etage des Gebäudes würden vier Apartments entstehen, ich sollte bald auch Kaufinteressenten durch eine Modellwohnung im Erdgeschoss führen. Mein Vorgänger hatte eine besser bezahlte Stelle gefunden und war kurzfristig gegangen. „Du bleibst hoffentlich länger", sagte er fordernd. Ich nickte heftig.

Fast zwei Jahre blieb ich, so lange, bis alle Apartments fertig und verkauft waren. Es war eine gute Arbeit. Mir gefiel, dass ich mit Sicherheit wusste, wie viel ich am Ende des Monats bekommen würde. Und ich verdiente als Aufpasser selten weniger als die Tagelöhner. Pro Tag bekamen sie zwar mehr als ich, aber es gab Tage, an denen auch sie keinen Job fanden. Natürlich: Ich hatte nie frei. Doch das war mir egal. Was sollte ich auch tun an freien Tagen? Geld ausgeben wollte ich nicht, meine Gedanken drehten sich nur ums Geldverdienen. Deshalb hatte ich schließlich meine Heimat verlassen, deshalb lebte ich im Staub der Baustelle neben anderen Männern, die ich kaum kannte. Doch viel verdiente ich nicht. Es war gerade genug, um mein Essen zu bezahlen, jeden Monat ein bisschen was für die Familie zurückzulegen und einen Teil der Reisekosten zurückzuzahlen. Meine Schulden beglich ich in Raten. Die waren so niedrig, dass es fast zwei Jahre dauerte, bis ich alles abgestottert hatte.

Meine Baustelle lag keine halbe Stunde zu Fuß von dem Gebäude, wo Enayat und die anderen Männer aus Almitu lebten. Einmal im Monat, immer wenn ich mein Gehalt bekommen hatte, ging ich zu ihnen und zahlte die Raten.

Um Geld zu unseren Familien in Almitu zu schicken, hatten die Männer ein langsames, aber sicheres System entwickelt. Wir gaben die afghanischen Scheine denen mit, die nach Hause fuhren. Es passierte vielleicht zwei Mal im Jahr, dass sich eine Gruppe von uns auf den Weg nach Afghanistan machte. Der Bote behielt einen Teil des Geldes als Kommission. Noch vor der Geldübergabe riefen der Bote und der Sender die Verwandten an, um ihnen zu sagen, wer ihnen wie viel bringen würde. Weil die Familien wussten, wem wir das Geld gegeben hatten und wie viel es war, passierte es so gut wie nie, dass die Scheine auf der Reise verloren gingen.

Auf meiner Baustelle arbeiteten etwa zehn Männer, sie kamen alle aus Afghanistan. Nachts waren wir meist mehr als doppelt so viele, hinzu kamen die Tagelöhner, die – wie Enayat und die anderen – bei Freunden mit fester Arbeit unterschlupften.

Auch wenn ich nicht dafür bezahlt wurde, auf der Baustelle zu arbeiten, sondern nur fürs Überwachen, packte ich an, wann immer ich konnte. Manchmal rührte ich Zement an, meistens schleppte ich Steine von der Hauptstraße zur Baustelle, das Haus lag in einer verwinkelten Gasse, die Lastwagen mussten etwa hundert Meter entfernt abladen. Doch die meiste Zeit hatte ich nichts zu tun und langweilte mich. Ich suchte nach Beschäftigung.

Ich begann, das Mittagessen für alle vorzubereiten. Die Arbeiter gaben mir Geld für die Zutaten, ich kaufte ein und kochte. Die Männer zeigten mir, wie man Reis kocht, Gemüse und Fleisch brät. Es war nicht ganz einfach: Weil wir nur einen Gaskocher hatten, musste ich alle Zutaten nacheinander zubereiten. Aber nach ein paar Tagen hatte ich mich organisiert. Das Essen schmeckte nicht wie bei meiner Mutter in Afghanistan, obwohl ich nach afghanischen Rezepten kochte, die die anderen mir beibrachten. Wahrscheinlich fehlten die richtigen Gewürze. Trotzdem hatte ich den Eindruck, noch nie in meinem Leben so gut und so viel gegessen zu haben. Während der eineinhalb Jahre, die ich in Almitu als Hirte gearbeitet hatte, hatte ich fast nur Brot gegessen. Als Diener bekam ich die Reste.

Wenn ich vormittags beim Gemüsehändler, Metzger oder Bäcker anstand, um die Zutaten zu kaufen, zischte fast immer ein Iraner in meine Richtung: „Dreckiger Afghane." Beim ersten Mal traf mich die Beleidigung wie ein giftiger Pfeil. Später gewöhnte ich mich daran. Mit gesenktem Kopf stellte ich mich seitdem an, mied alle Blicke.

Überhaupt wurden wir Afghanen im Iran behandelt wie Menschen dritter Klasse, viele Iraner ließen uns das spüren. Wir waren illegal, hatten keine Rechte. Um eine Wohnung anzumieten, ein Auto oder ein Motorrad zu kaufen, brauchte man Kontakte. Bei Ärzten mussten wir viel Geld bezahlen, bevor wir überhaupt behandelt wurden. Ich hatte Glück, ich brauchte nie einen Arzt. Aber mir war stets bewusst, dass die Arbeit auf den Baustellen gefährlich war. Oft passierte etwas. Einmal stürzte vor meinen Augen ein Junge aus Almitu von einer der oberen Etagen der Baustelle, er war ausgerutscht. Auf der Stelle war er tot. Er war kaum älter als ich.

Ich habe auch oft gehört, dass meine Landsleute in Teheran von Iranern verprügelt wurden, vor allem nachts, auch von Polizisten. Ein Arbeiter auf meiner Baustelle erzählte mir, wie er an der Grenze von Polizisten misshandelt worden war. Sie zwangen ihn, in einen LKW-Reifen zu steigen, rollten ihn dann einen Abhang hinunter. Er sagte, er konnte tagelang kaum stehen und nichts essen. Mir ist nie etwas passiert. Fast meine ganze Zeit verbrachte ich auf der Baustelle, nachts verließ ich das Gelände überhaupt nicht.

Trotz allem fühlte ich mich in Teheran wohl. Wir Afghanen hielten zusammen, wir Männer aus Almitu – wir waren etwa hundert – waren wie eine große Familie. Wenn ich mal kein Geld für Essen hatte, weil ich meiner Familie gerade alles geschickt hatte, zahlten die anderen einfach meinen Anteil fürs Essen mit. Andersrum zahlte ich ihren Anteil, wenn sie kein Geld hatten.

Die Bauarbeiten schritten voran. Im Herbst – ich arbeitete kein halbes Jahr auf der Baustelle – waren die Apartments im Erdgeschoss fertig, die ersten Interessenten kamen. Wir schliefen von da an nicht mehr im Rohbau, sondern in einem fensterlosen Betonklotz, der späteren Garage. Als es Winter wurde, verbrachte ich viele Tage alleine in diesem dunklen Raum vor unserem Gaskocher und langweilte mich fürchterlich. Draußen lag Schnee, es war bitterkalt. Ich lauschte der Stille, dachte an Almitu, selbst die Zeit als Hirte erschien mir in diesen Tagen als glückliche. Nach ein paar Wochen dachte ich, ich halte es nicht mehr aus. Einer von den Bauarbeitern merkte, dass ich unter dem Nichtstun litt. Er schlug mir vor, einen Fernseher zu kaufen. Auf dem Basar fand ich einen kleinen, er kostete nicht viel. Von da an war es in dem Betonbau endlich nicht mehr still und ein bisschen weniger grau. Die Bilder und die Geräusche vertrieben meine traurigen Gedanken. Gleich nach dem Aufstehen schaltete ich den Fernseher ein, und bis abends, wenn wir uns schlafen legten, machte ich ihn nicht mehr aus. Auch wenn ich kochte, lief er. Ich schaute alles Mögliche. Einmal sah ich einen Dokumentarfilm über einen iranischen Arzt, der eine deutsche Frau geheiratet hatte und in Hamburg lebte. In einer Szene fuhr er auf dem Rad zur Arbeit. Ich weiß noch, dass ich mich sehr darüber wunderte, dass er mit dem Rad unterwegs war, obwohl er in Europa lebte. Ich dachte, eigentlich müsste er doch genug Geld verdienen, um sich ein Auto leisten zu können. Dass er freiwillig mit dem Rad fahren könnte, konnte ich mir damals nicht vorstellen.

Abends, wenn die anderen mit der Arbeit fertig waren, schauten wir von da an oft gemeinsam fern. Unsere Lieblingsserie war *Alarm für Cobra 11*. Sie lief jeden Donnerstagabend. Die anderen Arbeiter kamen an diesem Tag oft früher zu mir in den Betonklotz, um den Anfang nicht zu verpassen. Wir mochten die schnellen Autos, die Verfolgungsjagden. Wir fanden gut, dass die Polizisten es immer wieder schafften, den Fall zu lösen und die Bösen hinter Gitter zu bringen, ohne Unschuldige zu verletzen. Und wir mochten auch die saubere Welt im Hintergrund der Verfolgungsjagden, wo es keine Armut gab. Erst viel später sollte ich erfahren, dass es eine deutsche Serie war.

An einem Winternachmittag, ich war noch kein Jahr im Iran, saß ich wieder mal alleine vor dem Fernseher, in einem Sessel den ich mir aus Bausteinen und Decken gebastelt hatte. Vor mir brannte die Flamme des Gaskochers. Ich hatte das Geschirr vom Mittagessen schon gewaschen und wartete darauf, dass die anderen Bauarbeiter Feierabend machten und mich von meiner Einsamkeit erlösten. Ich musste kurz eingenickt sein. Jedenfalls spürte ich plötzlich eine Hand auf meiner Schulter, ohne dass ich gemerkt hatte, dass jemand in den Raum gekommen war. Ich schreckte hoch. Einen Moment war ich nicht sicher, ob ich wirklich wach war oder träumte.

Vor mir standen Naem und Hamid, meine besten Freunde aus Almitu. Ich sprang auf und ihnen in die Arme. Sie waren es wirklich. Wir umarmten uns lange.

Die beiden waren ein paar Tage zuvor nach Teheran gekommen. Von einem Mann aus Almitu, der sie auf seiner Baustelle beherbergte, hatten sie erfahren, wo ich lebte. Sie erzählten, dass sie darüber nachdachten, mir in den Iran zu folgen, seit sie wussten, dass ich dorthin gegangen war. Als dann das nächste Mal eine Gruppe Männer in Almitu aufbrach, um in Teheran Arbeit zu suchen, war der Moment gekommen.

Von jenem Nachmittag an kamen Naem und Hamid fast jeden Abend zu mir auf die Baustelle, oft blieben sie auch über Nacht. Tagsüber arbeiteten sie manchmal als Tagelöhner, sie waren ein wenig älter und größer als ich, sie bekamen Jobs. Außerdem waren sie nicht so sehr auf die Arbeit angewiesen wie ich, ihre Väter und älteren Bruder sorgten für die Familie, sie mussten nur genug für sich selbst verdienen und abgeben, was übrig blieb. Naem legte fast gar nichts für die Familie beiseite. Er investierte das Geld, das ihm am Ende des Monats blieb, um an einer Abendschule Englisch zu lernen.

Als das Wohnhaus, das ich bewachte, nach zwei Jahren fertig war und ich wieder auf Arbeitssuche war, hatte auch ich auf dem Marktpatz für Tagelöhner Erfolg. Ich war jetzt vierzehn Jahre alt, war gewachsen und breiter geworden. Doch ich mochte die Arbeit als Wachmann, vor allem wegen des sicheren Einkommens. Bei Hamid und Naem sah ich, dass sie in manchen Monaten, vor allem im Winter, weniger verdienten als ich. Ich hatte Glück, der Bauherr meiner alten Baustelle begann kurze Zeit später ein neues Gebäude zu bauen, diesmal ein Einfamilienhaus, und er heuerte mich als Wachmann an.

Doch schon nach einem Jahr war das Einfamilienhaus fertig, und ich war wieder arbeitslos. Diesmal fand ich keine neue Anstellung als Wachmann. Morgens ging ich jetzt mit Naem zu dem Platz, wo die Bauherren Tagelöhner suchten und an dem ich in meinen ersten Tagen in Teheran gescheitert war. Nachts schliefen wir auf der Baustelle, auf der Hamid arbeitete. Er hatte einen längerfristigen Job gefunden. Es war später Herbst, als ich den Aufpasserjob verlor, die Luft roch schon nach Schnee, jeden Tag fuhren weniger Pritschenwagen auf den Platz. An den Tagen, an denen wir beide keinen Job abbekamen, liefen Naem und ich gemeinsam durch die Stadt, von Baustelle zu Baustelle, auf der Suche nach neuen Jobs. Doch nirgends wurden wir gebraucht. Meistens gab es einfach keine Jobs für Tagelöhner. Manchmal waren andere vor uns da gewesen. Der erste Schnee fiel, und ich begann, mir große Sorgen zu machen. Meine Ersparnisse gingen zuneige, demnächst fuhr einer von uns zurück nach Almitu, meine Familie brauchte Feuerholz. Jedem, dem ich in dieser Zeit begegnete, erzählte ich, dass ich Arbeit suchte.

In dieser Zeit erließ die iranische Regierung ein Gesetz, um die illegale Einwanderung von Afghanen zu kontrollieren. Wir mussten uns innerhalb einer Woche bei der zentralen Einwanderungsbehörde melden, Namen und Fingerabdrücke hinterlassen. Dann bekamen wir ein Papier mit einer Nummer darauf, das wir von da an immer bei uns tragen mussten. Wurde ein Afghane von der Polizei ohne dieses Papier aufgegriffen, wurde er zurück nach Afghanistan gebracht. Wir waren so viele Afghanen, dass Naem, Hamid und ich zwei Tage und zwei Nächte in der Schlange warten mussten, bis wir an der Reihe waren.

In den folgenden Tagen hielten mich fast täglich iranische Polizisten an und fragten nach meinen Papieren. Manchmal schlugen sie mir mit der Faust ins Gesicht, während ich in meiner Tasche suchte. Sie sagten dann, es gehe ihnen zu langsam. Jedes Mal beleidigten sie mich. Wäre ich nicht auf der

Suche nach Arbeit gewesen, ich wäre nicht mehr auf die Straße gegangen.

Ein Mann aus meinem Dorf stellte mir schließlich an einem Freitag vor der Moschee ein wohlhabendes älteres iranisches Paar vor. Sie suchten jemanden, der freitags, wenn sie auch zuhause waren, ihre Wohnung putzen wollte. Mir machte es nichts aus, freitags zu arbeiten. Und sie zahlten ein wenig mehr als den auf Baustellen üblichen Tagelohn.

Wie alle Iraner war auch das Ehepaar misstrauisch mir gegenüber, so wie gegenüber allen Afghanen. Als ich das erste Mal zum Putzen kam, durfte ich ihr Haus gar nicht betreten, ich sollte nur den Hof fegen. Beim zweiten Mal durfte ich das Treppenhaus putzen. Erst in der dritten Woche sah ich die Wohnung. Doch dann verwandelte sich das Misstrauen in Vertrauen. Nur nach ein paar Wochen behandelte mich das Ehepaar wie einen Sohn. Wenn ich zum Putzen kam, aß ich mittags mit ihnen am Tisch. Wenn ich abends nach Hause ging, packten sie mir die Reste vom Mittagessen ein. Und sie steckten mir immer ein wenig mehr zu als die vereinbarte Summe.

Nur ein paar Wochen nachdem ich den Putzjob angetreten hatte, sprach mich vor der Moschee einer der Männer aus Almitu an, die ich nach Arbeit gefragt hatte. Auf seiner Baustelle suche man Aushilfskräfte, ob ich Fliesen legen könne. „Na klar", antwortete ich. Ich hatte noch nie Fliesen verlegt, doch ich war sicher, dass ich die Arbeit bald lernen würde. Tatsächlich dauerte es nicht lange, und ich war einer der schnellsten in unserem Team. Von da an verlegte ich sechs Tage die Woche Fliesen, am siebten putzte ich.

Eines Tages, es war jetzt mitten im Winter, nahm mich der Vorarbeiter beiseite. Er suche Männer, die ein halbes Jahr lang in einem Hotel außerhalb von Teheran Fliesen legen könnten,

auf einer iranischen Insel, in der Nähe von Dubai. Ich würde
fünf Mal so viel verdienen wie in Teheran. Natürlich sagte ich
sofort zu, ich war so euphorisch, dass ich nichts weiter fragte,
nicht mal, wie die Insel hieß. Ich hätte sie ja sowieso nicht
gekannt. „Wir treffen uns in zwei Tagen auf der Baustelle,
um sechs Uhr morgens, pack ein, was du brauchst", sagte der
Vorarbeiter, gab mir die Hand, ich drückte sie.

Den Fernseher, die Decke und die Matratze ließ ich auf der
Baustelle von Hamid. Meine wenigen Sachen, drei T-Shirts,
zwei Hosen, ein paar Schuhe, verstaute ich in dem Bündel,
mit dem ich mehr als drei Jahre zuvor aus Almitu gekommen
war.

Als ich mich von Hamid verabschiedete, versicherte ich
ihm, dass ich versuchen würde, ihm auch einen der gut bezahlten Jobs auf der Insel zu verschaffen. Hamid hatte schon
oft als Fliesenleger gearbeitet. Gerade hatte er seinen Job verloren. Wir verabredeten, dass ich ihm in vier Wochen eine
Nachricht hinterlassen würde, bei dem Afghanen, mit dessen
Telefon wir gegen Bezahlung manchmal nach Almitu telefonierten. Naem hatte damals einen guten Job auf der Baustelle,
abends besuchte er den Englischunterricht. Er wollte Teheran
nicht verlassen.

Meine Abreise kam so schnell, dass ich keine Zeit mehr
hatte, mich von dem iranischen Ehepaar zu verabschieden.
Über den Afghanen, der uns vorgestellt hatte, ließ ich ausrichten, dass ich nicht mehr zum Putzen kommen konnte.

Ein eleganter Reisebus holte uns pünktlich um sechs Uhr
morgens von der Baustelle ab. Wir waren etwa dreißig Männer, fast alle kamen aus Afghanistan, nur ein paar Iraner waren dabei. Einer erzählte mir, dass unser Arbeitgeber ein rei-
cher Iraner sei, der eine eigene Fluglinie und mehrere Hotels
besitze. Er sagte, die Insel Kisch, auf der wir arbeiten würden,

komme dem Paradies ziemlich nah. Meine Gefühle schwankten zwischen Misstrauen und Euphorie. Ich konnte nicht glauben, dass ich solch einen Traumjob bekommen sollte. Der Bus fuhr auf den Flughafen, und ich war sicher, gleich sei der Traum vorbei. Ich hatte keinen Pass. Wie sollte ich in ein Flugzeug steigen?

Doch nichts war vorbei. Am Flughafen nahmen uns freundliche Menschen in Empfang, Mitarbeiter des Arbeitgebers, sie gaben uns die Flugtickets. Als ich sagte, ich hätte keinen Pass, antworteten sie, ich bräuchte keinen, die Fluglinie würde schließlich unserem Arbeitgeber gehören.

Das erste Mal in meinem Leben stieg ich in ein Flugzeug. Knapp zwei Stunden dauerte der Flug, so lange konnte ich meinen Blick nicht von dem kleinen Fenster lösen. Die meiste Zeit sah ich riesige Wolken und dunkelblauen Himmel, nur manchmal blitzte etwas Braunes dazwischen auf – die Erde. Erst kurz bevor wir landeten, riss die Wolkendecke auf, auch der Boden war jetzt blau. Ich verstand: Unter uns lag das Meer.

In Teheran hatte Schnee gelegen. Als wir aus dem Flugzeug stiegen, war Sommer. Und tatsächlich war die Insel ein bisschen wie das Paradies. Niemals hätte ich es mir vorstellen können – ich ahnte nicht, dass solche Plätze existierten. Doch als ich die Insel sah, wusste ich, dass der Mann am Morgen recht gehabt hatte: Das hier kam dem Paradies ziemlich nah. Das Hotel, in dem wir arbeiteten, lag direkt am türkisblauen Meer, neben einem Palmenhain. Es schien immer die Sonne, die Luft war sauber und angenehm warm, auch das Meerwasser war warm und doch erfrischend. Der Strand und die Straßen waren sauber. Immer und überall waren Arbeiter in grünen Overalls unterwegs, sie gossen Bougainvilleas, putzten jedes Palmblatt einzeln, fegten die Straßen, schnitten das Gras. Arme Menschen schien es nicht zu geben.

Unsere Aufgabe war es, in den Hotelbädern Fliesen zu legen – unser Auftraggeber hatte sie aus Italien importieren lassen –, nur acht Stunden am Tag. Morgens, mittags, abends wurden wir mit Essen versorgt, auch an den Freitagen. Etwa zwanzig Männer kochten im Restaurant des Hotels für uns, um die 200 Arbeiter. Freitags und abends, sobald der Vorarbeiter die Arbeit für beendet erklärte, konnten wir tun, was wir wollten – ums Einkaufen und Kochen mussten wir uns schließlich nicht kümmern. Meistens spielten wir dann am Strand Fußball oder Volleyball, die Bälle bekamen wir im Hotel. Manchmal besuchten wir auch eines der Kinos des Hotels oder den Pool auf der Dachterrasse.

Nie zuvor hatte ich so komfortabel gelebt wie auf Kisch. Das erste Mal in meinem Leben schlief ich in einem echten Bett, auf einer Federmatratze. Mit drei Kollegen teilte ich mir eines der riesigen, schon fertig eingerichteten Hotelzimmer. Von unserem Fenster schauten wir aufs Meer.

Nach vier Wochen fragte ich den Vorarbeiter, ob er noch Arbeiter brauche. Ich wollte ja Hamid nachholen. Der Vorarbeiter nickte, sagte tatsächlich, bald werde er noch mehr Arbeiter benötigen. In einer Telefonzelle wählte ich die Nummer des Kontaktmanns, nannte ihm Ort, Datum und Uhrzeit des nächsten Abfahrttermins und bat ihn, die Information, wie verabredet, an Hamid weiterzugeben.

Keine zwei Wochen später landete Hamid auf der Insel. Von da an wurde die Insel noch mehr zum Paradies. Gemeinsam erkundeten wir die Umgebung. Freitags, wenn wir frei hatten, stiegen wir oft in einen der Minibusse und fuhren um die Insel. Kisch ist klein, der Bus brauchte für die Umrundung nur ein paar Stunden. Wir stiegen immer woanders aus. Manchmal liefen wir durch einen Palmenhain, manchmal am Strand entlang, manchmal über einen Basar. Auf Kisch hatte ich das erste Mal in meinem Leben das Gefühl, dass die Dinge, die auf dem Markt angeboten wurden, auch für mich gemacht waren.

Nach sechs Monaten war das Hotel gefliest, und wir mussten zurück nach Teheran. Ich hatte so viel gespart wie noch nie, gut 2000 Euro.

Im Frühsommer kehrten wir zurück nach Teheran. Ich erfuhr, dass in den nächsten Tagen eine Gruppe von Männern nach Almitu fahren würde. Ich suchte einen Boten und gemeinsam gingen wir zu dem Afghanen, der das Telefon besaß, um zuhause anzurufen. Wie jedes Mal, wenn ich mich meldete, wollte ich meiner Mutter auch diesmal nur ausrichten, dass ich Geld schicken würde. Ich rief nicht öfter an, denn es war teuer und aufwändig, mit ihr zu sprechen. In Almitu besaß nur ein Nachbar ein Telefon, ein Satellitentelefon. Er musste das Gerät zu meiner Mutter bringen, nicht immer hatte er Zeit. An diesem Tag hatte ich Glück. Der Nachbar sagte, ich solle in einer halben Stunde noch mal anrufen, dann sei er bei meiner Mutter.

Nachdem wir uns gegenseitig versichert hatten, dass es uns gut ging, und ich ihr im Beisein des Boten gesagt hatte, dass ich ihr Geld schicken würde, sagte sie: „Bring das Geld doch selbst zurück! Du bist alt genug, um zu heiraten. Ich werde eine Frau für dich suchen."

Ich überlegte einen Moment, die Vorstellung nach Hause, nach Almitu zu gehen, gefiel mir. Ich hatte Geld, ich war erwachsen. Jetzt könnte in Almitu alles anders werden, ich könnte, wie mein Vater früher, ein paar Felder pachten. „Du hast recht", antwortete ich. „Beim nächsten Mal komme ich zurück."

Als ich auflegte, sah ich einen anderen Afghanen, ich kannte ihn aus Almitu, er war kaum älter als ich. Auch er wollte mit seiner Familie sprechen. „Leiste mir Gesellschaft!", sagte er. Gemeinsam warteten wir darauf, bis der Nachbar mit dem Funktelefon auch sein Elternhaus erreichte. Er erzählte, dass er erst vor ein paar Monaten aus Almitu zurückgekehrt war. Zuhause hatte er geheiratet, seine Frau war schwanger. Nur wenige Wochen nach der Hochzeit war er nach Teheran aufgebrochen. Wegen der Feier und der Mitgift hatte er Schulden, die er mit seinem Bauernlohn in Almitu kaum zurückzahlen konnte. Außerdem wollte er seiner Familie und vor allem seinem Kind ein besseres Leben bescheren. „Und das geht nur im Ausland", sagte er, und wir verabschiedeten uns.

Als ich zurück zu der Baustelle lief, auf der ich gerade mit Naem und Hamid lebte, geriet ich ins Grübeln. Die Vorstellung, nach Almitu zurückzukehren, bereitete mir plötzlich ein seltsames Gefühl. Ich fürchtete, mein Leben dort könnte ähnlich verlaufen wie das des jungen Manns, den ich beim Telefonieren getroffen hatte. Ich wollte nicht nach Almitu gehen, um dort mein hart erarbeitetes Geld zu verprassen und dann mit einem Haufen Schulden in den Iran zurückkehren zu müssen. In dieses Land, in dem ich ein Mensch zweiter Klasse war und wo mich nur Jobs auf grauen Baustellen erwarteten. Ich wollte auch nicht jeden Tag bangen müssen, ob wir genug zu essen haben würden. Almitu könnte mir zu klein geworden sein, dachte ich, zu aussichtslos. Beim Gedanken an meine Rückkehr verspürte ich immer größeren Widerwillen.

In der folgenden Nacht konnte ich nicht einschlafen. Ich starrte lange auf die Betondecke des Rohbaus, in dem ich lag, und plötzlich war mir klar: Ich würde nicht zurückkehren nach Almitu. Ich würde nach Europa gehen. Es war die logische Konsequenz. Ich wollte, dass mein Leben sich nach vorne bewegte, nicht rückwärts.

Wir kannten ein paar junge Afghanen aus Almitu, die von Teheran versucht hatten, nach Europa zu ziehen. Doch kurz nachdem sie die Grenze zur Türkei überquert hatten, griff die Polizei sie auf und schickte sie zurück nach Afghanistan. Von dort kehrten sie zurück nach Teheran, frustriert, demotiviert. Sie waren nicht nur gescheitert. Sie hatten auch hohe Schulden, wegen des Geldes, das sie für die Reise bezahlt hatten. Diese Jungs waren keine Vorbilder. Natürlich gab es auch junge Männer, die nach Europa aufbrachen und nicht zurückkamen. Aber von denen hörten wir nichts mehr. Aus unserem Dorf hatte es noch niemand nach Europa geschafft.

Wenn ich nicht ankomme, wenn ich aufgegriffen werde, dann scheitere ich eben, sagte ich mir. Ich war sicher: Ich würde damit umgehen können. Wenn ich aber nach Almitu gehe, dann ersticke ich. Das würde ich nicht aushalten. Ich dachte an meine Mutter, die glaubte, ich würde nach Hause zurückkehren. Und ich sagte mir, sie würde meinen Schritt verstehen.

Im nächsten Moment schüttelte ich Naem, der neben mir lag. „Wach auf! Morgen gehe ich nach Europa!", sagte ich. „Und ihr kommt mit!" Ich glaubte, Naem schnell für meine Idee begeistern zu können. Schließlich lernte er schon seit Jahren Englisch. Sicher war ich aber nicht. Wir hatten noch nie über Europa gesprochen.

Naem schaute mich schlaftrunken an. „Wie kommst du denn gerade jetzt auf so eine Idee? Schlaf lieber", sagte er, verärgert.

Auch Hamid wurde wach. „Wir gehen nach Europa!", rief ich zu ihm. „Und zwar morgen." Er schaute mit halbgeschlossenen Augen zu mir, dann zu Naem, drehte sich schließlich einfach um und schlief weiter. Ich fixierte Naem, flehend.

„In Ordnung, wir gehen nach Europa", sagte er schließlich. „Aber lass uns noch bis morgen nach dem Frühstück warten." Natürlich wollte er mich nur zum Schweigen bringen, um weiterschlafen zu können. Aber ich würde ihn beim Wort nehmen. Eine Zeitlang lauschte ich seinem gleichmäßigen Atem, euphorisch, erwartungsvoll. Dann schlief auch ich ein.

4. „Von jetzt an ist jeder für sich allein verantwortlich"

Der Weg nach Europa

„Ich habe euer Wort?", fragte ich Naem und Hamid am nächsten Morgen, die beiden hatten noch nicht die Augen geöffnet. Ich war früh aufgewacht und hockte schon vor dem Gaskocher, über dem gerade das Wasser für den Tee zu kochen begann. Naem streckte sich, setzte sich auf und fragte zurück: „Du kennst schon die Geschichten von den Jungs aus Almitu, die es nicht geschafft haben und die jetzt einen Haufen Schulden haben?" Ich nickte, schüttete losen Tee ins kochende Wasser und drehte den Gashahn zu.

Jeder aus Almitu kannte die Geschichten. Immer wenn einer von den Jungen laut darüber nachdachte, nach Europa zu gehen, erwiderten die Älteren: „Wollt ihr so enden wie diese Jungs? Mit heruntergelassenen Hosen?"

„Du weißt, dass uns das auch passieren kann?", fragte Naem jetzt und ich nickte wieder, heftiger. „Natürlich kann uns das passieren. Aber ich will es trotzdem versuchen. Ich will nach vorne, nicht zurück nach Almitu." Naem nickte, legte den Kopf schief, so wie er es immer tat, wenn er nachdachte. Und schließlich sagte er. „Du hast mein Wort, ich gehe mit dir."

Dann schauten wir beide zu Hamid. Mit geöffneten Augen lag er noch immer auf seiner Matratze, stierte an die Decke. Er wirkte noch nicht ganz wach. Doch dann richtete er sich mit einem Ruck auf. Er nickte und grinste. „Natürlich komme ich mit, wenn ihr beide geht."

Ich war glücklich. Mit den beiden schien mir der Plan noch besser, ein mögliches Scheitern noch erträglicher.

Ich goss den Tee in drei Becher, zerteilte ein Fladenbrot. „Nach dem Frühstück erkundigen wir uns, wie wir es am besten anstellen."

Kein Chef wartete an diesem Tag auf uns. Naem war wieder mal Tagelöhner. Und Hamid und ich hatten mit dem Vorarbeiter ein festes Honorar verabredet für das Fliesen der Bäder in dem fünfstöckigen Haus, in dessen Erdgeschoss wir gerade lagen. Wann wir arbeiteten, spielte keine Rolle. Wir mussten nur in zwei Wochen fertig sein.

Wir gingen zuerst zu einem der Jungs aus Almitu, die es schon nach Europa versucht hatten und gescheitert waren. Die Baustelle, auf der er schlief, lag nicht weit von unserer. Er saß gerade beim Frühstück. „Wie finden wir Leute, die uns nach Europa bringen?", fragten wir. Der Junge schaute uns skeptisch an, so als prüfte er unseren Willen. Wir hielten seinem Blick stand. Schließlich nannte er uns eine Adresse.

Es dauerte mehr als eine Stunde, bis wir dort ankamen. Wir mussten mit der Bahn und mit Bussen fahren. Schließlich standen wir vor einer kaputten Türe. Es gab keine Klingel, also klopften wir. Ein mittelalter Mann öffnete. Wir sagten, dass wir aus Afghanistan seien, und nannten den Namen des Jungen, der uns die Adresse gegeben hatte. Der Mann bat uns freundlich herein. An seinem Akzent erkannten wir, dass auch er Afghane war. In einem mit schweren Teppichen ausgelegten Zimmer hockte ein zweiter Mann auf dem Boden, ein Iraner. „Wir wollen nach Europa", sagte ich zu ihm, nachdem wir uns noch einmal vorgestellt hatten. Der Perser zog seine Augenbrauen nach oben, hielt den Kopf schief. Auch er schien prüfen zu wollen, ob wir es wirklich ernst meinten. „Ich kann euch bis nach Istanbul bringen", sagte er nach einer Weile mit gesenkter Stimme, so als hätte er Angst, jemand könnte ihn hören. Er kenne jemanden, der uns dann von dort weiterhelfen könne. Wir müssten zuerst mit einem Linienbus von Teheran bis zu einer kurdischen Grenzstadt fahren. Dort würden uns iranische Kurden über die Grenze bringen. Das sei der schwierigste Teil der Reise. Von der türkischen Grenzstadt aus würden wir dann weiter mit einem Linienbus nach Istanbul fahren.

„In der Türkei müsst ihr euch vor der Polizei in Acht nehmen", sagte er. Dann musterte er uns mit strengem Blick. „Ihr geht als Iraner durch. Die Kurden können euch wahrscheinlich Papiere besorgen, damit wird es einfacher." Iraner brauchen in der Türkei kein Visum.

Der Mann verlangte umgerechnet 900 Euro dafür, dass er für uns die Reise nach Istanbul organisierte. Wir nickten, als er den Preis nannte. Jeder von uns dreien hatte etwa 2000 Euro gespart, ich sogar mehr, und wir hatten damit gerechnet, dass die Reise noch mehr kosten würde.

Das Geld sollten wir einem Bekannten geben, der in Teheran lebte. Sobald wir Istanbul erreichten, würden wir ihn anrufen und veranlassen, dass er dem Mann das Geld übergibt. Der Perser erklärte, er wähle diesen Weg der Geldübergabe, weil wir ihnen so viel Vertrauen entgegenbrachten. Schließlich kamen wir aus Almitu – wie die Jungs, die beim Versuch mit ihrer Hilfe in die Türkei zu gelangen, kein Glück gehabt hatten. Dann sagte er, er könne aber auch uns nicht garantieren, dass wir es bis nach Istanbul schafften. Sollten wir wieder zurückgeschickt werden oder sollte irgendetwas anderes dazwischen kommen, müssten wir jedenfalls nur einen Teil bezahlen. „Man braucht einfach viel Glück, um in Europa anzukommen", erklärte er. „Und ihr müsst wissen: Diese Reise ist sehr gefährlich."

Wir vertrauten dem Mann wirklich. Dass die Jungs aus Almitu in der Türkei von der Polizei aufgegriffen worden waren, tat dem keinen Abbruch. Wir wussten, dass es nicht in ihrer

Verantwortung lag, dass es von Zufällen und von Glück ab-
hing, ob die Flucht gelang. Per Handschlag besiegelten wir
unser Abkommen. Schon zwei Tage später sollten wir in den
Bus steigen, mit acht anderen Afghanen. Der Schlepper
nannte uns die genaue Uhrzeit und die Busnummer, dann
verabschiedeten wir uns.

Und dann ging alles sehr schnell. Zurück auf der Baustelle
packte ich ein T-Shirt zum Wechseln und eine Ersatzhose in
meinen Beutel. Meine übrigen Sachen verschenkte ich an die
Männer auf der Baustelle, auf der ich gerade arbeitete. Einen
Teil meiner Ersparnisse tauschte ich in einer der Wechselstu-
ben im Zentrum von Teheran, ich bekam tausend Dollar. Das
müsste reichen für die Fahrt von Istanbul nach Europa. Ich
verlangte die amerikanische Währung, denn ich hatte gehört,
man könne damit überall zahlen. Den Rest meiner Ersparnisse
gab ich einem Bekannten aus Almitu, er sollte die 900 Euro
dem Schlepper geben. Abzüglich der Reisekosten blieben fast
tausend Euro für meine Familie. Bei seiner nächsten Reise
nach Almitu würde mein Bekannter das Geld meiner Mutter
geben.

Dem Bauherrn erklärten Hamid und ich am nächsten Tag,
dass wir die Bäder nicht zu Ende fliesen würden. Wir verlangten den Lohn für unsere bisherige Arbeit. Doch er weigerte
sich, uns das Geld zu geben. Er sagte, wir hätten keinen Anspruch, weil wir unser Wort nicht gehalten haben. Es war mir
egal. Plötzlich wollte ich nur noch weg aus Teheran.

Obwohl ich auch in den letzten beiden Nächten vor unserer Abreise kaum schlief, war ich die ersten Stunden im Bus
hellwach. Ich starrte aus dem Fenster in die Häuserreihen
von Teheran, die irgendwann in eine trockene, sandgelbe
Hügellandschaft übergingen. Erst als die Mittagssonne mich
so sehr blendete, dass ich meine Augen schließen musste,
dämmerte ich ein. Im Halbschlaf träumte ich, dass wir über-

fallen wurden, dass die Polizei uns entdeckte, dass wir entkamen und planlos in der Türkei umherirrten.

Ich erwachte erst, als der Bus am späten Nachmittag in der Grenzstadt hielt. Kaum waren wir gemeinsam mit den anderen Afghanen ausgestiegen, kamen zwei streng blickende Männer auf unsere Gruppe zu. Die iranischen Kurden. Sie gaben uns Zeichen, dass wir ihnen folgen sollten. Sie führten uns zu zwei Geländewagen, die so ähnlich aussahen wie die Wagen, mit denen ich nach Pakistan und in den Iran gereist war. Kaum waren wir auf die Ladefläche gestiegen, fuhren die Kurden los. Das Gelände wurde immer felsiger. Erst nach ein paar Stunden hielten sie wieder an, vor einer niedrigen, einsamen Holzhütte, die mitten in einer kargen Landschaft stand und hinter der sich hohe Berge türmten.

Die Hütte bestand aus einem einzigen Raum. Dort saßen Menschen auf Sofas, auf Stühlen, auf dem Boden. Sie kamen aus Pakistan, Indien, Bangladesch, auch ein paar Afghanen waren darunter. Die beiden Kurden, die uns vom Bahnhof abgeholt hatten, verkündeten, dass wir in der folgenden Nacht alle gemeinsam losgehen würden. Wir waren etwa dreißig Männer. Während wir warteten, gaben uns die Frauen der Kurden Reis mit Fleisch zu essen, das sie vor der Hütte im Freien gekocht hatten.

Es wurde dunkel. Die Kurden mahnten zum Aufbruch. Sie warnten uns, wir sollten uns nicht von der Gruppe entfernen. „Immer wieder werden Flüchtlinge bei der Grenzüberquerung entführt." Dann gingen sie los. Wolken bedeckten den Mond, den Boden vor uns konnten wir kaum sehen. Die beiden Kurden liefen mit schnellem Schritt voran, sie führten zehn Pferde mit, auf denen sie das Gepäck transportierten. Wir drei hatten keine Probleme, ihnen zu folgen. Andere, die Korpulenteren unter uns, taten sich schwerer. Sie keuchten, stöhnten. Erst als der Erste stürzte, verlangsamten die Kurden

den Schritt. Nachdem wir etwa die halbe Nacht gelaufen waren, fiel ein dicker Pakistaner hin und stand nicht mehr auf. Einer der Kurden reagierte ungehalten, brüllte ihn an, er solle aufstehen, wir würden ihn sonst zurücklassen. Mit Mühe stemmte sich der Mann hoch. Hamid und ich griffen ihm unter die Arme und wichen von da an nicht mehr von seiner Seite. Die ganze Gruppe lief jetzt gemächlicher, die Kurden mussten noch langsamer gehen.

Als der Morgen graute, ruhten wir uns endlich aus, auf einer steinigen Ebene in der Nähe eines kleinen Bachs. Die Kurden hatten Brot und Käse dabei, sie gaben jedem eine kleine Portion. Mittags brannte die Sonne vom Himmel, wir schützten uns mit Decken. Kaum jemand konnte schlafen. Als es dämmerte, zogen wir weiter. Wir durchquerten eine unendliche Felswüste, durch die Hunderte von Bächen und Rinnsalen flossen. Auch die folgenden Nächte liefen wir bergauf, bergab, bergauf, die Tage verbrachten wir an den steinigen Ufern kleiner Bäche.

In der sechsten Nacht erreichten wir die Grenzregion. Wir merkten es daran, dass die Kurden nervös wurden. Sie mahnten mehrmals, unsere Gruppe würde nur dann keine Aufmerksamkeit erregen, wenn wir eng zusammenblieben und schnell liefen. Die Grenzschützer würden uns dann mit jenen Männern verwechseln, die Waren auf Pferden vom Iran in die Türkei schmuggelten, und die sie meistens ziehen ließen. Die Langsameren unter uns zwangen sie, ein wenig mehr zu bezahlen und in dieser Nacht auf einem der Pferde zu reiten. Die Pferde trotteten gemütlich, aber sie waren doch so schnell, dass wir von da an laufen mussten. Diesmal hielten wir nicht schon im Morgengrauen an, sondern erst, als die Sonne bereits hoch am Himmel stand. Die Kurden lachten gelöst, als wir uns an einem weiteren Bach inmitten der Steinwüste niederließen. Und wir wussten, wir hatten es geschafft.

Am frühen Morgen des neunten Tages sahen wir endlich wieder ein Haus. Es klebte an einem steilen Hang, sah aus wie ein Vorposten der Zivilisation. Danach waren die Berge weniger zerklüftet. Und wenig später erreichten wir unser Ziel. Ein türkisches Dorf. Die Kurden brachten uns in eine Wohnung. Wie die Hütte, von der wir auf der anderen Seite der Grenze gestartet waren, war sie schon voller Menschen, als wir ankamen. Wir erfuhren, dass die anderen schon seit einer Woche hier waren. Sie erholten sich für die Weiterreise nach Istanbul, warteten auf gefälschte Papiere, auf den richtigen Moment. Die meisten aus unserer Gruppe legten sich erschöpft auf den Boden und schliefen ein.

Naem, Hamid und ich aber waren nicht müde. Wir waren aufgeregt, wollten wissen, wie es weitergeht. Wir duschten, zogen uns um, jemand gab uns einen Teller mit Reis und Fleisch und eine Flasche Wasser. Noch am selben Tag gaben die Kurden, die uns über die Grenze gebracht hatten, iranische Papiere. Sie sagten, was schon der Perser in Teheran prophezeit hatte: Wir würden keine Probleme haben, weil wir iranisch aussahen. Am nächsten Morgen brachten sie uns gemeinsam mit ein paar anderen Männern zum Bahnhof der nächsten Stadt, dort setzten sie uns in einen Linienbus nach Istanbul.

Wir waren keine Viertelstunde unterwegs, als die Polizei den Bus anhielt. Wir sahen, dass die anderen Passagiere ihre Ausweise hervorkramten. Also hielten auch wir unsere Papiere bereit. Ich war sicher, jeder könne sehen, wie aufgeregt ich war, als ich ihnen den Zettel vors Gesicht hielt. Doch die Polizisten warfen nur einen flüchtigen Blick auf die Dokumente, schauten keinen von uns genauer an, und waren schnell wieder verschwunden. Doch als sich der Bus in Bewegung setzte, fiel die Anspannung nicht von mir ab. Ich rechnete jeden Moment mit einer weiteren, strengeren Kontrolle.

Später erfuhren wir, dass die Polizisten die Papiere normalerweise sehr genau kontrollierten und dass es oft Wochen dauerte, bis die Schlepper Papiere bekamen. Wir hatten Glück gehabt.

Erst am nächsten Morgen kamen wir in Istanbul an. An die weitere Fahrt kann ich mich kaum noch erinnern, ich war müde und nervös, meine Gedanken kamen nicht zur Ruhe. Ich weiß noch, ich schaute aus dem Fenster, doch ich nahm die Landschaft nicht wahr.

Kaum waren wir in Istanbul aus dem Bus gestiegen, kam ein Mann auf uns zu. „Hamid? Naem? Hassan?", fragte er mit gesenkter Stimme, wir nickten. Er sprach ein wenig Persisch, stellte sich als Bekannter des Schleppers aus Teheran vor. Wir folgten ihm durch den riesigen Busbahnhof. Auf mehreren Ebenen fuhren Busse über Brücken ein und aus, überall waren Menschen. Sie umarmten sich, weinten, lachten, schleppten Koffer durch die Gänge, aßen, schliefen. Ich musste an einen Bienenstock denken, wie sie in Almitu an den Bäumen hingen. Wir hatten kaum Gelegenheit, uns umzusehen. Der Mann ging schnell voraus, drehte sich kaum um. Immer wenn ich fürchtete, wir könnten ihn aus den Augen verlieren, blieb er stehen und sah nach uns. Ich musste an die Jungs denken, die in der Türkei festgenommen und zurückgeschickt worden waren.

Nie hatten wir darüber nachgedacht, in der Türkei zu bleiben. Wir wussten nicht viel über das Land. Aber was wir wussten, klang abschreckend. Die Türkei war für uns wie die Verlängerung des Iran. Leute aus unserem Dorf waren dorthin gegangen, so wie wir nach Teheran, um zu arbeiten, um Geld zu verdienen. Wir hatten sogar gehört, dass es für Afghanen in der Türkei noch härter war als im Iran, weil es häufiger Polizeikontrollen gab. Die Männer aus Almitu erzählten, dass

man sich in der Türkei ständig verstecken und fürchten musste, ins Gefängnis zu kommen. Die Türkei war keine Verbes-
serung im Vergleich zum Iran, was die Möglichkeiten zu arbeiten anging.

Der Türke fuhr mit uns nach Izmir, Stunden waren wir im
Auto unterwegs. In der Wohnung, in die er uns brachte, hielten sich schon drei Afghanen auf, sie waren ein wenig älter als
wir. Nachdem er uns vorgestellt hatte, erklärte er, er werde ein
Schlauchboot kaufen und uns zu einem Strand bringen, von
wo wir mit dem Boot nach Griechenland übersetzen könnten.
Wir würden zu sechst nach Griechenland paddeln. Für das
Schlauchboot und die Fahrt zum Meer wollte er von jedem
von uns 500 Dollar. Bis er alles organisiert habe, könnten wir
in der Wohnung bleiben. Für jede Nacht müssten wir zahlen,
auch für jede Mahlzeit – wir müssten selbst kochen, im Kühlschrank gebe es Lebensmittel – und für jede Dusche.
    Der Mann war nett. Natürlich wollte er Geld machen. Aber
das war sein Job. Und wir wollten ja, dass er uns half, ja, wir
brauchten ihn. Denn was hätten wir ohne ihn tun sollen? Wir
hatten keine Ahnung, wie wir ohne ihn die Türkei verlassen
sollten. Wir waren auf ihn angewiesen. Er hätte unsere Situation noch viel gnadenloser ausnutzen können. Er hätte noch
mehr Geld verlangen, uns festhalten, uns unser ganzes Geld
abnehmen können.

Vier Tage blieben wir in der Wohnung, kein einziges Mal gingen wir vor die Tür, aus Angst, die Polizei könnte uns finden.
In den vier Tagen sahen wir auch den Himmel kaum. Die
Wohnung lag im Erdgeschoss eines fünfstöckigen Gebäudes,
es gab nur wenige Fenster, alle mit Blick zum Innenhof. Wir
mieden die Fenster, aus Angst, die Nachbarn könnten uns sehen, Verdacht schöpfen und die Polizei rufen.

Wir schliefen die meiste Zeit. Wir legten uns früh auf das Deckenlager, das der Türke auf dem Boden eines fensterlosen Raums vorbereitet hatte, und meist wachten wir erst nach Mittag auf. Erst jetzt merkten wir, wie erschöpft wir von der bisherigen Reise waren. Nachmittags schauten wir ein bisschen fern, um die Zeit totzuschlagen. Mittags und abends kochten wir in der Küche mit dem, was da war. Reis mit Gemüse und Fleisch.

Von den anderen Afghanen erfuhren wir, dass sie viel mehr für ihre Reise bezahlt hatten als wir, fast zehn Mal so viel, und dass alle, mit denen sie gesprochen hatten, so viel oder noch mehr bezahlt hatten. Es war wohl wieder Glück, dass wir mit weniger als 1000 Euro so weit gekommen waren.

Wir begannen uns auf die Überfahrt vorzubereiten. Wir sprachen nicht darüber, dass keiner von uns schwimmen konnte, es war uns allen klar. In Afghanistan konnte keiner schwimmen, Menschen wie wir zumindest nicht, die vor der Armut aus dem Land flohen. Wir versuchten stattdessen, uns die möglichen Gefahren auszumalen. Das Schiff würde sich sicher stark bewegen, überlegten wir. Wir verabredeten, uns in jedem Moment festzuhalten. Mit unseren Nägeln könnten wir das Plastik aufschlitzen, sagten wir. Wir begannen, Fuß- und Fingernägel ganz kurz zu schneiden. Sollte das Boot aus irgendeinem anderen Grund untergehen, würde uns die schwere, nasse Kleidung nach unten ziehen, überlegten wir weiter. Wir machten aus, uns für die Überfahrt auszuziehen und die Kleider in Plastiktüten zu packen. Als Proviant reservierten wir eine Kekspackung aus der Küche. An Wasser dachten wir nicht.

Am Abend des vierten Tages kam der Türke in die Wohnung und sagte, er habe jetzt alles vorbereitet, wir könnten los. Wir überprüften gegenseitig noch einmal unsere Nägel, holten die Kekspackung und die Plastiktüten für unsere Kleider. Dann liefen wir aus dem Haus, stiegen schnell ins Auto. Zu fünft drängten wir uns auf die Rückbank, der Größte setzte sich auf den Beifahrersitz. Nach einer halben Stunde hielt der Türke den Wagen vor einem Wäldchen an, er sagte, dahinter liege das Meer. Er stieg nicht aus, sagte nur, im Kofferraum lägen die Paddel und das Boot. Er drückte mir eine kleine Taschenlampe in die Hand. „Macht damit Zeichen, damit euch die Frachter nicht rammen", sagte er. „Nach sechs Stunden seid ihr da." Kaum hatten wir den Kofferraum wieder geschlossen, fuhr er ab.

Wir liefen durch das Wäldchen, bis wir das Meer sahen. Es war noch nicht ganz dunkel. Kein Mensch war unterwegs. Trotzdem warteten wir zwischen den Bäumen, bis das letzte Tageslicht verschwunden war. Das Boot lag noch in der Verpackung. Naem sagte, auf dem Karton stehe, das Boot sei nur für vier Personen geeignet, nicht für sechs. Keiner antwortete, wir hatten keine andere Wahl, als in das Boot zu steigen. Wir mussten los. Bleiben war keine Option, früher oder später würden Grenzschützer vorbeikommen. Und unser Kontaktmann war schon weit weg.

Wir werden das schon schaffen, dachte ich. Ich hatte wirklich keine Angst. Natürlich wusste ich, dass die Überfahrt riskant war, dass etwas schiefgehen konnte. Aber ich schob diese Gedanken einfach beiseite. Ich sah, dass Naem, Hamid und auch die anderen drei Afghanen sehr ernst blickten. Also tat ich so, als sei die Fahrt in dem Schlauchboot so einfach wie eine Busfahrt, sprach von Griechenland, als läge es um die Ecke. Ich wollte auch ihre Angst vertreiben. Wie damals, als ich meinen Geschwistern und mir die Furcht nehmen wollte, als mein Vater nach seinem Krankenhausaufenthalt mager und gebeugt aus dem Auto stieg.

Erst als es stockfinster war, gingen wir zum Ufer. Kein Licht war jetzt zu sehen. Wir mussten weit weg vom nächsten

Dorf sein. Schwarz und ruhig lag das Meer vor uns. Vorsichtig öffneten wir die Verpackung. Neben dem Boot lag eine Luftpumpe. Als ich sie sah, übermannte mich die Furcht, das Boot könnte ein Loch haben, wir könnten an diesem Strand festsitzen. Der Gedanke machte mir mehr Angst als der an die Überfahrt. Wir begannen abwechselnd das Boot aufzupumpen. Das Boot war nicht kaputt. Aber es war sehr klein, kleiner, als ich es mir ausgemalt hatte.

Die sanft heranrollenden Wellen schaukelten es heftig, als wir es ins Wasser legten. Wir zögerten, einzusteigen. Schließlich warf ich die Plastiktüte mit meinen Klamotten und der Keksschachtel in das Gummiboot und stieg ein, und die anderen folgten mir. Wir begannen zu paddeln. Es dauerte, bis wir einen Rhythmus gefunden hatten, ich glaube, wir alle hielten das erste Mal ein Paddel in den Händen. Und dann war das Meer plötzlich nicht mehr ruhig, sondern rau und unheimlich. Das Boot schaukelte so heftig, dass mir flau im Magen wurde. Überhaupt hatte ich Angst. Die riesigen Wassermassen schüchterten mich ein. Ich fixierte die Küstenlinie zu unserer Linken, entlang derer Lichter blinkten. Sie war meine Orientierung.

Als ich den ersten der riesigen Frachter auf uns zukommen sah, schaltete ich die kleine Taschenlampe ein. Und ich verstand sofort, dass die Besatzung des Frachters das Licht dieser Lampe nicht sehen würde. Der Kegel wurde nach wenigen Metern von der schwarzen Nacht geschluckt. Trotzdem schwenkte ich die Taschenlampe. Ich wollte die anderen beruhigen – und wahrscheinlich auch mich selbst. Der Frachter fuhr an uns vorbei, wir waren näher an der Küste als er. Seine Bugwelle brachte unser Boot noch mehr zum Schaukeln, Wasser schwappte über unsere Beine. Einen langen Moment fürchtete ich, wir würden kentern. Als sich das Meer beruhigt hatte, zog ein kühler Wind auf. Ich begann zu frieren. Auch die anderen fröstelten.

Von da an zogen regelmäßig riesige Schiffe an uns vorbei. Wir versuchten, noch näher an der Küste entlangzupaddeln. Jedes Mal, wenn die Bugwellen uns erreichten, hielten wir den Atem an.

Nach ein paar Stunden begann unser Boot plötzlich, sich im Kreis zu drehen. Wir waren in einen Strudel geraten! Hektisch ruderten wir, immer schneller. Doch wir drehten uns nur noch schneller im Kreis. Nach einer halben Stunde waren wir erschöpft, ließen die Paddel sinken. Kurze Zeit später ließ der Strudel unser Boot los. Wir waren so müde, dass wir uns eine Weile schweigend treiben ließen. „Wir sind erst vier Stunden unterwegs", sagte schließlich einer der älteren Afghanen, der Einzige, der eine Uhr dabeihatte, und wir ruderten weiter.

Es war noch dunkel, als Stunden später plötzlich eine steile Felswand vor uns aus dem Wasser ragte. Wir hatten eine griechische Insel erreicht. Heute bin ich sicher, dass es Kos gewesen sein muss. Eine halbe Stunde lang paddelten wir die Küste entlang, bis wir eine Stelle fanden, an der wir anlanden konnten. Sofort zogen wir unsere Hosen und T-Shirts an, denn wir froren. Acht Stunden hatte unsere Fahrt gedauert.

Wir dachten, es sei besser, wenn die Polizei unser Schlauchboot nicht finden würde. Also schlug einer der älteren Afghanen mit einem großen Stein ein Loch in das Boot – es reichte ein Schlag –, wickelte einen noch größeren Stein in das Plastik und warf es ins Meer. Dann kletterten wir die Küste hinauf in einen dichten Wald und warteten, bis der Morgen graute. Erst jetzt öffneten wir die Kekspackung. Als wir alles aufgegessen hatten, trennten wir uns von den älteren Afghanen. Wir hofften, in kleineren Gruppen weniger aufzufallen. Die Älteren gingen vor, wir würden eine Stunde warten, bevor auch wir aufbrachen.

Als wir losliefen, ging gerade die Sonne über dem Meer auf. Nach einer halben Stunde erreichten wir ein Haus. Wir klopften an der Tür, ein Mann öffnete. Naem erklärte auf Englisch, wir müssten in die nächste Stadt. Der Mann war freundlich, er rief uns ein Taxi.

Der Fahrer wusste wohl, dass wir illegal eingereist waren. Jedenfalls hielt er kurz vor dem Ortseingang und erklärte uns, er werde nicht weiterfahren, er wolle keine Probleme. Wir zahlten ihm in Dollar. Dann liefen wir ins Dorf.

Kaum hatten wir die ersten Häuser der Stadt hinter uns gelassen, hielt ein Polizeiwagen neben uns. Die Beamten brachten uns aufs Revier, nahmen unsere Fingerabdrücke. Sie fragten uns, wie wir hierhergekommen seien. Naem antwortete auf Englisch, wir seien mit einem Motorboot gekommen. Hamid und ich erfuhren erst später davon, als Naem uns erklärte, er habe diese Geschichte erzählt, um das Mitleid der Beamten zu erregen. Er dachte, die Polizisten würden uns freundlicher behandeln, wenn sie wüssten, dass wir viel Geld für die Überfahrt bezahlt hatten. Mit seiner Hoffnung lag er aber völlig falsch. Nachdem er die Geschichte erzählt hatte, ließen die Polizisten uns in einem langen Flur auf dem Boden Platz nehmen, dann begannen sie uns anzubrüllen. Naem übersetzte. Sie wollten wissen, mit wem wir gekommen waren, ob es ein türkischer Fischer war, der uns mitgenommen hatte. Wir schüttelten alle drei den Kopf. Offenbar hatten die Polizisten einen türkischen Fischer aufgegriffen, dem sie jetzt vorwarfen, illegale Einwanderer nach Griechenland gebracht zu haben, und sie waren auf der Suche nach Zeugen. Sie dachten, wir seien seine Passagiere gewesen. Und sie glaubten, sie müssten uns nur lange und intensiv genug fragen, damit wir das zugaben.

Sie zogen uns an den Haaren, traten uns mit ihren Stiefeln ins Gesicht. Schließlich packten zwei von ihnen Naem, den Einzigen von uns, mit dem sie kommunizieren konnten, und drückten ihn kopfüber gegen die Wand. Dann schlugen sie ihm abwechselnd mit der Faust in den Bauch.

Nach einer Ewigkeit ließen sie endlich von uns ab. Offenbar hatten sie begriffen, dass sie aus uns nichts herausbringen würden, dass wir wirklich nicht mit dem Fischer gekommen waren. Sie brachten uns in einen riesigen, etwa fünf Meter hohen Raum. Es war ein Auffangzentrum für illegale Einwanderer. Dort befanden sich schon 200 andere Menschen, sie kamen aus Afrika, aus der Türkei, aus Afghanistan, aus dem Iran. Auf einer Seite hielten sich die Frauen auf, auf der anderen die Männer. In einer Ecke hing ein Vorhang, dahinter befanden sich eine einzige Dusche und eine einzige Toilette. Mittags und abends bekamen wir warmes Essen. Es gab einen Hof, der mit Stacheldraht eingezäunt war.

Zwei Wochen blieben wir in dem Auffanglager. Dann entließen die Polizisten uns und ein paar andere, die dort untergebracht waren. Sie gaben uns ein Papier, auf dem auf Englisch stand, dass wir Griechenland innerhalb von vier Wochen verlassen mussten. Wir folgten den anderen zum Hafen, dann auf eine Fähre nach Athen.

Die Stadt war voller Migranten. Afrikaner, Pakistaner, Inder. Junge Männer in unserem Alter. Wir erkannten sie sofort als Leidensgenossen. Ihre Hosen passten nicht zu den Hemden, die Schuhe waren löchrig. Ziellos schlenderten sie durch die Gassen. Wären sie nicht so schlecht angezogen gewesen und wären sie nicht dunkelhäutig gewesen, man hätte sie auch für Touristen halten können.

Es dauerte nicht lange, bis wir auf eine Gruppe von zehn jungen Afghanen trafen. Wir verbrachten den Nachmittag mit ihnen. Sie waren schon ein paar Monate in der Stadt, Arbeit hatten sie keine gefunden. Sie sagten, Nordeuropa sei besser als Griechenland, in England oder Skandinavien zum Beispiel gebe es viel Arbeit. Sie erzählten auch, dass von Patras Schiffe in Richtung Norden ablegen würden. Der Weg sei allerdings sehr gefährlich und das Risiko, geschnappt zu werden, sehr hoch. Fast alle von ihnen waren schon mal im Norden gewesen und von der Polizei zurück nach Griechenland gebracht worden. Zum ersten Mal hörte ich, dass nicht alle europäischen Länder gleich gut waren und dass man innerhalb von Europa abgeschoben werden konnte.

Am Abend trennten wir uns von der Gruppe. Wir setzten uns in einen Park und dachten nach, wie es weitergehen sollte. Was die Afghanen erzählt hatten, entmutigte uns, in Griechenland Arbeit zu suchen. Wir wollten weiter. Nach Nordeuropa. „Patras?", fragte ich. Es war mehr eine Feststellung als eine Frage. „Was denn sonst?", entgegneten Hamid und Naem.

Nach Mitternacht suchten wir uns einen Schlafplatz. In den Straßen waren jetzt noch mehr Migranten als tagsüber. Auch ein paar Griechen streunten herum, sie schienen kein Zuhause zu haben. Es waren normale Leute, keine Drogenabhängigen oder Alkoholiker. Ich dachte, wenn auch Griechen obdachlos sind, haben wir hier wirklich keine Chance auf ein besseres Leben. Unsere Entscheidung, nach Nordeuropa zu ziehen, war jetzt unverrückbar. Nach vier Tagen in Athen trafen wir eine Gruppe von Afghanen, die mit dem Zug nach Patras wollten. Wir schlossen uns ihnen an.

In Patras folgten wir den anderen. Sie waren schon mal in der Hafenstadt gewesen, kannten sich aus. Vom Bahnhof liefen sie entlang einer Schnellstraße in Richtung Hafen. Kurz bevor wir das Meer erreichten, bogen sie ab, in Richtung eines Pinienwäldchens. Schon von weitem erkannten wir zwischen den Bäumen ein riesiges Zeltlager. Als wir näher kamen, sahen wir, dass die Hütten aus Paletten und zerrissenen Plastikplanen errichtet waren.

Wir setzten uns zu einer Gruppe junger Afghanen, die vor einem improvisierten Zelt saßen. Sie erzählten, dass hier etwa 150 Afghanen lebten, manche schon seit vier, fünf Jahren. Wir fragten, was wir tun müssten, um über das Meer in den Norden zu gelangen, und erfuhren, dass die Lastwagen von jetzt an unser Ziel sein würden, die zu Hunderten auf dem Parkplatz am Hafen standen. Gegen Mitternacht fuhren sie auf die Schiffe. Wir mussten, unbemerkt von den Wachmännern, einen zwei Meter hohen Stacheldrahtzaun überwinden, der den Parkplatz umgab, und uns in einem der Lastwagen verstecken, am besten im Ersatzrad unter der Ladefläche. Einer der Jungs warnte uns, dass wir, wenn der Laster dann losfahre, herausfallen und überrollt werden könnten. Ein anderer sagte, dass Schmuggler für ein paar Hundert Euro halfen, sich in einem der plombierten Frachträume zu verstecken. Es bestehe allerdings die Gefahr, in dem Container zu ersticken, wenn zu viele Menschen mitreisten. Und die Polizei schaute öfter mal in die Container, auch in die plombierten.

Einer sagte, was jetzt vor uns liege sei eine der gefährlichsten Passagen auf der Reise nach Europa. „Das hier, das ist nicht Europa", erklärte er und lachte bitter. Er erzählte, dass er Patras schon zwei Mal verlassen hatte, einmal hatte er es nach Italien geschafft und einmal nach England. Beide Male wäre er auf dem Weg fast gestorben, er fiel aus dem Ersatzrad, schlief im Winter auf der Straße. Beide Male wurde er zurück nach Griechenland geschickt. Ein anderer hatte Griechenland noch gar nicht verlassen. Jedes Mal, wenn er die Wachmänner überwunden und sich unter einen Laster geschmuggelt hatte, entdeckten ihn die Grenzpolizisten, die die Wagen, die auf die Schiffe fuhren, kontrollierten.

Jeder von den Jungs in dem Pinienwäldchen hatte eine traurige Geschichte. Sie lebten nicht nur in dem Zeltlager, weil sie immer noch die Hoffnung hatten wegzukommen, sondern auch, weil sie keine Alternative hatten. Wohin hätten sie gehen sollen? Nach Hause? Nach so viel Anstrengung? Ein paar hatten die Hoffnung auf ein besseres Leben schon aufgegeben. Sie sammelten Essensreste aus den Mülltonnen vor den Supermärkten. Manchmal halfen sie bei der Olivenernte, für drei Euro die Stunde.

Am Abend gingen wir zu einem Supermarkt, kauften Brot und sammelten Kartons für die Nacht. Zwischen zwei Zelten legten wir uns auf den Waldboden. Wir blickten in die Sterne, jeder hing seinen Gedanken nach. „Von jetzt an ist wohl jeder für sich alleine verantwortlich", sagte Naem irgendwann. „Mmh", antworteten Hamid und ich gleichzeitig.

Bis jetzt war klar gewesen, dass wir immer zusammenbleiben, nie hätten wir einen zurückgelassen. Doch an diesem Nachmittag in der Zeltstadt hatte jeder von uns gemerkt, dass sich das jetzt ändern würde. In Patras wehte ein eiskalter Wind.

Von da an sah ich Naem und Hamid nur noch selten. Ich verbrachte viel Zeit alleine. Manchmal setzte ich mich zu anderen Afghanen auf dem Zeltplatz und lauschte ihren Geschichten. Einige von ihnen waren schon in Nordeuropa gewesen. Ein paar hatten es nach England geschafft, andere nach Deutschland, andere nach Italien. Alle waren wieder nach Griechenland zurückgeschickt worden. Ich lernte, dass Skandinavien und England am beliebtesten waren, weil es dort viel Arbeit und hohe Löhne gab. Über Skandinavien kursierte auch das Gerücht, dass man, wenn man denn Asyl erhielt, seine Familie nachholen konnte. Nach Deutschland wollte keiner, es hieß, dort müsse man lange warten, dürfe nicht arbeiten und werde mit hoher Wahrscheinlichkeit zurückgeschickt.

Ich erfuhr auch, dass bei der Reise mit den Lastwagen weitere Schwierigkeiten auftreten konnten. Die Afghanen erzählten, dass die Grenzpolizei den Boden der Lastwagen mit Spiegeln nach blinden Passagieren absuchte, dass man, wenn man im Ersatzrad unter dem LKW-Bauch lag, sich mit einer dunklen Plastiktüte verdecken konnte. Andere sagten, dass man nie wisse, ob der Lastwagen, auf den man setzte, Griechenland wirklich verlassen würde, es passierte, dass die Schiffe die Lastwagen nur zu einer anderen griechischen Insel brachten. Sie erzählten auch, dass man nicht wissen konnte, wann ein Laster losfuhr. Manchmal blieb einer tagelang am Hafen stehen. Und es gab keinen speziellen Parkplatz für die Laster, die bald aufbrachen.

Fast jeden Tag ging ich die 500 Meter vom Wäldchen zu dem riesigen Parkplatz am Hafen. Dort warteten nicht nur die 150 Afghanen, sondern auch Männer aus Afrika, aus Pakistan, aus Indien. Manchmal fühlte ich mich schwach, wenn ich den Zaun erreichte, zu schwach, um rüberzuklettern. Dann blieb ich am Straßenrand sitzen, blickte den ganzen Tag auf den Maschendraht, die Lastwagen und die Wachmänner, ohne den Sprung zu wagen. An anderen Tagen war ich mutig, dann versuchte ich es mehrere Male, lief los, sobald sich der nächste Wachmann nur umdrehte. Ganz selten gelang es mir, mich in ein Ersatzrad zu schmuggeln. Wenn ich es doch schaffte, fand mich jedes Mal früher oder später einer der Wachmänner, drückte meine Arme auf den Rücken und führte mich hinaus. Ich lernte, dass man am besten den Zaun stürmte, wenn die Wachmänner gerade einen anderen Migranten gefangen hatten. Dann waren sie beschäftigt. Die Wachmänner waren besonders brutal, wenn keine Touristen in Sichtweite waren. Dann schlugen sie mit Schlagstöcken auf uns ein, um uns zu verjagen.

Wenn ich Hunger hatte, kaufte ich das billigste Brot im Supermarkt. Um meinen Durst zu stillen, trank ich Wasser aus
Brunnen. Einen Schlafplatz suchte ich jede Nacht aufs Neue,
manchmal kam ich in einer der Plastikhütten unter. Ich versuchte zu sparen, ich hatte noch 400 Dollar übrig, ich wusste
nicht, wie lange meine Reise noch dauern würde, ich sah
keine Möglichkeit, Geld zu verdienen. Das Brot stillte den
Hunger aber nur für wenige Stunden. Im Grunde hatte ich
die ganze Zeit Hunger. Die Zeit in Patras war frustrierender
und anstrengender als alle bisherigen Etappen. Das erste Mal
war ich nur auf mich alleine gestellt. Und ich hatte keine Ahnung, wie lange es dauern würde wegzukommen.

Naem schaffte es als Erster. Eines Nachmittags, wir waren drei
Wochen in Patras, hörte ich, wie einer der Afghanen in der
Zeltstadt immer wieder „Hassan, Hamid" rief. Es war einer
der Veteranen, die schon lange da waren. Ich lief auf ihn zu.
Er sagte, Naem habe ihn angerufen, aus England. Offenbar
hatte Naem sich seine Nummer notiert, bevor er es geschafft
hatte. Er ließ uns ausrichten, dass es ihm gut gehe. Zu dem
Zeitpunkt hatte ich Naem und Hamid schon eine Weile nicht
mehr gesehen. Ich wusste nicht, ob Hamid noch in Patras war.
   Ich freute mich, stellte mir Naem in einer Wohnung in
England vor, mit neuen, sauberen Klamotten, mit einem guten Job. Meine Freude dauerte nicht lange. Bald fragte ich
mich, was ich tun würde, wenn ich es nicht nach Nordeuropa
schaffen sollte. Würde ich so enden wie die jungen Afghanen,
die die Mülltonnen vor den Supermärkten durchwühlten?
Hoffnungslos? Ich beschloss, eher umzukehren, als am Straßenrand von Patras zu leben.
   Ich machte mich auf die Suche nach Hamid, um ihm die
Neuigkeiten von Naem zu überbringen, aber ich konnte ihn
nicht finden. Ein paar Tage später, ich war an diesem Tag nicht

zum Hafen gegangen, erzählte jemand, ein junger Afghane habe sich die Beine gebrochen, als er versuchte, sich in einen Lastwagen zu schmuggeln. Ich fragte, wie der Junge aussah. Die Beschreibung passte auf Hamid. Ich fragte nicht, wo er jetzt war. Ich sagte mir, dass ich sowieso nichts für ihn tun könne. Ich beschloss, dass ich mich um mich selbst kümmern müsse.

Wenige Tage später fiel mir auf dem Parkplatz am Hafen ein Lastwagen auf, der schon seit Tagen an der gleichen Stelle stand. Ich dachte: Die Wahrscheinlichkeit ist groß, dass er an diesem Abend losfährt. Ich wartete, bis die Wachleute mit einem anderen Migranten beschäftigt waren. Dann kletterte ich über den Zaun. So schnell wie noch nie rannte ich zu dem Lastwagen, rollte mich unter die Ladefläche. Dann schob ich meine Beine in den Reifen und zog den Oberkörper und den Kopf hinein, mit den Händen klammerte ich mich an den Rändern fest. Ich war schnell, ich hatte die Technik in den vergangenen Wochen perfektioniert. Als ich die Schritte des Wachmanns vernahm, hatte sich mein Atem schon lange wieder beruhigt. Er blieb stehen, und ich stellte mir vor, wie er sich beugte, um unter den Laster zu sehen. Dann hörte ich, wie sich seine Schritte wieder entfernten.

Wie jeden Abend hatte ich eine kleine Wasserflasche dabei, einen Stein und eine schwarze Plastiktüte. Mit dem Stein würde ich gegen den LKW-Boden schlagen, sobald ich aussteigen wollte. Der Fahrer würde ein Klopfen hören, sich Sorgen um sein Fahrzeug machen und anhalten. Die Plastiktüte würde ich vor die Reifenöffnung halten, damit die Grenzschützer mit ihren Spiegeln mich nicht sehen konnten. Ich wartete und bat inständig, der Lastwagen möge losfahren.

Etwa eine Stunde später hörte ich, wie jemand ins Führerhaus kletterte. Dann ging der Motor an. Meine Freude wich sofort der Furcht, ich könnte entdeckt werden oder herausfallen.

Noch bevor der Wagen auf das Schiff fuhr, hielt er wieder an. Ich hörte Stimmen, sie klangen streng. Die Grenzschützer, dachte ich. Jetzt schon? Ich hatte die Plastiktüte noch nicht ausgebreitet, ich hatte erst auf dem Schiff mit ihnen gerechnet. Ich zögerte, die Tüte herauszuholen, das Rascheln könnte auf mich aufmerksam machen. Bevor ich handeln konnte, fuhren wir weiter.

Doch meine Angst blieb. Jetzt fürchtete ich, der Laster könnte nur auf eine andere griechische Insel fahren. Ein afghanischer Junge, der auch schon länger in Patras war und der die Reise schon mal gemacht hatte, hatte erzählt, dass der Laster in Griechenland bleiben würde, wenn er ins Unterdeck fahre. Und dass es nach Europa gehe, wenn er nach oben fuhr. Mein Lastwagen fuhr nach oben.

Der Fahrer stieg aus und befestigte den Laster mit Ketten am Schiffsboden. Er ging ein paar Mal um den Wagen herum, kniete sich auf den Boden, um den Halt der Ketten zu prüfen. Ich sah ihn, er sah mich nicht. Er ging, und das Schiff legte ab. Endlich bin ich auf dem Weg, dachte ich. Einen langen Moment konnte ich nicht aufhören zu lächeln.

Das Schiff war sehr lange unterwegs. Ich verließ den Reifen nicht. Es roch nach Diesel und nach Öl. Metallisch schlugen die Wellen gegen den Schiffsbauch. Gerade war ich eingedöst, als die Motoren stoppten. Sofort war ich hellwach.

Jemand löste die Ketten von den Rädern des Lasters, und wir fuhren vom Schiff. Mein Herz klopfte heftig, ich fürchtete die Spiegel der Grenzschützer, von denen der Junge in der Hütte gesprochen hatte. Dann sah ich sie auch. Im Grunde war der ganze Boden ein einziger Spiegel. Ohne zu zögern, nahm ich die schwarze Plastiktüte und versuchte sie so vor dem Loch des Ersatzreifens auszubreiten, dass sie mich ganz verdeckte. Mit verkrampften Händen hielt ich die Tüte vor mich, lange Minuten. Nach einer kleinen Ewigkeit fuhr der

Wagen weiter. Erst nach weiteren ewigen Minuten ließ ich die Tüte los.

Einer der afghanischen Jungen hatte gesagt, man sollte nach einer guten Viertelstunde mit dem Stein gegen den LKW-Boden klopfen, um auszusteigen. Nicht früher, weil in der Nähe des Hafens viele Grenzpolizisten seien, die nach blinden Passagieren suchten. Nicht später, weil die Reise im Reifen gefährlich sei. Ich hatte den Stein gerade in der Hand, um gegen den Boden zu klopfen, als ich plötzlich dachte: „Das Ziel dieses Lastwagens soll auch dein Ziel sein." Ich hatte das Gefühl, ich könne es noch lange in dem Reifen aushalten. Und ich ließ den Stein fallen.

Nach zwei, drei Stunden hielt der Lastwagen an. Ich steckte Kopf und Oberkörper heraus, sah eine Tankstelle und einen riesigen, dunklen Wald. Kein einziges Haus. „Wenn ich hier aussteige, dann fressen mich wilde Tiere", dachte ich und zog Kopf und Oberkörper zurück in den Reifen. In Afghanistan habe ich gelernt, dichte Wälder zu meiden. Dort sieht man Gegner und Tiere erst sehr spät und hat weniger Zeit zu fliehen.

Der Lastwagen fuhr dann den ganzen Tag weiter, ohne Pause. Ein paar Mal fragte ich mich, wieso ich den Stein bloß weggeworfen hatte. Die Abgase brannten in meiner Kehle. Ich fror, fürchtete, aus dem Reifen zu fallen, dämmerte trotzdem weg, starrte wieder auf den vorbeirasenden Asphalt und hoffte, bloß nicht nach Deutschland zu fahren.

Erst als es Nacht war, hielt der Laster wieder an. Ich streckte meinen Kopf hinaus und sah Häuser. Kurz überlegte ich, auszusteigen. Doch dann kehrte der Gedanke wieder: „Das Ziel dieses Lastwagens soll auch dein Ziel sein." Und ich blieb. Ich stieg auch nicht aus, um mich zu strecken oder um auf die Toilette zu gehen. Meine Beine waren eingeschlafen, ich fürchtete, nicht laufen und vor allem nicht mehr einsteigen zu können. Außerdem hatte ich Angst, genau in dem Moment draußen zu sein, in dem der Lastwagen weiterfuhr.

Doch der Wagen fuhr nicht weiter. Alle zwei, drei Stunden machte der Fahrer den Motor an, ein paar Minuten nur, dann drehte er ihn wieder ab. Wahrscheinlich schlief der Fahrer und wollte so die Fahrerkabine wärmen. Es war Mitte Oktober und sehr kalt. Ich zitterte. Ich trug nur eine Jeans und ein T-Shirt. In Griechenland war es noch warm gewesen.

Erst als der Morgen anbrach, fuhren wir weiter. Nach zwei, drei Stunden hielt der Fahrer wieder an und stieg aus. Plötzlich hörte ich viele Schritte um den Wagen, ich merkte, wie Männer begannen, den Frachtraum über mir auszuladen.

Ich war am Ziel angekommen. Wo ich war, wusste ich nicht.

5. „Wenn Deutschland dich nicht haben will, ist das dein Schicksal"

Das Asylverfahren

An dem Tag, an dem sich entscheiden soll, ob ich in Deutschland bleiben darf, wache ich früher auf als sonst. Und sofort bin ich hellwach. Draußen ist es noch dunkel. Aus dem Nebenzimmer dröhnt Musik, Stimmengewirr, so laut, dass ich das gleichmäßige Atmen meiner vier Zimmergenossen kaum hören kann. Die Nachbarn. Können wieder mal nicht schlafen. Von meinem Bett aus starre ich auf das Fenster, warte darauf, dass die Nacht dahinter weniger dunkel ist. Darauf, meine Zukunft anpacken zu können.

Es ist der 3. November 2005. Um acht Uhr findet meine Anhörung in der Ausländerbehörde statt. Dieses Gespräch, das meine Zukunft beschließen soll und über das ich doch kaum etwas weiß.

In den vergangenen Tagen habe ich die anderen Afghanen in der Unterkunft ausgefragt, immer wieder. Jeder hat anderes über dieses Gespräch erzählt. Ein paar haben gesagt, der Beamte habe vor allem gefragt, wieso Deutschland das Ziel gewesen sei. Andere erzählten, es habe nur interessiert, wieso sie Afghanistan verlassen hätten. Wieder andere berichteten, vor allem nach dem Fluchtweg gefragt worden zu sein. Welche die richtigen Antworten sind, konnte mir keiner sagen. Alle Afghanen in der Unterkunft warten noch auf das Ergebnis der Anhörung, auf den Ausgang ihres Asylverfahrens.

Erst viel später, lange nach meiner Anhörung, werde ich erfahren, dass fast alle ein bisschen recht hatten. Die Beamten fragen nach dem Fluchtweg, um zu erfahren, ob sie den Flüchtling in ein anderes europäisches Land abschieben können. Sie wollen wissen, wieso man seine Heimat verlassen hat beziehungsweise wieso man nach Deutschland gekommen ist, weil sie nur demjenigen Asyl gewähren, der in seiner Heimat verfolgt wird. Erstmal bleiben kann, wer aus einem Kriegs- und Krisengebiet kommt. Wer vor Armut und Hunger geflohen ist, hat keine Chance auf Asyl.

Jetzt, an diesem frühen Morgen im November 2005, lässt die Unsicherheit und die Angst vor diesem Gespräch mein Herz immer heftiger schlagen. Ich atme gleichmäßig, um mich zu beruhigen, versuche, an nichts zu denken. Es funktioniert nicht. Ich bin aufgeregt, unsicher, unvorbereitet. Schließlich sage ich mir wieder mal auf, was ich mir in den vergangenen Tagen überlegt habe.

Ich weiß, was ich auf die Frage antworte, wieso ich Afghanistan verlassen habe. Ich will den Beamten erklären, dass die Existenz meiner Familie bedroht wäre, wenn ich in Afghanistan geblieben wäre. Ich will erklären, dass in Afghanistan Kinder grundsätzlich für ihre Familie Verantwortung tragen, dass sie die Lebens-, Kranken- und Rentenversicherung der Eltern sind. Und dass ich als ältester Sohn die Rolle des Familienoberhaupts eingenommen habe, als mein Vater von uns ging. Dass ich also die Verpflichtung habe, für die ganze Familie zu sorgen. Dass ich also gehen musste.

Die Antwort auf die Frage, wieso ich nach Deutschland gekommen bin, fällt mir schwerer. Natürlich: Wäre ich im Iran geblieben, hätte ich meine Familie schon durchbringen können, irgendwie. Aber ich hätte mein Leben geopfert, ich hätte nur gelebt, um meine Familie zu versorgen. Als ich im Iran aufgebrochen bin, hatte ich die vage Vorstellung, in Europa könnte mich eine bessere Zukunft erwarten. Was dort genau auf mich zukommen würde, konnte ich mir nicht vorstellen. Und noch als ich Griechenland verließ, dachte ich ja, Deutschland sei kein gutes Land für Flüchtlinge. Erst seit ich vor eine Woche auf dem Fußballplatz mit dem jungen Afghanen gesprochen habe, der gerade seinen Schulabschluss macht und bald seine Ausbildung zum Automechaniker beginnt, seit ich erfahren habe, welche Möglichkeiten ich in Deutschland habe, will ich unbedingt in Deutschland bleiben. Dass ich eine Ausbildung machen will, einen Beruf lernen will, möchte ich jetzt in der Anhörung sagen. Ich will erklären, dass ich nicht nur hier bin, um irgendwie Geld zu verdienen.

Und natürlich werde ich sagen, dass ich in der Türkei in das Ersatzrad des Lastwagens gestiegen bin.

Während ich so über meine Antworten in der Anhörung nachdenke, kriecht plötzlich Unbehagen in mir hoch, unterbricht meine Gedanken. Ich kenne das Gefühl. Es begleitet die Erinnerung daran, dass der erste Dolmetscher eine Lüge über mich verbreitet hat, der ich nicht widersprochen habe. Die Lüge, dass mein Vater meine Flucht nach Europa organisiert hätte. Mein Vater, der seit fünf Jahren tot ist und wegen dessen Tod ich vor vier Jahren Almitu verlassen habe. Niemand hat mich seitdem je wieder nach meinem Vater gefragt, niemals konnte ich die Lüge richtigstellen, die Lüge, die meine ganze Lebensgeschichte in Frage stellt. Während ich wieder mal inständig bitte, dass die Aussage des ersten Dolmetschers untergegangen sein mag zwischen all dem anderen, bricht hinter der Fensterscheibe der Tag an.

Im Morgengrauen ziehe ich eine frische Hose an, ein frisches Hemd und gehe in die Küche. Die große Uhr über der Spüle zeigt kurz nach sechs Uhr. Ich setze heißes Wasser auf. Zu dieser Tageszeit ist es am stillsten in der Unterkunft. Die, die tagsüber wach sind, schlafen noch. Die, die nachts nicht schlafen können, sind endlich eingeschlafen. Schon ein paar Mal bin ich um diese Uhrzeit aufgestanden, wegen der Ruhe. Zum ersten Mal wünsche ich mir ein bisschen mehr Lärm, mehr Menschen. Ablenkung.

Um halb acht, eine halbe Stunde vor meinem Termin, verlasse ich das Heim. Eigentlich brauche ich keine fünf Minuten bis zur Ausländerbehörde, sie liegt gleich um die Ecke. Aber ich weiß nicht, wo sich das Zimmer befindet, in dem das Gespräch stattfindet, und in keinem Fall will ich zu spät kommen. Außerdem wüsste ich auch gar nicht, was ich anderes tun sollte. Der Himmel hängt grau und tief über mir. Der Boden ist schneebedeckt. Ich blicke nach oben, sage mir: „Du wirst dein Bestes geben. Und wenn Deutschland dich nicht haben will, dann ist das eben dein Schicksal."

Um acht Uhr öffnet sich endlich die Tür des Zimmers, in dem die Anhörung stattfindet. Schon seit zwanzig Minuten stehe ich davor. Ein Mann mit Hemd und Anzughose kommt heraus, lächelt freundlich, streckt mir seine Hand entgegen, macht ein Zeichen, ich solle hineingehen. In dem Zimmer sitzt auf einem Stuhl in einer Ecke schon der Dolmetscher, ein großer Afghane mit strengem Blick, um die fünfzig. Er steht auf, als er mich sieht, wir schütteln uns die Hände.

Der Deutsche nimmt hinter einem wuchtigen Schreibtisch Platz. An den Wänden hinter ihm stapeln sich dicke Aktenordner in langen Regalen. Vor ihm liegt aufgeschlagen ein prall gefüllter Ordner. Er beugt sich darüber, liest meinen Namen vor. Plötzlich ist mir klar: Er weiß alles, was ich je in Deutschland gesagt habe. Oder vielmehr alles, was bisher über mich gesagt worden ist. Sofort muss ich an die Aussage des ersten Dolmetschers über meinen Vater denken. Das Unbehagen kehrt zurück, legt sich schwer auf meine Schultern, macht mich unruhig. Ich fürchte, der Beamte könnte hören, wie mein Herz gegen meinen Brustkorb pocht. Ich schäme mich, dass diese Lüge über meinen Vater kursiert. Aber ich sage mir: „Wenn du jetzt versuchst, die Geschichte richtigzustellen, dann macht das deine Situation nicht besser."

Der Deutsche beginnt zu sprechen, dabei fixiert er mich mit seinem Blick. Ich versuche standzuhalten, schaue schließlich doch auf die graue Tischplatte vor mir. Erst als er geendet hat, lässt sein Blick mich los, wandert zum Dolmetscher. Doch sobald der zu übersetzen beginnt, blickt der Beamte wieder zu mir.

Der Dolmetscher erklärt, gleich beginne ein wichtiges Gespräch. „Die Anhörung." Er sagt das Wort auf Deutsch, als verstünde ich erst dann seine ganze Bedeutung. „Das Gespräch wird länger dauern als die bisherigen Befragungen in der Ausländerbehörde." Immer wenn ich es wünschte, würden wir eine Pause machen. Dann sagt er noch: „Du musst die Wahrheit sagen." Und er fragt: „Fühlst du dich gut?" Ich nicke. „Dann kann es losgehen."

Der deutsche Beamte will zuerst wissen, warum ich meine Heimat verlassen habe. Ich antworte, was ich mir überlegt habe. Dass ich zuhause in Almitu keine Möglichkeiten hatte, meiner Verantwortung nachzukommen, meine Familie zu ernähren. Dass es auch im Iran sehr schwierig war, für die Familie zu sorgen. Ich sage auch, dass ich nach Europa gekommen bin, weil ich etwas erreichen will. Dass ich zur Schule gehen, eine Ausbildung machen will.

Die ganze Zeit beobachtet der Beamte mich. Erst nach ein paar Minuten habe ich mich daran gewöhnt. Es ist das erste Mal, dass jemand während des Gesprächs auf mich achtet. Die Beamten, die mich zuvor befragt haben, haben immer nur den Dolmetscher angeschaut. Zum ersten Mal habe ich auch den Eindruck, dass der Dolmetscher sich wirklich Zeit nimmt, um meine Antworten zu übersetzen, um mir zu erklären, was der Beamte von mir wissen will. Irgendwann habe ich fast das Gefühl, dass ich mit dem deutschen Beamten ein richtiges Gespräch führe.

Und dann spricht er von meinem Vater. „Dein Vater hat also die Reise für dich organisiert." Ich nicke. Plötzlich fühle ich mich leicht. Das Unbehagen löst sich auf. Es soll geschehen, was geschehen muss, denke und fühle ich jetzt. Ich entspanne mich.

Der Mann fragt weiter, ich antworte. Er will wissen, wie ich nach Deutschland gekommen bin. Ich rede viel, sage alles, was ich mir zurechtgelegt habe und noch viel mehr. Meine Gedanken schweifen kaum ab, ich denke fast nicht mehr darüber nach, welche Folgen meine Antworten haben werden, wie es für mich weitergehen wird. Ich bin ganz im Gespräch.

Nachdem der Mann schon zwei Mal gefragt hat, ob ich eine Pause brauche, und ich jedes Mal den Kopf geschüttelt habe, fragt er: „Chai?" Und steht auf. Wieder schüttele ich den Kopf. Ich weiß nicht, wie lange das Gespräch noch dauert, ich will nicht auf die Toilette müssen, will keine Unterbrechung wegen mir. Und irgendwann übersetzt der Dolmetscher endlich, „wir sind fertig".

Doch es ist noch nicht vorbei. Der Dolmetscher liest jetzt Sätze vor, die ich gesagt habe. Manche klingen gut. Manche nicht. Mir schwirrt der Kopf, er liest immer weiter, ich kann kaum folgen. Irgendwann fragt er: „Einverstanden?" Ich nicke, benommen. Dann stehen beide auf, reichen mir die Hand. Bevor ich aus der Tür gehe, sagt der Dolmetscher noch: „Du hörst irgendwann von uns." Ich frage nicht, was irgendwann bedeutet. Ich bin einfach froh, dass das Gespräch hinter mir liegt.

Wie ferngesteuert laufe ich nach Hause, nehme nichts wahr. Als ich auf meiner Etage ankomme, zeigt die Küchenuhr halb zwölf. Die Küche ist voller Menschen, Kinder laufen durch den Gang, aus den Zimmern dröhnt Musik. Die Geräusche dringen wie durch einen Schleier zu mir. Ich gehe in mein Zimmer, lege mich aufs Bett und schlafe sofort ein.

In den nächsten Tagen weckt mich morgens wieder der Gedanke an die Anhörung. Jeden Tag gehe ich noch vor dem Frühstück zu dem Schwarzen Brett, das in einem Flur im Erdgeschoss hängt, gleich neben dem Zimmer, in dem wir die Essenspakete bekommen. Jeden Morgen hängt dort ein Angestellter des Heims einen Zettel auf mit den Namen der Bewohner, die Post bekommen haben, zum Beispiel Briefe von der Ausländerbehörde oder die Ergebnisse der Anhörung. Vor der Türe treffe ich immer einen Afghanen, der lesen kann und der mir sagt, ob mein Name dabei ist. Obwohl ich ahne, dass es noch lange dauern wird, bis ich eine Antwort von der Ausländerbehörde bekomme, bin ich jedes Mal wieder enttäuscht, dass mein Name nicht auf dem Zettel steht.

Nach einer Woche nehme ich mir vor, nicht mehr jeden Tag zum Schwarzen Brett zu gehen. Ich will mich ablenken, will mein Leben nicht von diesem Schreiben der deutschen Ausländerbehörde bestimmen lassen. Doch auch an den folgenden Morgen kreisen meine Gedanken um diesen Brief, der über meine Zukunft entscheidet und meine Gegenwart bestimmt, es gibt schließlich nichts, das mich ablenkt. Gegen meinen Willen laufe ich irgendwann doch wieder zu dem Zettel auf dem Schwarzen Brett. Nur an den wenigen Tagen, an denen ich mit Arif zum Fußballspielen fahre, muss ich nicht an den Brief denken. An diesen wenigen Tagen ist mein Kopf leer, und ich fühle mich leicht. Und wenn ich abends in die Unterkunft zurückkehre, schlafe ich gut.

Nach einem dieser Fußballtage, etwa zwei Wochen nach der Anhörung, beschließe ich, mir eine Beschäftigung zu suchen. Mir ist klar: Nur so verhindere ich, über dem Warten auf Post von der Ausländerbehörde verrückt oder schwermütig zu werden, so wie viele meiner Mitbewohner. Ich weiß, dass ein paar Bewohner die Küchen und Toiletten im Heim putzen, dass sie sogar ein wenig Geld dafür bekommen, eine

Aufwandsentschädigung. Ich bitte den Afghanen, der das Bad in meiner Etage sauber hält, den Angestellten des Asylbewerberheims zu sagen, dass ich auch putzen will. Nur eine Woche später habe ich einen der Jobs. Von da an putze ich jeden Morgen nach dem Frühstück die Küche auf meiner Etage. Ich wische die Arbeitsflächen, fege den Boden, leere die Mülleimer. Erst am Nachmittag schaue ich nach, ob ich einen Brief bekommen habe.

Vier Wochen nach der Anhörung kommt ein Wachmann, der normalerweise am Eingang des Asylbewerberheims steht, zu mir, ich wische gerade den Herd. An seiner Seite ist ein Afghane, der ein wenig Deutsch kann. Ich spreche immer noch kein Wort. Der Brief, denke ich, als ich die beiden sehe. Das Ergebnis der Anhörung! Doch der Mann hat andere Neuigkeiten für mich. Der Afghane übersetzt. Weil ich minderjährig bin, werde mich von jetzt an ein Vormund vertreten, er werde mich auch beraten, mir helfen.

Ein paar Tage später besuche ich meinen Vormund, eine freundliche Dame um die vierzig, an ihrer Seite ist ein Dolmetscher. Sie erklärt, dass ich zu ihr kommen könne, wenn ich Probleme habe. Dann fragt sie, ob ich mich wohlfühle in der Unterkunft, ob ich etwas zu tun habe. Ich erzähle, dass ich in der Unterkunft putze, und dass ich mit anderen Afghanen im Ostpark Fußball spiele, immer wenn das Wetter schön ist. Nach dem Gespräch gibt sie mir 50 Euro, „für Fußballschuhe".

Acht Wochen nach der Anhörung teilt mir ein Angestellter des Asylbewerberheims mit, ich müsse umziehen, schon am folgenden Tag, in eine andere Unterkunft in München. „Wie erfährt das Ausländeramt meine neue Adresse?", frage ich sofort. Der Angestellte lächelt, sagt, er werde meine neue Adresse weitergeben.

Auch Arif muss am nächsten Tag umziehen, er geht in eine andere Stadt, eine Stunde von München entfernt. Als wir uns am nächsten Tag verabschieden, verspricht er, bald nach München zu kommen, zum Fußballspielen. „Natürlich kannst du auch ohne mich zum Fußball gehen", sagt er noch, bevor er geht. Und ich merke, dass er traurig darüber ist, München verlassen zu müssen. In der Stadt hat er Freunde gefunden, hier hatte er das erste Mal nach langer Zeit wieder ein Zuhause.

Meine neue Unterkunft in der Rosenheimer Straße besteht aus übereinandergestapelten Kästen. Sie erinnern mich an den Hafen von Patras, an die Container auf den Lastwagen. Ich teile mir einen Kasten mit einem anderen afghanischen Jungen. Gleich gegenüber lebt noch ein Afghane, mit dem ich mich gut verstehe. Er ist ein wenig älter als ich, lebt schon seit fünf Jahren in Deutschland und arbeitet in einem Supermarkt als Lagerist. Er wartet immer noch auf das Ergebnis seines Asylverfahrens, hat aber schon eine Arbeitserlaubnis, weil er länger als vier Jahre in Deutschland lebt.

In den Containern in der Rosenheimer Straße ist die Stimmung noch gedrückter als in der ersten Unterkunft. Mit den anderen Bewohnern zu reden, ist schwierig. Die meisten verlassen ihr Zimmer kaum, und wenn, dann laufen sie mit gesenkten Köpfen durch die Gänge. Sie scheinen gar nicht wahrzunehmen, was um sie herum geschieht. Auch hier ist es nie still. Irgendwer hört immer Musik, streitet, schreit ins Telefon.

Einmal hämmert mitten in der Nacht jemand gegen die Tür unseres Containers. Ich schrecke hoch, höre, wie jemand die Klinke herunterdrückt. Ich bin erleichtert, wie immer habe ich abgeschlossen. Doch dann steckt jemand einen Schlüssel ins Schloss. Ich höre das Blut in meinen Ohren rauschen. Die Türe öffnet sich, das Licht geht an. Zwei Wachmänner stehen in der Tür. Sie schauen böse, einer sagt mit lauter Stimme etwas, das ich nicht verstehe, dann machen sie das Licht wieder aus und gehen. Ich höre, dass sie nebenan klopfen. Ich kann lange nicht einschlafen, mein Herz rast. Am nächsten Morgen frage ich sofort den Afghanen von gegenüber, der schon länger hier lebt, ob die Wachmänner auch zu ihm gekommen sind. Er verdreht die Augen. „Ja, die kommen ab und zu." „Was wollen sie?", frage ich. „Fremdschläferkontrolle", sagt der Afghane auf Deutsch. Ich erkenne das Wort, das der Wachmann in der Nacht gesagt hat. „Die kontrollieren, ob jemand auf deinem Zimmer ist, der hier nicht gemeldet ist." Ich bitte ihn das deutsche Wort zu wiederholen. „Fremdschläferkontrolle" ist eines der ersten deutschen Wörter, das ich lerne.

Von dem Afghanen, der mir gegenüber lebt, erfahre ich auch, dass die meisten Bewohner schon sehr lange in der Unterkunft leben, manche mehr als zehn Jahre. Sie kommen aus dem Irak, aus Afghanistan, aus Somalia. Schon vor langer Zeit haben sie den Brief mit dem Ergebnis des Asylverfahrens bekommen. Sie leben immer noch in der Unterkunft, weil sie in Deutschland geduldet werden. Sie dürfen also nur so lange bleiben, bis sich die Lage in ihrer Heimat stabilisiert hat oder bis sie abgeschoben werden können. In dieser Zeit müssen sie in einer Unterkunft für Asylbewerber leben, und auch wenn sie nach vier Jahren offiziell arbeiten dürfen, haben sie es schwer, eine Arbeit zu finden. Sie hoffen auf eine neue Anhörung, darauf, dass sie doch noch eine Aufenthaltsgenehmigung bekommen, dass sie bleiben können, was laut dem afghanischen Mitbewohner von gegenüber sehr selten passiert. Er sagt, einige Bewohner hätten in dieser langen Zeit des Wartens und der Untätigkeit ihren inneren Kompass verloren. Sie hätten kein Ziel mehr vor Augen, seien unberechenbar. Er sagt auch, manchmal habe er Angst, ihm könne es ähnlich ergehen. Und dann warnt er mich: „Manche dieser langjährigen

Bewohner können aggressiv werden, vor allem, wenn sie Alkohol getrunken haben."

Nach ein paar Wochen weiß ich, wovon er spricht. Ich koche gerade Reis zum Mittagessen, als ein Mann sein schmutziges Geschirr in die Spüle stellt und sich anschickt, aus der Küche zu gehen. Ich fasse ihn am Arm, zeige auf das Geschirr und gebe ihm zu verstehen, dass er es abwaschen soll, weil sonst keiner mehr die Spüle benutzen kann. Der Mann schüttelt meinen Arm heftig ab, brüllt mich an in einer Sprache, die ich nicht verstehe. Sein Gesicht ist vom Zorn verzerrt. Einen Moment lang fürchte ich, er werde mich gleich schlagen. Doch dann dreht er sich einfach um und geht schimpfend aus der Tür.

Von diesem Tag an weiche ich den anderen Bewohnern aus, bin still, auch wenn mich etwas stört. Oft kann ich nachts nicht schlafen, weil die Zimmernachbarn Musik hören. Die Wände der Container sind sehr dünn. Immer wenn ich aufstehen will, um die Nachbarn zu bitten, die Musik leiser zu drehen, denke ich an jenen Moment in der Küche und bleibe liegen. Einmal, nachdem ich wieder die ganze Nacht nicht geschlafen habe, bitte ich meinen Mitbewohner, sich in meinem Namen bei einem Wachmann zu beschweren. Doch der zuckt nur mit den Achseln und sagt, er könne nichts machen, das müssten wir untereinander abmachen.

Wenn ich doch mal mit anderen Afghanen rede, drehen sich die Gespräche um die Anhörung, um die möglichen Ergebnisse. Ich erfahre, dass ich entweder einen Abschiebescheid bekomme oder eine Aufenthaltsgenehmigung oder eine Duldung. Dass ein Abschiebebescheid nicht bedeutet, dass man Deutschland sofort verlassen muss, dass man Widerspruch einlegen kann.

Je mehr ich über das Asylverfahren erfahre, desto grausamer wird das Warten. Oft kommt mir das Warten jetzt sinnlos vor, da die Chancen doch gering stehen, eine Aufenthaltsgenehmigung zu bekommen. Je mehr Zeit vergeht, desto besser verstehe ich, dass die jungen Afghanen, die ich in Griechenland getroffen habe, so wütend auf Deutschland waren.

Einmal erzählt ein Afghane, dass es vorkommt, dass Flüchtlinge versuchen, sich umzubringen, wenn sie den zweiten Abschiebebescheid erhalten. Die Geschichte macht mir Angst. Und sie macht mich wütend. Wieso lässt Deutschland mich und die anderen so lange auf das Ergebnis des Asylverfahrens warten? Warum verdammt man uns dazu, so lange herumzusitzen, nichts zu tun? Wieso lässt man uns so lange die Hoffnung, dass wir uns in Deutschland ein Leben aufbauen könnten, um sie in den allermeisten Fällen zu zerstören? Will man uns verzweifeln lassen? Schließlich sage ich mir, was wahrscheinlich alle sagen: „Gedulde dich und warte. Es besteht die Chance, dass du bleiben kannst, dass du ein ganz neues Leben beginnst." Und: „Du hast so oft dein Leben riskiert, um nach Europa zukommen. Du wirst damit umgehen können, wenn du gehen musst." Doch gleichzeitig ahne ich, wie groß die Verzweiflung werden kann, wenn man jahrelang gewartet hat und dann doch enttäuscht wird.

Auch in der neuen Unterkunft gehe ich jeden Tag zum Schwarzen Brett, das hier ebenfalls im Flur im Erdgeschoss hängt und auf dem die Liste mit den Namen derer angebracht ist, die Post bekommen haben. Wieder merke ich, dass mir das Warten und Nichtstun nicht guttut. Ich habe zu viel Zeit nachzudenken. Darüber, was ich bei der Anhörung gesagt habe, ob es richtig oder falsch war. Wie es weitergehen wird. Vor allem nachts rasen meine Gedanken wieder. Ich denke an meine Heimat, wo ich geboren bin, und an München, wo ich jetzt lebe, es sind zwei verschiedene Welten. Manchmal kommt mir meine Situation absurd vor. Ich habe die halbe

Erde umrundet, um auf die Chance zu warten, in diesem Land leben zu können. In diesen Momenten fühle ich mich entwurzelt, schwach. Wenn ich durch die Straßen laufe, frage ich mich manchmal, ob die Deutschen es eigentlich als Anerkennung empfinden, dass ich und all die anderen darauf hoffen, in ihrem Land bleiben zu dürfen. Dass wir unsere Heimat verlassen, Gefahren auf uns genommen haben, weil wir uns in diesem Land sicher und gut fühlen. Ich schaue in die Gesichter der Deutschen und finde keine Antwort. Es macht mich unruhig.

Ich suche wieder nach einer Aufgabe, um mich abzulenken, um den schlechten Gedanken weniger Platz zu geben. Die Putzjobs in der Unterkunft aber sind fest in den Händen der langjährigen Bewohner. Von einem Mitbewohner erfahre ich, dass ein paar Bewohner arbeiten, obwohl sie noch keine Arbeitserlaubnis haben, auf dem Bau, in Geschäften, in Restaurants. Er sagt, dass diese Männer eine Abschiebung riskieren.

Die Tage vergehen, und obwohl ich kaum mit den anderen Bewohnern spreche, fühle ich mich immer stärker mit ihnen verbunden. Wir haben das gleiche Los. Wir alle warten.

Als ich eines Morgens vor dem Schwarzen Brett stehe, ist kein Afghane in der Nähe, den ich fragen könnte, ob mein Name auf der Liste steht. Ich klopfe an der Tür zum Zimmer der Angestellten des Asylbewerberheims, niemand öffnet. Ich starre auf die Liste. Auf Buchstaben, die ich nicht entziffern kann. Und in diesem Moment weiß ich endlich, wie ich mich ablenken werde. Ich werde Deutsch lernen. Ich werde kein Taubstummer mehr sein, ich werde eine Beschäftigung haben, ein Ziel.

Später an diesem Tag gehe ich mit einem Mitbewohner, der Deutsch kann, zur Sozialarbeiterin, um nach einem Deutschkurs zu fragen. Ich weiß von den anderen, dass

Flüchtlinge im Asylverfahren kein Recht auf einen Deutschkurs haben. Doch ich will es trotzdem probieren. Die Sozialarbeiterin sagt tatsächlich, sie werde versuchen, einen Lehrer aufzutreiben.

Von da an ist das Leben in der Gemeinschaftsunterkunft ein wenig erträglicher. Ich warte nicht mehr ausschließlich auf den Brief, sondern auch auf den Deutschkurs. Ich habe eine Perspektive. Auch meine Mitbewohner kommen mir plötzlich fröhlicher, sympathischer vor. Einmal stehe ich beim Reiskochen neben einem Mann aus Äthiopien, er brät Bananen in einer Pfanne. Erstaunt zeige ich auf die Bananen, bis dahin dachte ich, Bananen könne man nur roh essen. Er lächelt und gibt mir zu verstehen, dass gebratene Bananen lecker sind. Später lässt er mich probieren, sie schmecken tatsächlich köstlich. Von da an sehe ich meine Mitbewohner mit ganz anderen Augen. Von jedem kann ich etwas lernen. Manchmal, wenn ich nach dem Brief geschaut und nach dem Deutschkurs gefragt habe, spiele ich jetzt mit den Kindern, die auf meiner Etage leben, auf dem Flur. Fangen, Verstecken, Murmeln.

Nur noch manchmal rasen abends meine Gedanken, vor allem dann, wenn es in den Zimmern nebenan wieder besonders laut ist. An einem Morgen im Januar beschließe ich nach solch einer durchwachten Nacht, einen Brief an meine Mutter zu schreiben. Ich bin jetzt vier Monate in Deutschland, und sie weiß immer noch nicht, wo ich eigentlich stecke. Sie denkt, ich würde bald nach Hause kommen, um zu heiraten, eine Familie zu gründen. Ich bitte den Afghanen von gegenüber, den Brief für mich zu schreiben. „Ihr denkt, ich sei im Iran. Aber ich bin in Deutschland", diktiere ich ihm. „Es geht mir gut, macht euch keine Sorgen. Ich melde mich bald wieder." Ich stecke den Brief in den Bezug meines Kopfkissens, will auf den richtigen Moment warten, um ihn abzuschicken. Auf den Moment, in dem ich ein wenig sicherer bin, dass wirklich alles gut werden wird. Ich werde den Brief nie abschicken.

Ein paar Tage später, es ist lange nach Mitternacht, gellen aus dem Container nebenan laute Schreie, immer wieder, sie erreichen mich im Halbschlaf. Vor mir taucht das Bild meiner Mutter auf, beim Brotbacken. Mit einer gusseisernen Schale in der Hand kniet sie vor einem Loch im Boden, in dem Kohlen glühen. Es ist der Ofen in unserer Hütte in Almitu. Sie beugt sich über das Loch, um die Schale hineinzustellen, in die sie den Teig gelegt hat. In dem Moment verliert sie das Bewusstsein und stürzt in die Glut. Meine Schwestern schreien. Immer wieder. Ich schrecke hoch, mein Herz rast. Im Container nebenan streiten wieder mal meine Zimmernachbarinnen.

Seit ich denken kann, hat meine Mutter Kreislaufprobleme. Immer wieder passierte es, dass sie in Ohnmacht fiel, von einem Moment auf den anderen. Oft war sie eine halbe Stunde bewusstlos. Und egal wie laut ich schrie, sie wachte nicht auf.

Es ist nicht das erste Mal, dass ich mich um meine Familie sorge. Jedes Mal, wenn ich vom Krieg in Afghanistan höre, von Bomben, von Toten, habe ich Angst, es könnte sie treffen. Diesmal schaffe ich es nicht, die Sorgen zu verdrängen. Plötzlich habe ich das dringende Bedürfnis, mit meiner Mutter zu sprechen. Ich taste nach dem Brief in meinem Kopfkissenbezug. Bisher habe ich nicht zuhause angerufen, was sollte ich auch sagen? Dasselbe, was ich in diesem Brief geschrieben habe, den ich immer noch nicht abgeschickt habe? Dass Deutschland ein schönes Land ist? Dass ich aber nicht weiß, ob ich bleiben kann? Ein paar Mal schon sind andere Afghanen aus der Unterkunft gemeinsam in ein Internetcafé gegangen, um zuhause anzurufen. Jedes Mal bin ich im Container geblieben.

Ein paar Tage später gehen wieder ein paar Afghanen los, um zuhause anzurufen. Und ich weiß: Heute ist der Tag gekommen, an dem ich mit meiner Familie sprechen werde. Es ist März, ich bin jetzt fast ein halbes Jahr in Deutschland. Ich schließe mich der Gruppe an. Wir laufen zum Ostbahnhof, durch grau-schwarzen Schneematsch, zu einem Internetcafé. Über den blauen Himmel wandern weiß-graue Wolken. Einer der Jungs erklärt mir, dass ich eine Karte kaufen muss, um günstig nach Afghanistan zu telefonieren. Sie kostet fünf Euro, damit kann ich etwa eine Stunde telefonieren.

In einer engen, stickigen Kabine wähle ich die Nummer unseres Nachbarn in Almitu, der das Satellitentelefon besitzt. Nach nur zwei Mal Klingeln hebt er ab. Als er hört, dass ich es bin, begrüßt er mich freundlich. Seine Stimme ist voller Anerkennung. Wie immer sagt er, dass ich eine halbe Stunde später noch einmal anrufen soll. Dann will er bei meiner Mutter sein. Ich bin erleichtert, offenbar geht es ihr gut. Gleichzeitig bin ich aufgeregt. Was soll ich ihr sagen? Ich bleibe in der Kabine sitzen, bis mich der Besitzer des Cafés herausholt. Er braucht das Telefon.

„Mutter, ich bin es, Hassan." Mit beiden Händen umklammere ich den Telefonhörer, ich bin aufgeregt, fürchte, sie könnte wütend sein, weil ich ihr nicht früher gesagt habe, wo ich bin. „Ich bin in Europa."

„Hassan!", ruft meine Mutter. Sobald ich ihre Stimme höre, fällt jede Aufregung, jede Furcht von mir ab. Ich bin unglaublich erleichtert, sie zu hören, unendlich froh. Ich muss lächeln. „Ich weiß, dass du in Europa bist." Sie klingt stolz, nicht beunruhigt. Einer der Männer aus Almitu, die im Iran leben, muss ihr erzählt haben, dass ich nach Europa gegangen bin.

„Die Leute reden gut über dich", fährt sie fort. „Sie sagen, dass du ein braver Junge bist. Ich bin stolz, dass du es nach

Europa geschafft hast." Zum ersten Mal bin auch ich ein bisschen stolz. Vor ein paar Jahren, als ich Afghanistan verlassen
habe, hat sie noch gefürchtet, dass sie ihre Kinder nicht versorgen kann. Jetzt ist ihr ältester Sohn in Europa, dort, wo so
viel möglich ist. Aber bereits im nächsten Moment übermannt mich die Unsicherheit. Wie soll ich meiner Mutter
meine Situation erklären? Ich weiß doch selbst nicht, ob ich
hier der Verantwortung, die ich gegenüber meiner Familie
trage, gerecht werden kann.

„Wie ist es dort?", fragt sie.

Ich erzähle nichts von der Reise, nicht von Patras, nicht
von dem LKW-Reifen, nicht von den Containern, nicht von
der Anhörung. Ich will nicht, dass sie sich Sorgen macht,
und ich will kein Mitleid. Wenn sie sich sorgt, mache auch
ich mir Sorgen, wenn sie mich bemitleidet, bemitleide auch
ich mich. „Gut", antworte ich nur. Und nach einer kurzen
Pause füge ich hinzu: „Hier ist alles ganz anders." Ich suche
nach Worten, um Deutschland zu beschreiben. Mir fällt keines ein. Mir wird klar: Ich kenne den deutschen Alltag noch
gar nicht, ich weiß ja gar nicht, wie das Leben in Deutschland
überhaupt abläuft. Schließlich sage ich ihr einfach, dass ich
nicht weiß, ob ich überhaupt in Europa bleiben kann.

Noch schlimmer als ihre Sorgen sind Erwartungen, denen
ich nicht gerecht werden kann. Und in keinem Fall will ich,
dass meine Geschwister auf die Idee kommen, auch nach Europa zu gehen. Ich will nicht, dass sie durchmachen, was ich
durchgemacht habe. Sie müssen wissen, dass das Leben eines
Flüchtlings hart ist, dass ich kämpfen muss.

Meine Mutter fragt nicht nach. Sie sagt: „Natürlich." Ich
bin erleichtert, dass sie mir vertraut. Sie weiß, dass ich nach
meinem Vater komme, dass ich pflichtbewusst bin. Dass ich
hart arbeiten werde, um unsere Familie zu ernähren.

„Wie geht es euch?", frage ich.

Sie erzählt, dass Ehsan vor ein paar Wochen in den Iran gegangen ist. Ehsan, der Zweitälteste, nur ein Jahr jünger als ich, der auch als Hirte gearbeitet hat. Er muss sich in Almitu nutzlos gefühlt haben, wie ich, ohne Möglichkeit, für die Familie zu sorgen. Einerseits bin ich erleichtert, dass ich nicht mehr ganz alleine für unsere Familie verantwortlich bin. Andrerseits mache ich mir Sorgen. Ich weiß, wie wir Afghanen im Iran behandelt werden, und dass man leicht vom rechten Pfad abkommen kann, dass man Opfer eines Verbrechens werden kann. Es gibt Drogen und Alkohol und viele Kriminelle. Meine Mutter erzählt, dass Ehsan im Iran bisher nicht viel Glück hatte. Aber sie sagt auch, dass er gut zurechtkommt. Das beruhigt mich.

„Lass uns aufhören", erklärt sie dann plötzlich. Wir haben keine fünf Minuten gesprochen. Ich sehe meine Mutter vor mir, mein altes Leben, als wir jeden Cent sparen mussten, als ein Ferngespräch ins Ausland unglaublich teuer schien. Sie denkt, dass es hier genauso ist. „Mach dir keine Sorgen, das ist nicht teuer", sage ich. „Wie geht es mit deinem Kreislauf?", frage ich. „Viel besser", sagt sie. Ich weiß, dass es eine Floskel ist, dass auch sie mich nicht mit unangenehmen Wahrheiten beunruhigen will. Auch ich frage nicht nach. Ich will Distanz halten, will nicht zu viel wissen über ihre Sorgen in Almitu, das jetzt so weit weg ist wie ein anderer Stern, über dieses Leben, auf das ich jetzt sowieso keinen Einfluss nehmen kann.

„Mein Sohn, ich weiß doch, dieses Gespräch ist teuer", sagt meine Mutter dann noch mal. „Und du brauchst das Geld doch. Pass auf dich auf." Dann legt sie auf.

Auf dem Display vor mir blinkt in roter Leuchtschrift 4,10 €. Ich habe nicht mal einen Euro vertelefoniert. Ich habe meine Mutter nicht nach dem Krieg gefragt. Ich habe meiner Mutter meine deutsche Handynummer nicht gegeben.

Die anderen haben ihre Gespräche längst beendet, als ich aus der Kabine komme. Sie warten draußen auf mich. Wir gehen noch ein wenig durch die Stadt, am Himmel sind jetzt viele große Wolken, schließlich kehren wir zurück in die Rosenheimer Straße. Als ich wieder in meinem Container sitze, fühle ich mich seltsam. Meine Umgebung, mein neues Leben kommt mir so fremd vor, fast unwirklich.

In den nächsten Tagen muss ich oft an meine Familie denken, und auch an die Männer im Iran. An das grüne Tal von Almitu, an die staubigen Baustellen in Teheran. Ich beschließe, erst mal keinen Kontakt mehr mit meinem alten Leben zu haben. Es macht mich traurig, lähmt mich.

Als das nächste Mal eine Gruppe Afghanen zum Telefonieren geht, schließe ich mich trotzdem wieder an. Ich will einen Freund im Iran anrufen. Vielleicht weiß er etwas von Ehsan.

Auch seine Stimme ist voller Anerkennung. Er weiß ebenfalls, dass ich in Europa bin. Er erzählt, dass Naem sich aus England bei ihm gemeldet und nach mir gefragt hat, aber selbst noch kein Handy besitzt. Ich gebe dem Freund im Iran meine Handynummer, damit er sie Naem gibt, wenn der wieder anruft. Von Ehsan weiß er noch nichts. Er verspricht, ihm meine Nummer zu geben, sobald er ihn sieht.

Ein paar Wochen später klingelt mein Telefon, eine seltsam lange Nummer blinkt auf dem Bildschirm, der Anruf kommt weder aus Afghanistan noch aus dem Iran. Naem! Es gehe ihm gut, sagt er, doch seine Stimme klingt traurig. Er sagt, er habe noch kein Asyl beantragt, Afghanen hätten in England sowieso keine Chance. Er lebt in einer Wohnung mit vielen anderen afghanischen Immigranten, er hat einen schlecht bezahlten Job, er wäscht Teller in einem pakistanischen Restaurant. Von Hamid hat auch er noch nichts gehört.

Als ich auflege, bin ich traurig. Ich denke daran, wie lange wir drei uns kennen, was wir erlebt haben, woher wir kommen, wo wir jetzt sind. Und ich ahne, dass wir uns sehr lange nicht sehen werden.

Nach dem Gespräch höre ich monatelang nichts aus Afghanistan, nichts aus dem Iran, nichts aus England. Nichts aus meinem alten Leben.

Dafür scheint mein neues Leben loszugehen. Endlich darf ich Deutsch lernen. An einem Morgen im Mai, ich bin jetzt acht Monate in München, sitze ich das erste Mal im Unterricht. Mit mir quetschen sich zwanzig Schüler in den Klassenraum, einen der Container der Unterkunft. Offiziell ist der Unterricht nur für minderjährige Heimbewohner, ein paar ältere haben sich aber hereingeschmuggelt. Eine junge Frau, unsere Lehrerin, malt auf eine weiße Tafel vor uns Buchstaben. A. a. B. b. C. c. Wir malen nach.

Jeden Tag bin ich in den vergangenen Monaten zu den Sozialarbeiterinnen gelaufen, anfangs mit meinem Mitbewohner, irgendwann hatte er keine Lust mehr. Da konnte ich die Worte „Deutschkurs" und „bitte" schon selbst sagen, und ich kann schon den Namen der Sozialarbeiterinnen, Sabine und Bettina. Nach einer Weile lächelten die beiden nur noch und schüttelten den Kopf, wenn sie mich in der Schlange sahen, die jeden Morgen vor allem jene Bewohner vor ihrem Büro bilden, die Post von deutschen Behörden bekommen haben. Vergangene Woche haben sie dann zum ersten Mal gelächelt und genickt, endlich. Dann erklärten sie mir, dass das „Schlauprojekt" eine Lehrerin schicken werde. Sie sagten, der Verein wolle minderjährigen Flüchtlingen nicht nur Deutsch beibringen, sondern sie auch dabei unterstützen, einen Schulabschluss zu machen. Ich war elektrisiert, als ich davon erfuhr. Das bedeutete, dass ich nicht nur Deutsch lernen konnte, sondern dass ich auf dem besten Weg war, einen Schulabschluss und dann eine Ausbildung zu machen. Der Tag, an dem ich in

Deutschland angekommen bin, erschien mir plötzlich wie mein eigentlicher Geburtstag. Denn dieses Land erlaubt es mir, noch mal Kind zu sein. Es gibt mir die Chance, von vorne anzufangen.

Von da an kommt die Deutschlehrerin an jedem Wochentag, eine Stunde lang. Und von da an vergeht kein Tag mehr, den ich nicht mit Deutschlernen verbringe. Vormittags gehe ich in den Unterricht. An den Nachmittagen und an den Wochenenden übe ich am Esstisch das ABC, immer wieder. Später schreibe ich Sätze aus dem Deutschbuch ab, irgendwann ganze Texte. Unter meinem Bett stapeln sich vollgekritzelte Papiere. Nur noch selten gehe ich in den Park zum Fußballspielen. Jeden zweiten Tag frage ich die Sozialarbeiterinnen nach neuem Papier, zum Üben. Irgendwann schenken sie mir einen Stapel Hefte. Und einmal lege ich die 40 Euro Taschengeld, die ich jeden Monat bekomme, nicht für den Notfall zur Seite, sondern kaufe in einer Buchhandlung zwei Kassetten zum Deutschlernen. Eine Lehrerin hat sie mir empfohlen. Ich höre sie so oft, bis ich sie auswendig kann.

„Ich sammle Geld und du sammelst Buchstaben. Was willst du deiner Mutter sagen, wenn du abgeschoben wirst? Dass du das ABC gelernt hast?", zischt mein Mitbewohner eines Abends, als ich wieder mal meine Kassette höre. Ich antworte nicht. Natürlich weiß ich, dass ich vielleicht gar nicht in Deutschland bleiben werde, dass ich möglicherweise nie richtig Deutsch lernen werde. Aber ich weiß auch, dass ich mich beschäftigen muss. Arbeiten darf ich schließlich noch nicht. Und ich bin nicht bereit, eine Abschiebung zu riskieren. Nicht jetzt, wo sich so viele Chancen aufgetan haben.

Überhaupt geht es mir viel besser, seit ich Deutsch lerne. Ich grüble weniger, ich fühle mich weniger fremd in Deutschland. Ich beginne die Leute zu verstehen, die Schilder. Jeden Tag entdecke ich etwas Neues, ein neues Wort, eine neue Information über das Leben in Deutschland. Wenn ich ein Wort nicht kenne, frage ich erst mal nicht nach. Ich überlege, was es bedeuten könnte. Sobald ich ein Wort ein paar Mal gehört oder gelesen habe, verstehe ich es meistens. Und irgendwann benutze ich es selbst.

Und jetzt gehe ich erst am späten Vormittag zum Schwarzen Brett, nach dem Deutschkurs.

„Morgen komme ich nach München, um meinen Cousin zu besuchen", sagt Arif an einem Junisamstag am Telefon. „Du bist auch eingeladen. Holst du mich vom Hauptbahnhof ab?" Am nächsten Tag, die Sonne scheint, die Vögel zwitschern, warte ich am Bahnsteig auf Arif. „Ich wohne in der Pampa, da kommt nur einmal am Tag ein Bus", begrüßt er mich. „Kein Fußball, kaum Afghanen." Dann lacht er, als hätte er einen Witz gemacht. Er erzählt auch, dass er nicht einfach in den Zug steigen kann, um nach München zu fahren. Er muss eine Genehmigung bei der Ausländerbehörde beantragen. Es gibt keinen Deutschunterricht, geschweige denn normalen Schulunterricht. Ich merke, dass er nicht glücklich ist. Ich wage es nicht, von meinem Deutschkurs zu erzählen, von meinem Glück. Schweigend laufen wir über die Straßen bis zur Wohnung von Arifs Cousin Bashir.

Ich finde ihn sofort sympathisch. Er erzählt, dass er sechs Jahre alt war, als seine Familie nach Deutschland gekommen ist. Er ist ein paar Jahre älter als Arif und ich, besitzt eine eigene Wäscherei und hat schon eine Familie. Zum ersten Mal lerne ich einen Afghanen kennen, der ein ganz normales Leben in Deutschland führt, ein deutsch-afghanisches Leben. Ich bin fasziniert. Während wir drei uns im Wohnzimmer unterhalten, kocht Bashirs Frau afghanisch. Teigtaschen, gefüllt mit Gemüse und Fleisch. Es schmeckt fast wie zuhause. Vor allem fühlt es sich an wie zuhause. Nach dem Essen sitzen wir noch lange zusammen, reden über Afghanistan, über Deutschland, über Fußball und trinken Chai, bis es dunkel wird und Arif aufbrechen muss.

Ein paar Tage später lädt Bashir mich wieder zum Abendessen ein. An diesem Abend erzähle ich ihm von der Verantwortung, die ich gegenüber meiner Familie trage, seit mein Vater tot ist. Sofort sagt Bashir, er könne mir Geld leihen, falls meine Familie mal Schwierigkeiten haben sollte. Und sofort bereue ich es, ihm meine Probleme anvertraut zu haben. Ich will kein Mitleid, keine Almosen. „Ich nehme kein Geld von dir", antworte ich. „Ich habe einen unsicheren Status, vielleicht kann ich in Deutschland nie arbeiten. Ich weiß überhaupt nicht, wann ich es dir zurückzahlen könnte." „Wenn du kannst, gibst du es mir zurück, wenn nicht, dann eben nicht", antwortet Bashir und blickt mich ernst an. Ich sehe, er hat kein Mitleid, er will mir keine Almosen geben. Er mag mich. Er will mir helfen. „Danke." Dann sagt Bashir noch, dass er sicher ist, dass ich eine Aufenthaltsgenehmigung bekommen werde. „Du bist fleißig und ehrlich."

Es ist das erste Mal, dass ich wirklich denke, alles könnte gut werden. Ich muss lächeln vor Glück. Ich fühle mich wohl an Bashirs Seite. Ich habe einen Freund gefunden. Von da an sehen wir uns sehr oft. Fast immer, wenn seine Frau afghanisch kocht, ruft er mich an. Bashirs Familie ist jetzt auch meine Familie.

6. „Die Aufenthaltsgenehmigung? Ein Trick ..."
Warten auf die Entscheidung

„Treffen. Ich treffe, du triffst, er trifft ..." Auf dem Weg zum Schwarzen Brett wiederhole ich, wie immer, eines der neuen unregelmäßigen Verben, das wir gerade im Deutschunterricht durchgenommen haben. Es ist ein Julitag im Jahr 2006, ich will nachsehen, ob ich Post bekommen habe, wieder mal. Schon lange gehe ich die paar Schritte ohne die Erwartung, gleich das Ergebnis der Anhörung in den Händen zu halten. Schon lange bin ich nicht mehr enttäuscht, dass ich wieder keine Post bekommen habe. Der tägliche Gang zum Schwarzen Brett ist zur Routine geworden. Ich habe mich eingerichtet im Warten.

Wieder mal stehe ich alleine vor dem Schwarzen Brett, wie immer nach dem Unterricht. Die anderen haben schon am frühen Morgen nach Post geschaut. Ich blicke auf die Liste. Sie ist länger als sonst. Ich lege meinen Finger auf den ersten Namen, der mit A beginnt. Ich entziffere A-l-i-D-j-a-n. Meinen Nachnamen. Mein Herz scheint für einen Moment lang auszusetzen. Ich überprüfe noch mal jeden einzelnen Buchstaben, um sicherzugehen, dass mein Gehirn nicht verrücktspielt. Ali Djan. Und dann: H-a-s-s-a-n. Mein Name steht auf der Liste! Ich habe Post bekommen! Das Ergebnis der Anhörung ist da! Endlich! Gleich weiß ich, ob ich bleiben kann oder nicht, wie es mit mir weitergeht. Ich klopfe an der Tür, wo sich die Angestellten des Heims aufhalten. Keine Antwort. Ich drücke die Klinke herunter, ungeduldig. Die Tür ist abgeschlossen. Vielleicht sind sie nur kurz weg, denke ich, und beschließe, vor der Tür zu warten. Ich lehne mich an die Wand, und meine Euphorie schwindet.

Was, wenn in dem Umschlag, den ich gleich bekomme, ein Abschiebebescheid liegt? Dann lege ich eben Einspruch ein, so wie die anderen vor mir, sage ich mir. Und wenn das nicht klappt? Ich versuche, mich für die Enttäuschung zu wappnen. Doch es funktioniert nicht. Stattdessen überkommt mich ein Gefühl der Schwäche. Ich fürchte, keine Kraft zu haben für einen Neuanfang. Einen Moment lang wünsche ich mir, ich hätte heute keine Post bekommen. Es wäre ein weiterer gleichförmiger Tag gewesen, der mich nicht besonders traurig und nicht besonders glücklich gemacht hätte. Ich will diesen Gedanken verscheuchen, diese Schwäche. Endlich hat das Warten ein Ende, sage ich mir. Dieses Warten, das mich abstumpft, meine Energie raubt, an meinem Willen nagt.

Nach einer Ewigkeit, während der ich in einen Abgrund gestürzt und wieder herausgeklettert bin, taucht einer der Angestellten des Heims am Ende des Gangs auf. Der Abgrund ist wieder ganz nah. Als er vor mir steht, sage ich meinen Namen und deute auf die Liste an dem Schwarzen Brett. Er gibt mir zu verstehen, dass ich warten soll. Nach einer Minute ist er zurück, in der Hand hält er einen dünnen Umschlag. „Danke", murmele ich und nehme das Kuvert an mich. Ich deute auf die verschlossene Tür, die zum Büro der Sozialarbeiterinnen führt. Der Angestellte schüttelt den Kopf, gibt mir zu verstehen, dass ich bis morgen warten muss. Ich weiß, dass er mir nicht helfen, dass er mir nichts erklären wird. Noch nie hat er mich angeschaut, noch nie hat er mich angelächelt, noch nie hat er mit mir geredet. Ich weiß, dass ich bis morgen warten muss, um zu wissen, was in dem Brief steht. Die anderen Afghanen, die Deutsch lesen können, will ich nicht fragen. Die Vorstellung, den übrigen Tag alleine mit dem Brief zu sein, ohne zu wissen, was drin steht, finde ich zwar unerträglich. Doch noch unerträglicher finde ich die Vorstellung, dass die anderen Afghanen dabei sind, wenn ich erfahre, wie es für mich weitergeht.

Ich renne los, hinauf in mein Zimmer, nehme zwei Stufen auf einmal, schließe die Türe hinter mir, werfe die Deutschbücher, die noch auf dem Bett liegen, in eine Ecke, lege mich hin. Mein Mitbewohner ist nicht zuhause. Zum Glück. Ich will jetzt mit niemandem sprechen. Ich starre an die Decke. Fühle mich wieder machtlos, schwach. Diesmal gelingt es mir nicht, das Gefühl beiseitezuschieben.

Schließlich reiße ich das Kuvert auf. Es ist ein förmlicher Brief, mit Stempeln, nur zwei Seiten lang. Ich fixiere das Schreiben, als könnte ich die Zeilen verstehen, wenn ich nur genug wollte. Doch die Buchstaben verschwimmen vor meinen Augen zu einem unübersichtlichen Brei.

Wieso sollte ich auch das Glück haben, bleiben zu dürfen, frage ich mich und beginne, mich auf einen Abschiebebescheid vorzubereiten. Es fühlt sich schrecklich an. Wenn ich nicht bleiben kann, dann kann ich lange nicht meiner Verantwortung gegenüber der Familie gerecht werden! Ich versuche mich zu beruhigen, rufe mir ins Gedächtnis, was die anderen Afghanen in meiner Unterkunft erzählt haben. Dass ein Abschiebebescheid ganz normal sei. Dass man widersprechen könne. Dass manche Flüchtlinge schon zwei Mal einen Abschiebebescheid bekommen hätten und immer noch in Deutschland seien.

Doch dann überkommt mich doch Panik und ich kann sie nicht aufhalten. Alles, was ich über Abschiebebescheide und Widersprüche weiß, habe ich von afghanischen Flüchtlingen erfahren. Ich habe das Gefühl, dass ich im Grunde gar nichts weiß über das deutsche Asylrecht. Woher sollen die anderen Afghanen denn die richtigen Informationen haben? Sie leben kaum länger als ich in diesem Land, isoliert in einer Unterkunft, kaum einer von ihnen kennt das Ergebnis seines Asylverfahrens.

Und was sollte ich denn überhaupt widersprechen? Was sollte ich denn einwenden gegen eine Entscheidung der Ausländerbehörde? Bei der Anhörung habe ich den Beamten doch schon alles über mein Schicksal erzählt. Von meiner Familie, von unserer Armut, von meiner Verantwortung. Mehr habe ich doch gar nicht vorzubringen.

Ich merke, wie mein Kopf heiß wird, wie ich verzweifele. Soll ich überhaupt widersprechen, wenn ich einen Abschiebebescheid bekommen sollte, frage ich mich jetzt. Das Ergebnis wird doch dasselbe sein. Ich denke an die Jungs in Patras, die mehrere Jahre in Deutschland auf das Ergebnis ihres Asylverfahrens gewartet haben und dann doch abgeschoben wurden. Ich erahne jetzt, wie es ihnen ergangen ist. Dass sie einen Abschiebebescheid bekommen haben, dass sie Einspruch eingelegt haben, dass sie keinen Erfolg hatten. Wenn ich einen Abschiebebescheid bekomme und widerspreche, dann muss ich doch nur noch länger in diesem Asylbewerberheim leben, denke ich, ohne Perspektive, im Wartezustand.

In der Nacht träume ich, wie ich im LKW-Reifen zurück nach Afghanistan reisen muss. Als ich in Almitu ankomme, spüre ich wieder diesen Eisklotz in meinem Inneren, kann mich nicht bewegen. Wieder frage ich mich, ob ich tot bin. Bevor ich herausfinden kann, ob ich noch lebe, wache ich auf. Ich bin schweißnass.

Als Allererster stehe ich wenige Stunden später vor der Tür des Büros der Sozialarbeiterinnen. Ich bin viel zu früh dran. Erst in einer Stunde beginnen die beiden ihren Arbeitstag. Doch die Schlange vor dem Büro bildet sich immer früh, ich will nicht warten, und schlafen kann ich sowieso nicht. Etwa fünf Minuten nach mir kommt tatsächlich schon der nächste Bewohner, der das Gespräch sucht. Auch er hat einen dünnen Umschlag in der Hand, sein Blick ist traurig.

Als die Sozialarbeiterinnen endlich kommen, stehen fast zwanzig Heimbewohner vor ihrer Türe. „Na, willst du noch mehr Unterricht?", fragt eine der beiden, als sie mich sieht, grinst und bittet mich herein. Ich lächele gequält, nehme auf dem Stuhl vor ihrem Schreibtisch Platz. Dann reiche ich ihr den Brief.

Ihr Lächeln verschwindet. Ich ahne, dass sich meine Befürchtungen bewahrheiten könnten. Die Sozialarbeiterin überfliegt die beiden Seiten, blickt mich ernst an, ruft dann einen Afghanen dazu, der in der Schlange steht und schon ein wenig Deutsch spricht. Sie fragt, ob ich einverstanden bin, dass er weiß, was in dem Brief steht. Was bleibt mir anderes übrig? In der Unterkunft gibt es für solche Fälle keinen Übersetzer. Ich nicke. „Das ist ein Abschiebebescheid", sagt die Sozialarbeiterin und hält mit spitzen Fingern das Papier in die Luft. Wie betäubt höre ich die Worte. Doch sie schockieren mich gar nicht mehr – so sehr habe ich mich in den vergangenen Stunden darauf vorbereitet.

Sie erklärt, dass ich Deutschland jetzt eigentlich innerhalb von vier Wochen verlassen muss. Dass mein Vormund für mich aber Widerspruch einlegen kann, wenn ich das möchte. Die anderen hatten also doch recht! Ich habe noch eine Chance, in Deutschland zu bleiben. Ich bin erleichtert. Die Sozialarbeiterin erklärt, dass ein Gericht dann über meinen Fall neu entscheiden wird, dass es möglich ist, dass ich noch einmal einen Abschiebebescheid bekomme. Sie klopft mir aufmunternd auf die Schulter, schaut mich gleichzeitig mitleidig an. Die ganze Zeit habe ich nur stumm zugehört. Jetzt geht ein Ruck durch meinen Körper. Ich will kein Mitleid. Ich will stark sein, mein Schicksal anpacken. Natürlich lege ich diesen Einspruch ein! Die Vorstellung, dass ein Gericht über meinen Fall entscheiden wird, gibt mir neuen Mut. Ich habe schließlich einen guten Grund in Deutschland zu sein. Ich trage Verantwortung für die Existenz meiner Familie. Ich muss dem Richter erklären, dass mein Vater nicht mehr da ist. Wenn ich nicht sagen kann, dass er tot ist, dann muss ich eben sagen, dass er neu geheiratet hat, dass er die Familie im Stich gelassen hat.

Die Sozialarbeiterin fragt, ob sie einen Termin mit meinem Vormund machen soll, damit sie mir alles weitere erklärt und den Widerspruch vorbereitet. „Ja", sage ich. Sie greift zum Telefonhörer. Eine Woche später habe ich den Termin.

Bis dahin spreche ich mit niemandem mehr über den Abschiebebescheid. Was würde das an meiner Situation ändern? Es würde mich nur herunterziehen. Und jeder in dieser Unterkunft hat schließlich seine eigenen Probleme, seine eigenen Sorgen. Ich überlege auch nicht mehr, wie es nach meiner Abschiebung weitergehen könnte. Stattdessen stelle ich mir vor, dass das Gericht zu meinen Gunsten entscheidet, dass sie verstehen, dass ich die Rolle meines Vaters eingenommen habe, dass ich Verantwortung trage für meine Mutter und meine Geschwister. Ich male mir aus, dass ich in München bleiben kann, dass ich zur Schule gehe, eine Ausbildung mache. Im Deutschunterricht zu folgen, fällt mir trotzdem schwer.

Viel zu früh stehe ich schließlich vor dem Büro von meinem Vormund. Nach ein paar Minuten kommt sie mir mit einer Tasse Kaffee auf dem Flur entgegen. Ich lächele sie unsicher an. Sie bittet mich herein, obwohl es immer noch viel zu früh ist.

Es ist das dritte Mal, dass ich sie sehe. Sie ist streng und freundlich zugleich. Ich mag sie. Dank ihr habe ich nicht nur neue Fußballschuhe, sondern auch ein dickes Wörterbuch. Nach unserem zweiten Treffen fragte sie mich, ob ich mir irgendetwas wünschte. „Ich wünsche mir, besser deutsch zu sprechen", sagte ich, sie nahm mich mit in eine Buchhandlung und kaufte mir das Wörterbuch.

Jetzt zeigt sie auf den Stuhl vor ihren Schreibtisch, und während ich mich setze, ziehe ich den Brief mit dem Abschiebebescheid aus meiner Jackentasche und reiche ihn ihr. Sie lächelt mich an und legt den Brief auf ihren Schreibtisch, ohne ihn auch nur anzusehen. „Wasser?", fragt sie, und noch bevor ich antworten kann, läuft sie aus der Tür. Ist ihr meine Situation egal? Will sie mich ablenken, weil sie sowieso nichts machen kann? Bevor ich weiter grübeln kann, kommt sie mit einem vollen Glas zurück. „Wir warten, bis der Dolmetscher kommt", sagt sie und untermalt die Worte mit Zeichensprache, sie dreht ihren Zeigefinger vor ihrer Brust. Dann widmet sie sich ihrem Computer. „Sie kennt die Situation, in der du steckst", beruhige ich mich, „für sie ist das Routine."

„Diesen Brief bekommen fast alle", erklärt sie tatsächlich, als der Dolmetscher da ist. „Ich kann für dich Widerspruch einlegen gegen diesen Bescheid." Mit beiden Händen hält sie den Brief fest. „Dann wird noch einmal neu über deinen Asylantrag entschieden." Sie erklärt mir, dass ein Gericht über meinen Fall entscheiden wird. Dann macht sie eine Pause, lässt den Brief sinken. „Du musst wissen: Das Ergebnis kann das gleiche sein, es gibt keine Garantie, dass du bleiben kannst." Sie macht noch eine Pause, bevor sie weiterspricht, schaut mich eindringlich an. „Willst du also, dass ich Widerspruch einlege?"

Ich nicke langsam. Mein Entschluss ist längst gefasst. „Ich vertraue dir. Bitte, mach den Widerspruch", sage ich. Und dann erkläre ich ihr, dass sie sagen muss, dass mein Vater im Iran geheiratet hat, dass ich deshalb ganz alleine die volle Verantwortung für meine Familie trage, für meine Mutter und meine sechs Geschwister, dass ich für ihr tägliches Brot sorgen muss. Dass ich in Afghanistan meine Aufgabe nicht erfüllen kann. Dass ich unbedingt bleiben will, dass ich richtig Deutsch lernen will, dass ich zur Schule gehen, eine Ausbildung machen will, dass Deutschland eine einmalige Chance ist. Als ich geendet habe, spricht der Übersetzer noch endlose

Minuten. Mein Vormund blickt mich stumm und ernst an, ich halte ihrem Blick stand. Als der Dolmetscher endlich verstummt, sagt sie, sie werde ihr Bestes geben. Und dann erklärt sie, dass sie sehr viele junge Einwanderer vertrete. „Ich kann nur das tun, was ich für jeden anderen auch tun kann." Dann steht sie auf und bringt mich zur Tür. Den Rest des Tages fühle ich mich gut. Ich habe die Hoffnung, dass das Gericht zu meinen Gunsten entscheiden wird.

In den folgenden Tagen versuche ich mich wieder besser aufs Deutschlernen zu konzentrieren. Nach dem Unterricht schreibe ich Texte ab, konjugiere neue Verben, wiederhole alte, stundenlang. Aber manchmal ertappe ich mich immer noch dabei, dass ich deutsche Verben abschreibe und dabei an ganz andere Dinge denke, an Almitu, an Teheran, an Patras. Und natürlich an den Abschiebebescheid, an den Richter, der jetzt entscheiden wird. An das, was danach kommen kann. Ich zwinge mich dann dazu, noch mehr Vokabeln zu lernen. Erst am späten Nachmittag gehe ich zum Schwarzen Brett, um nachzusehen, ob ich schon eine Antwort bekommen habe.

Ein paar Wochen nachdem ich den Abschiebebescheid bekommen habe, erklärt die Deutschlehrerin eines Vormittags, der Unterricht würde jetzt nicht mehr in der Unterkunft stattfinden, sondern in einer Schule. „Leider können wir dort nur noch Minderjährige unterrichten", sagt sie auch. Ein paar der Älteren raunen, schimpfen. Sie tun mir leid, ich muss daran denken, wie es für mich wäre, wenn ich den Unterricht nicht mehr hätte. Ich würde durchdrehen. Gleichzeitig ist meine Freude groß. Ich habe das Gefühl, meinem Ziel noch ein wenig näher zu kommen. Von jetzt an werde ich in eine echte Schule gehen. In eine Schule, wo ich irgendwann auch meinen Schulabschuss machen kann. Ich beginne jetzt mein Leben in

Deutschland vorzubereiten. Minutenlang kann ich verdrängen, dass ich noch nicht mal weiß, ob ich in Deutschland bleiben kann.

Als ich am folgenden Nachmittag mit den zehn anderen minderjährigen Flüchtlingen meiner Unterkunft zum Unterricht fahre, bin ich wieder euphorisch. Kaum habe ich die Schule betreten, merke ich: Das ist keine echte Schule, alle Schüler sind Flüchtlinge. Das gute Gefühl bleibt trotzdem. Uns begrüßt eine junge Sozialpädagogin, ich verstehe so was wie: „Wir helfen euch mit allem, was auch immer ansteht." In den folgenden Tagen spreche ich nach dem Unterricht mit ihr, nicht weil ich mit ihr über den Abschiebebescheid sprechen will, das Thema habe ich mir erst mal verboten. Ich will mein Deutsch ausprobieren. Jeden Tag klappt es besser.

„Ich gehe nach Italien", sagt Arif am Telefon, ganz leise, er flüstert fast. Ich schaue aus dem Fenster. Es ist jetzt Herbst, die Bäume tragen nur noch wenige, braune Blätter. „Alles ist besser, als eingesperrt zu sein", sagt Arif. Ich sage lange nichts. Italien ist kein guter Ort für Flüchtlinge, das habe ich mittlerweile oft gehört. Man kann wohl schnell eine Arbeit finden, aber keine Wohnung. Ein Afghane hat zu mir gesagt, Flüchtlinge würden dort schlecht behandelt, wie Menschen zweiter Klasse.

Arif hat auch einen Abschiebebescheid bekommen, nur ein paar Wochen vor mir. Auch er hat dem Bescheid widersprochen. Nur wenige Wochen später erhielt er das Ergebnis, eine Duldung. Seine Abschiebung wurde also erst einmal ausgesetzt. Seit er die Duldung hat, glauben wir, dass sie schlimmer ist als eine Abschiebung. Dass Geduldete auch irgendwann eine Aufenthaltserlaubnis bekommen können, wissen wir zu dem Zeitpunkt nicht. Wir wissen nur: Ein Geduldeter darf kaum etwas tun. Um arbeiten zu können, braucht er eine besondere Genehmigung. Und auch dann ist es nur möglich, wenn kein deutscher Staatsbürger denselben Job will. Anspruch auf Arbeitslosengeld hat er in jedem Fall nicht, auch nicht auf andere Sozialleistungen, er wird weiterhin mit Essenspaketen versorgt und muss im Asylbewerberheim leben. Keiner der jungen Geduldeten, die wir bisher kennengelernt haben, geht in die Schule, in die Lehre. Welche Schule, welcher Betrieb sollte auch jemanden ausbilden, der möglicherweise bald abgeschoben wird? Für einen Geduldeten gilt auch weiter die Residenzpflicht, immerhin darf er sich im gesamten Bundesland bewegen, nicht nur in seinem Landkreis.

Ich weiß, dass Arif nicht aus Deutschland weg will. Hier lebt sein Cousin, hier hat er Freunde gefunden. Und er ist müde von der langen Reise, die ihn von Afghanistan nach Europa geführt hat. Fast ein Jahr war er unterwegs. Trotzdem hat er beschlossen, nach Italien zu gehen. Weil er hier nicht leben will ohne Aufgabe, in einem Asylbewerberheim, wo nur einmal am Tag ein Bus vorbeikommt, ohne die Möglichkeit, sich ein unabhängiges Leben aufzubauen, ohne die Perspektive seine Familie unterstützen zu können, seiner Verantwortung gerecht zu werden. Er hat Angst, verrückt zu werden.

„Pass auf dich auf", sage ich schließlich. „Viel Glück", wünscht mir Arif noch und legt auf. Ich weiß, er meint: „Viel Glück, dass du keine Duldung bekommst."

Schon wenige Wochen später ruft Arif wieder an, diesmal klingt er verzweifelt. Er ist zurück in seinem Asylbewerberheim. In Italien hat er keine Arbeit gefunden, er musste auf der Straße schlafen. Er hat sich dann bald auf den Weg zurück nach Bayern gemacht.

War es wirklich eine gute Idee, Widerspruch gegen den Abschiebebescheid einzulegen, frage ich mich jetzt, als Arif mir von seinen Erfahrungen erzählt. Wenn ich eine Duldung bekomme, dann habe ich keine echte Chance auf ein Leben in Europa. Ich denke an den ernsten, eindringlichen Blick meines Vormunds, als sie mich fragte, ob ich wirklich Einspruch einlegen wolle. Weiß sie, wie schlimm es ist, mit einer Duldung zu leben?

Arif ruft wieder an, um sich zu verabschieden. Diesmal will er nach Österreich gehen. Er hofft, dort einen Job auf dem Schwarzmarkt zu finden, irgendwas, um selbstbestimmt leben zu können. Ich versuche, ihn zum Bleiben zu überreden, halbherzig. Ich weiß nicht, was ich tun würde an seiner Stelle, wenn ich eine Duldung bekommen hätte. Ich will noch nicht darüber nachdenken. „Viel Glück", wünsche ich ihm zum Abschied.

Ich warte immer noch auf die Antwort auf meinen Widerspruch, jeden Tag gelingt es mir weniger gut, mich aufs Deutschlernen zu konzentrieren.

Kurz darauf entdecke ich meinen Namen auf der Liste am Schwarzen Brett. Es ist Herbst 2006. Sofort sehe ich einen Angestellten, er bringt mir einen dicken, großen Umschlag. Ist es ein gutes Zeichen, dass das Kuvert ganz anders aussieht als beim letzten Mal, denke ich sofort. Und: Ich habe Arif gar nicht gefragt, wie der Brief aussah, in dem seine Duldung kam.

Sofort stelle ich mich in die Warteschlange vor dem Büro der Sozialarbeiter, diesmal sind sie noch da. Fünf Leute stehen vor mir. Die Zeit verrinnt langsam. Ich will den Brief erst öffnen, wenn ich im Büro sitze, ohne Hilfe kann ich ihn ja sowieso nicht verstehen. Je länger ich warte, desto nervöser werde ich. Schließlich reiße ich den Umschlag einfach auf. Der Brief ist auf Deutsch und auch auf Persisch verfasst. Ich starre auf das Blatt, lesen kann ich die Zeilen ja auch nicht, obwohl sie in meiner Muttersprache verfasst sind. Endlich bin ich an der Reihe.

Wieder lächelt Sabine, die Sozialarbeiterin, als sie mich sieht, diesmal vorsichtig. Sie weiß sofort, wieso ich hier bin. Ich drücke ihr den weißen Umschlag in die Hand. Sie beugt sich über das Schreiben, blättert. Ich lasse ihr Gesicht nicht aus den Augen, versuche in ihrem Ausdruck zu lesen. Sie lächelt. Immer breiter. Sabine strahlt. Keine Frage: Sie freut sich. Ein Glücksgefühl steigt in mir hoch. Sollte ich es wirklich geschafft haben? Sollte ich wirklich eine Aufenthaltserlaubnis bekommen haben? Schließlich blickt sie auf und nickt. Und ich verstehe: Ich darf bleiben, ich habe keine Duldung bekommen, keinen zweiten Abschiebebescheid. Kein Afghane muss diesmal übersetzen. Ich verstehe auch so: Ich kann zur Schule gehen, eine Ausbildung machen, eine Arbeit suchen. Ich kann mir ein Leben aufbauen in Deutschland. Ich kann all das machen, was ich mir in den vergangenen Monaten ausgemalt habe. Der Richter hat für mich entschieden. Deutschland gibt mir eine Chance.

Ich springe auf, will aus dem Raum laufen, doch Sabine hält mich zurück, ruft doch einen Afghanen hinzu. Er erklärt mir, dass ich eine befristete Aufenthaltserlaubnis bekomme, subsidiären Schutz, provisorisches Asyl. Dass ich also erst einmal ein Jahr lang bleiben darf. Sie sagt auch, dass ich danach mit großer Wahrscheinlichkeit eine weitere Aufenthaltserlaubnis erhalten werde. Und dann erklärt sie, was ich jetzt tun muss. Ich muss beim afghanischen Generalkonsulat in Bonn einen Pass beantragen. Damit kann ich bei der Ausländerbehörde meine Aufenthaltserlaubnis abholen. Beim Sozialamt bekomme ich das Geld für die Fahrt nach Bonn und für den Pass.

Als ich aufstehe, hat sich meine Euphorie kaum gelegt. Mit gesenktem Kopf gehe ich vorbei an den anderen. Sie sollen mein Grinsen nicht sehen, sie sollen erst einmal nichts mitbekommen von meinem Glück. Jeder in der Unterkunft will schließlich eine Aufenthaltserlaubnis, und kaum jemand bekommt sie. Ich will keinen Neid wecken. Während ich an den anderen vorbeigehe, sage ich mir, dass auch diese Aufenthaltserlaubnis keine Garantie dafür ist, dass ich wirklich bleiben kann. Ich will mein Grinsen abschalten. Doch es funktioniert nicht.

Ein paar Tage später fahre ich, wie immer am Anfang des Monats, gemeinsam mit meinem Mitbewohner zum Sozialamt, wir wollen unser Taschengeld abholen. Es ist noch dunkel, als wir die Unterkunft verlassen. „Ich hole auch das Geld für meinen Pass", sage ich zu meinem Mitbewohner, als wir in der U-Bahn sitzen, fröhlich. „Hast du Post bekommen?", fragt er. „Ich habe eine Aufenthaltserlaubnis." Ich kann meine Freude nicht verheimlichen. Doch mein Mitbewohner reagiert nicht, wie ich es erwartet habe.

„Du hast eine Aufenthaltserlaubnis bekommen? Das ist doch nur ein Trick", sagt er ernst und macht eine wegwerfende Handbewegung. „Die wollen doch nur, dass du den afghanischen Pass holst, damit sie dich leichter abschieben können." Ich blicke ihn ungläubig an. „So ein Blödsinn." Ich denke: Er ist doch nur neidisch. Aber von da an trübt ein ungutes Gefühl meine Freude. Alles steht wieder auf dem Spiel, alles wackelt.

Als ich an die Reihe komme, reiche ich der Beamtin nicht nur, wie üblich, das rosa-hellgrüne Papier, das ich nach der Anhörung in der Ausländerbehörde erhalten habe, das mich als Asylbewerber ausweist und das über die Monate speckig geworden ist. Diesmal reiche ich ihr auch eines der sauberen Schreiben aus dem Umschlag, das die Sozialarbeiterin für mich herausgesucht hat, den Brief, auf dem steht, dass ich in Bonn, beim Konsulat, meinen Pass beantragen soll. Ungerührt liest die Sachbearbeiterin den Brief, dreht sich dann um, um das Geld aus einem Tresor zu holen. Ohne mich eines Blickes zu würdigen, blättert sie die Scheine auf den Tisch, verabschiedet mich mit einem kühlen Lächeln. Jede ihrer Gesten, ihre Mimik – alles ist für mich plötzlich Indiz dafür, dass ich gerade einem Trick zum Opfer falle. Ich versuche, mich zu beruhigen. Alle Deutschen, die ich bisher kennengelernt habe, schienen korrekt zu sein. Und wenn sie mich wirklich abschieben wollten, dann könnten sie das doch ganz einfach tun, dafür brauchen sie doch keinen Trick, sage ich mir. Doch das ungute Gefühl bleibt.

Ich spreche mit niemandem mehr über den Brief, über die Aufenthaltserlaubnis. Am nächsten Tag fahre ich nicht, wie geplant, nach Bonn zum afghanischen Generalkonsulat. Stattdessen stelle ich mich wieder in die Schlange vor dem Büro der Sozialarbeiterinnen. Als ich von meinen Zweifeln spreche, lacht Bettina, die zweite Sozialarbeiterin. Trotzdem bitte ich sie, einen Termin mit meinem Vormund zu machen.

Als die mich sieht, begrüßt sie mich freudig: „Was für eine tolle Neuigkeit!" Plötzlich schäme ich mich, an dem Schreiben gezweifelt zu haben. „Ich kann jetzt wirklich bleiben?", frage ich sie. „Erst mal ja", sagt sie und wiederholt dann, was die Sozialarbeiterin gesagt hat. Dass die Aufenthaltserlaubnis befristet ist, dass die Wahrscheinlichkeit groß ist, dass ich nach einem Jahr eine Verlängerung bekomme.

Gleich nach dem Gespräch fahre ich zum Hauptbahnhof, frage am Schalter nach der günstigsten Verbindung nach Bonn am nächsten Tag. Ich will spätestens um zehn Uhr morgens dort sein. Das Konsulat schließt um zwei Uhr nachmittags, bis dahin muss ich meinen Pass haben. Der erste Zug fährt um vier Uhr morgens, ich muss zwei Mal umsteigen, um zehn Uhr bin ich da.

Lange bevor die ersten Bewohner aufstehen und kurz nachdem die letzten ins Bett gegangen sind, verlasse ich am nächsten

Tag die Unterkunft und fahre mit der S-Bahn zum Hauptbahnhof. In den Händen halte ich den weißen Umschlag mit den Unterlagen der Ausländerbehörde, in meiner Hosentasche trage ich die das Ticket und das Geld für die Reise.

Wie geplant komme ich um kurz nach zehn Uhr vormittags in Bonn an. In der Ankunftshalle stehe ich allen im Weg, ich weiß nicht, wohin ich gehen soll, fühle mich überfordert. Schließlich frage ich an einem der Schalter, wie ich zum afghanischen Konsulat komme. Der Bahnarbeiter schickt mich weiter, zu einem anderen Schalter, er sagt was von „Touristen". „Ich bin kein Tourist", widerspreche ich, ungeduldig, ich fürchte, zu spät ins Konsulat zu kommen. Doch der Mann zuckt nur mit den Schultern. Es dauert eine Ewigkeit, bis ich den richtigen Schalter finde. Und dort dauert es lange, bis die Frau herausfindet, wohin ich muss und wie ich dorthin komme. Das Konsulat – ein Klinkerbau mit Garten in einer Wohnsiedlung – liegt ein wenig außerhalb, ich muss einen Bus nehmen.

Als ich endlich einer Konsulatsmitarbeiterin mein Anliegen schildere, schaut die sofort auf ihre Uhr. Einen Moment lang fürchte ich, sie könnte sagen, ich müsse morgen wiederkommen. Doch dann erklärt sie fröhlich: „In zwei Stunden können Sie den Pass abholen." Erleichtert gehe ich hinaus. Ich habe nicht gefrühstückt, ich habe auch keinen Hunger. Trotzdem kaufe ich an einem türkischen Stand eine Wasserflasche und zwei Teigtaschen. Lustlos esse ich eine, die andere stecke ich in meine Jackentasche. Dann laufe ich durch die Umgebung, immer dieselbe Strecke, aus Angst, den Rückweg nicht zu finden. Um Punkt ein Uhr nehme ich den Pass entgegen, stolz, es ist das erste Mal in meinem Leben, dass ich einen Reisepass in den Händen halte. Es fühlt sich wichtig an.

Zwei Stunden, bevor mein Zug zurückgeht, bin ich am Bonner Hauptbahnhof. Ich warte am Gleis, zähle in der Hosentasche das Geld, das ich übrig habe. 60 Euro. Als ich am späten Abend in die Unterkunft komme, schläft mein Mitbewohner schon. Ich lege mich ins Bett, den Pass stecke ich in mein Kopfkissen. Es dauert, bis ich einschlafen kann.

Am nächsten Tag fahre ich zum Sozialamt, ich will die 60 Euro zurückgeben. „Das Geld kannst du doch behalten", sagt die Beamtin und lächelt freundlich. Ich lächele auch, halte meinen Pass hoch. „Ich habe mehr als genug", sage ich, stehe auf. Das Geld lasse ich auf dem Schreibtisch liegen. Dann fahre ich in die Ausländerbehörde, wo ich meinen Pass abgeben soll, damit darin meine Aufenthaltserlaubnis vermerkt werden kann.

Davor will die Behörde wissen, ob ich irgendwann Mitglied einer terroristischen Organisation war. Erst wenn das ausgeschlossen werden kann, bekomme ich den Reisepass zurück mit meiner deutschen Aufenthaltserlaubnis drin. Ich soll einen seitenlangen Fragebogen ausfüllen. Ich bin mit meinem Vormund gekommen, noch immer habe ich ein wenig Angst, das alles könnte ein Trick sein, ich könnte abgeschoben werden. Der Fragebogen vor mir beunruhigt mich wieder, bestätigt meine Furcht. Auf dem Zettel sind seltsame Namen und Abkürzungen aufgelistet, nichts davon habe ich je zuvor gehört, alles klingt merkwürdig. Ist das ein neuer Trick? Kann ich etwas falsch machen und muss dann doch gehen? Kein Dolmetscher ist da, der mir erklärt, was die Namen bedeuten. Ich bin froh, dass ich nicht alleine bin. Mein Vormund erklärt den Beamten, dass ich den Fragebogen ohne Dolmetscher nicht ausfüllen kann, sie organisiert einen neuen Termin. Beim zweiten Mal komme ich mit Sabine, der Sozialarbeiterin, und einem afghanischen Freund, der für mich übersetzt.

Später erfahre ich von Sabine, dass ich in Deutschland bleiben darf, weil in Afghanistan Krieg herrscht und weil ich minderjährig bin. Mein Freund übersetzt aus meinen Papieren: „Dem 17-jährigen afghanischen Staatsbürger ist nicht zuzumuten, in sein Heimatland zurückzukehren. Einem Einzelnen ist es faktisch unmöglich, sich eine eigene Existenz aufzubauen, sich einen Lebensunterhalt zu verdienen."

Einem Einzelnen? Und was ist mit der Verantwortung gegenüber meiner Familie? Ich bin erstaunt. Spielt das alles keine Rolle? Ist nur der Krieg wichtig? Und dann muss ich plötzlich an Arif denken. Wieso habe ich eine Aufenthaltserlaubnis bekommen und er eine Duldung? Auch Arif ist minderjährig, auch er kommt aus Afghanistan. Es kann doch nicht einfach Glück gewesen sein, dass ich bleiben kann? Es passt nicht zu dem, was ich bisher von Deutschland dachte. Es muss einen Grund geben. Ich grüble. Liegt es daran, dass sein Asylbewerberheim so abgeschieden liegt? Dass er keine Hilfe von Sozialarbeitern in Anspruch nehmen konnte, dass er keinen Kontakt mehr zu seinem Vormund in München hatte?

Erst viel später werde ich verstehen, dass es wirklich Schicksal war, dass ich eine Aufenthaltserlaubnis bekommen habe und keine Duldung. Subsidiären Schutz erhält, wem im Herkunftsland ernsthafter Schaden droht wie Folter oder Lebensbedrohung durch willkürliche Gewalt im Rahmen eines bewaffneten Konflikts.

Erst Wochen später, im Februar 2007, bekomme ich endlich meinen afghanischen Pass mit der Aufenthaltserlaubnis. Als die anderen Bewohner in den nächsten Wochen erfahren, dass ich eine Aufenthaltsgenehmigung erhalten habe, kommen sie zu mir, um zu gratulieren. Auch mein Mitbewohner freut sich. „Ist also doch kein Trick", sagt er, er klingt erleichtert, klopft mir auf die Schulter.

Von jetzt an habe ich nicht nur mehr Rechte, sondern auch mehr Pflichten. Im Sozialamt bekomme ich nicht mehr

40 Euro Taschengeld, sondern 350 Euro. Davon soll ich mein Essen bezahlen – die Essenspakete sind vorbei – und auch meinen Platz in der Unterkunft, er kostet 190 Euro. „Du kannst dir auch eine Wohnung suchen", sagt die Sozialarbeiterin. Sie erklärt mir, dass ich einen Antrag stellen kann, damit das Sozialamt einen Teil der Kosten übernimmt. Ich schüttle den Kopf. Eine Wohnung suchen? Wie soll ich mit den Vermietern sprechen? Ich kann doch noch gar nicht richtig Deutsch. Und wer soll mir überhaupt eine Wohnung vermieten? Ohne Arbeit?

Einen Monat später bekomme ich Post von der oberbayerischen Regierung. Ich soll die Unterkunft verlassen, steht dort. Am nächsten Morgen bringt mir die Sozialarbeiterin Zeitungen mit, sie schlägt die Seite mit den Wohnungsinseraten auf, drückt sie mir aufmunternd in die Hand.

Ich fühle mich immer noch überfordert. Am meisten fürchte ich mich vor dem ersten Anruf, vor der Terminabsprache. Wie soll ich ohne die Hilfe der Mimik, ohne Körpersprache mit Deutschen kommunizieren? Wenig später erfahre ich, dass ein anderer Afghane aus der Unterkunft, er hat nur ein paar Tage nach mir eine Aufenthaltserlaubnis erhalten, auch die Unterkunft verlassen muss. Er arbeitet schon – er lebt länger als vier Jahre in Deutschland –, spricht ganz gut Deutsch. Ich frage, ob wir uns gemeinsam eine Wohnung suchen wollen. Er sagt sofort ja. Morgens kaufe ich von da an die Münchner Zeitungen aus den stummen Verkäufern, durchforste den Immobilienmarkt. Wenn er abends von der Arbeit kommt, klopft er bei mir, und ich gebe ihm die Nummern der potenziellen Vermieter.

Aber nur an wenigen Tagen finde ich überhaupt eine Zweizimmerwohnung, die wir uns leisten können, nur alle paar Wochen. Wenn mein künftiger Mitbewohner dann anruft, reagieren die Vermieter meist freundlich. Beim Besichtigungstermin beäugen sie uns aber skeptisch. Sie fragen, woher wir kommen, was wir machen. Jedes Mal habe ich das Gefühl, dass es den Vermietern nicht gefällt, dass wir gerade noch Asylbewerber waren, dass ich noch Deutsch lerne und dass ich in die Schule gehen und eine Ausbildung machen will. Die Wohnungen jedenfalls sind immer schon vergeben, wenn wir am folgenden Tag fragen, ob wir den Zuschlag bekommen haben.

„Ich habe jemanden für dich", sagt die Sozialarbeiterin eines Morgens zu mir, im Aufenthaltscontainer der Unterkunft studiere ich wieder mal den Immobilienteil der Zeitung. Seit ein paar Wochen baut sie ein Patenprojekt auf, sie will jedem minderjährigen Flüchtling in unserer Unterkunft einen Paten zur Seite stellen, eine Art Lotsen durch die deutsche Gesellschaft. „Eine ältere Dame hat sich heute gemeldet, sehr gebildet, sehr engagiert", sagt sie jetzt. „Ich musste gleich an dich denken. Ich bin sicher, ihr passt gut zusammen." Niemand habe schließlich so einen starken Willen gezeigt, Deutsch zu lernen, erklärt sie und lächelt. Dann gibt sie mir einen Zettel, auf dem steht ein Name, Frau Zopfy, und eine Telefonnummer.

Ein paar Tage trage ich den Zettel mit mir herum, bevor ich die Nummer wähle. Ich freue mich auf das Treffen mit der Dame, gleichzeitig fürchte ich es. Was soll ich mit der Frau reden? Was erwartet sie von mir? Wie wird sie sein?

Bisher habe ich nur mit Deutschen gesprochen, die wegen ihres Berufs mit mir zu tun haben. Mit den Angestellten im Asylbewerberheim, mit den Beamten in der Ausländerbehörde, meinem Vormund, den Sozialarbeiterinnen, den Lehrern. Nur die Lehrer und die Sozialarbeiterinnen sind ein wenig wie Freunde. Ich kann immer zu ihnen kommen, wenn ich ein Problem habe, zum Beispiel, wenn ich die Briefe der Ausländerbehörde oder vom Sozialamt nicht verstehe, sie weisen mich nie zurück. Und wir unterhalten uns auch mal über irgendwas, über das Wetter, über Fußball.

An einem Spätnachmittag, es ist schon dunkel, wähle ich schließlich die Telefonnummer, die auf dem Zettel steht, den mir die Sozialarbeiterin gegeben hat. Ich komme gerade aus dem Deutschunterricht und habe das Gefühl, ich stecke fest. Egal wie lange ich über den Büchern sitze, die deutschen Worte kommen mir nur schwer über die Lippen. Ich muss mehr deutsch reden, denke ich.

„Frau Zopfy?" Ich habe mir diesen Namen in den vergangenen Tagen so oft vorgesagt, dass ich ihn auswendig kann. Trotzdem bin ich sicher, dass ich ihn völlig falsch ausspreche, dass sie mich nicht verstehen wird. „Ja?", antwortet eine freundliche Frauenstimme. Ich bin erleichtert, sie hat mich verstanden. „Ich bin Hassan Ali Djan", sage ich und dann erst einmal nichts. „Schön, dass du dich meldest", sagt die Frau. Sie spricht langsam, ich verstehe fast jedes Wort. Sie schlägt ein Café in der Nähe vom Hauptbahnhof als Treffpunkt vor. Ich war noch nie dort, bin aber schon oft vorbeigegangen.

Am vereinbarten Tag gehe ich, anders als bei meinen Behördenterminen, nicht viel zu früh los. Erst kurz vor der verabredeten Uhrzeit verlasse ich die Unterkunft, eine Viertelstunde später bin ich in dem Café. In Afghanistan ist es üblich, zu spät zu Verabredungen zu erscheinen. Es ist sogar üblich, dass man unpünktlich ist.

Ich erkenne Frau Zopfy sofort. Vielmehr erkennt sie mich sofort. Als ich das Café betrete, steht sie auf, winkt, lächelt freundlich. Sie ist eine elegante Erscheinung. Groß, schlank, kurze graue Haare. Wir bestellen Tee. Sie will wissen, wie lange ich schon in Deutschland bin, wie lange ich Deutsch lerne. „Du sprichst schon ganz gut", sagt sie, als sie hört, dass ich erst ein halbes Jahr in den Unterricht gehe. Sie fragt, wie ich in Afghanistan gelebt habe. Ich erzähle von Almitu, dass dort im Winter viel mehr Schnee als in München liegt. Von meiner Familie erzähle ich an diesem Nachmittag nichts. Dann fragt sie noch, ob ich irgendwelche Schwierigkeiten habe, ob sie mir irgendwie helfen kann. „Ich möchte Deutsch lernen", antworte ich sofort. Ich frage nicht, wieso sie mich treffen will, wieso sie mir helfen will. Wenn man hungrig ist, fragt man denjenigen, der einem zu essen gibt, schließlich auch nicht, wieso er einem hilft.

Als wir uns verabschieden, lädt sie mich zu sich nach Hause ein. „Komm doch nächste Woche zu mir, ich koche etwas und helfe dir mit den Hausaufgaben." Sie gibt mir eine Karte, auf der eine Adresse steht. Und dann sagt sie noch: „In Deutschland legen die Menschen übrigens sehr großen Wert auf Pünktlichkeit." Dabei lächelt sie streng.

Es ist das allererste Mal, dass ich eine deutsche Wohnung betrete. Drei Wände des großen Wohnzimmers sind bis zur Decke mit Büchern bedeckt. „Verkaufst du Bücher?", frage ich Frau Zopfy. „Nein", antwortet sie und lacht. „Ich habe jedes einzelne gelesen." „Jedes einzelne?", frage ich sofort zurück. Ich kann mir nicht vorstellen, dass ein Mensch so viele Bücher lesen kann. Doch sie nickt. „Ich habe noch viel mehr gelesen, mindestens doppelt so viele. Die anderen Bücher musste ich verschenken, weil ich keinen Platz mehr hatte." „Du musst ein wandelndes Wörterbuch sein", sage ich, begeistert, mit einer so gebildeten Frau zu tun zu haben.

Sie führt mich in die Küche. Sie hat Rindfleisch und Gemüse eingekauft. Gemeinsam bereiten wir das Abendessen zu, dabei bringt sie mir ständig neue Wörter bei. Pfanne. Topf. Anbraten. Dünsten. Während das Fleisch im Ofen ist, mache ich meine Deutschhausaufgaben. Wenn ich nicht weiterkomme, frage ich sie. Nach dem Essen – es schmeckt köstlich – zeigt sie mir, wie man im Restaurant das Besteck auf den Teller legt, um dem Kellner zu verstehen zu geben, ob einem das Essen geschmeckt hat oder nicht. Als wir fertig sind, schaltet sie den Fernseher ein, es laufen Nachrichten. Sie sagt, die 20-Uhr-Fernsehnachrichten seien eine deutsche Tradition, so wie das morgendliche Zeitungslesen.

„Hast du etwas vor am Wochenende?", fragt sie dann. „In München gibt es viele interessante Museen. Wenn du willst, zeige ich dir eines." Ich nicke begeistert. Endlich zeigt mir jemand diese Gesellschaft, in der ich jetzt lebe, zu der ich doch gehören will und die mir noch so fremd ist.

Am folgenden Tag holt mich Frau Zopfy mit dem Auto von der Unterkunft ab. Als wir am Deutschen Museum aussteigen, habe ich das Gefühl, einen weiteren Schlüssel zu diesem Land entdeckt zu haben.

Von da an treffe ich Frau Zopfy jeden Freitagnachmittag nach dem Deutschunterricht. Wir kochen gemeinsam, manchmal nach ihren Rezepten, manchmal nach meinen. Sie hilft mir bei den Hausaufgaben. Wir schauen gemeinsam die Nachrichten. Und wenn wir mit allem fertig sind, erklärt sie mir das deutsche politische System, das Wirtschaftssystem, die Demokratie. Sie will auch viel von mir wissen. Immer wieder fragt sie mich nach Afghanistan, nach den Traditionen, nach der Kultur, danach, wie ich dort gelebt habe. Ich fühle mich wohl mit ihr. Irgendwann erzähle ich ihr die Geschichte meiner Familie. Sie zeigt kein Mitleid. Nur Verständnis. Darüber bin ich froh.

Einmal im Monat unternehmen wir am Wochenende etwas gemeinsam. Nachdem wir fast alle Münchner Museen besucht haben, machen wir Ausflüge. Am Kochelsee picknicken wir. Im Nördlinger Ries schauen wir uns den Meteoritenkrater an. In Regensburg und in Augsburg besuchen wir Freunde von Frau Zopfy. Bei einem Bauern kaufen wir Getreide, um Brot zu backen. Am Brauneck und bei Garmisch wandern wir.

Sie schickt mir Karten aus dem Urlaub, aus Südafrika, aus Kanada. Im Mai helfe ich ihr im Garten, schneide Bäume, Hecken, jäte Unkraut. Im September schenkt sie mir mein erstes Buch. „Onkel Toms Hütte". Sie rät mir, jeden Abend fünf Minuten zu lesen. Von da an schlafe ich über dem Buch ein, doch ich schaffe es nicht über das erste Kapitel hinaus. Ich brauche eine Ewigkeit für jeden Satz. Und es dauert noch länger, bis ich wirklich verstehe, was ein Sklave ist, dass es solche Menschen wirklich gab, und dass es so lange noch nicht her ist.

Frau Zopfy ist für mich zu einem wichtigen Menschen geworden. Sie hilft mir, Deutschland zu verstehen. Wäre sie nicht gewesen, hätte ich wahrscheinlich erst sehr spät verstanden, wie wichtig Pünktlichkeit in Deutschland ist. Ich wäre vielleicht noch lange nicht in einem Museum gewesen, nicht in den Bergen und nicht in Regensburg und Augsburg. Und ich würde noch kein Buch besitzen.

Als ich am Freitag gerade wieder mal auf dem Weg zu Frau Zopfy bin, es ist ein dunkler, kalter Winterabend, ruft Arif an. Fast ein Jahr lang haben wir uns nicht gehört. Seine Stimme hat einen traurigen Unterton, auch wenn er versucht, fröhlich zu klingen. „Wie geht es dir?", fragt er. „Wie geht es dir?", frage ich sofort zurück. Ich will nicht sagen, dass ich eine Aufenthaltserlaubnis habe, dass ich eine deutsche Bekannte habe, dass ich endlich richtig deutsch spreche.

„Ich bin wieder in Bayern", sagt er. Dann erzählt er von seinem vergangenen Jahr. In Österreich hat ihn die Polizei nach Bayern zurückgeschickt. Er zog weiter nach England, immer noch auf der Suche nach einem Job, nach einer Perspektive. Doch auch dort wurde er festgenommen und zurück nach Deutschland geschickt. Und noch immer hatte er nicht genug. Noch immer schien ihm die Perspektive, in Deutschland geduldet zu sein, schlimmer als die Aussicht, in einem anderen Land illegal zu leben, schlimmer als die Angst, noch mal von der Polizei aufgegriffen zu werden. Er machte sich auf den Weg nach Frankreich. Schon nach ein paar Wochen kehrte er wieder zurück nach Bayern, in sein Asylbewerberheim. Er fand in Paris keine Arbeit und auch keinen Schlafplatz. Kaum war er zurück, holte ihn die Polizei. Er musste eine Woche ins Gefängnis, weil er gegen die Residenzpflicht verstoßen hatte.

Ich verspreche ihm, ihn bald zu besuchen.

7. „Ich brauche Hilfe"
Schulzeit

„Was macht 10 plus 11?", fragt die junge Frau. Es ist mein erster
Schultag, meine erste Mathestunde. Das ist einfach, denke ich,
das haben mir schon meine Eltern beigebracht, das habe ich
schon tausend Mal auf den Basaren von Almitu und von Teheran gerechnet. Ein wenig gelangweilt antworte ich: „21."
„Schreib die Gleichung bitte an die Tafel", verlangt die Lehrerin
freundlich und gibt mir ein Stück Kreide. Gleichung? Noch nie
gehört. Ich schreibe 10 11 21 auf die dunkelgrüne Tafel. „Was
hast du da geschrieben?", fragt mich die Mathelehrerin, irritiert. „10 und 11 macht 21", antworte ich. „Aber was ist mit
den Zeichen?", fragt sie. Zeichen? Ich zucke vorsichtig mit den
Achseln, lege die Kreide auf das Pult, gehe langsam zurück zu
meinem Platz. Die Lehrerin ergänzt das Plus- und das Gleich-
heitszeichen, schaut mich an. „Kennst du das?", fragt sie, he-
rausfordernd. „Habe ich noch nie gesehen", antworte ich, trot-
zig. Ein paar meiner Mitschüler kichern.

Wir sind zwanzig in der Klasse. Die anderen kommen aus
Somalia, Nigeria, Bangladesch, Iran, Tibet, China, Irak, Arme-
nien, ein paar sind auch aus Afghanistan. Ich ärgere mich
über das Lachen der anderen. Die haben in ihren Heimatlän-
dern bestimmt eine Schule besucht. Ich aber weiß nur, was
mir meine Eltern gezeigt haben, das, was ich beim Einkaufen
auf dem Basar in Almitu gebraucht habe und was ich im Iran
wissen musste, um meine Schulden und mein Geld zu verwal-
ten. Zeichen, Gleichungen und Sachaufgaben gibt es im echten Leben eben nicht. Doch je mehr ich darüber nachdenke,
desto weniger macht mir das Lachen aus. „Lass dich nicht

entmutigen, lass dich nicht beeinflussen", sage ich mir. „Du bist hier, um all das zu lernen, um dein Ziel zu erreichen. Den Schulabschluss zu machen, um dir ein neues Leben aufzubauen. Was die anderen denken, kann dir egal sein." Und ich nehme mir vor, zuhause nicht nur die Hausaufgaben zu machen, sondern auch die Aufgaben zu wiederholen, die wir in der Schule schon gelöst haben. Das Wissen, das mir fehlt, muss ich aufholen, das ist mir klar.

Nur wenige Wochen vor diesem ersten Schultag hat mich die Lehrerin aus dem Deutschkurs beiseitegenommen. Ich könne jetzt beginnen, mich auf den Hauptschulabschluss vorzubereiten, sagte sie. Sie weiß, dass ich als Analphabet nach Deutschland gekommen bin. „Die Schule wird viel Arbeit für dich", sagte sie. „Aber ich sehe deinen Willen. Ich bin sicher: Du schaffst das." Ich freute mich einfach, dass es endlich losgehen sollte. Für mich gab es ja gar keinen Zweifel daran, dass ich es schaffen würde. Ich war sicher: Es ist nur eine Frage des Arbeitsaufwandes und der Energie, und ich wusste: Ich bin bereit, viel zu arbeiten, und Energie habe ich eher zu viel als zu wenig. Ich antwortete, dass ich in jedem Fall den Schulabschluss machen würde.

Doch an diesem ersten Schultag ahne ich schon, dass es schwieriger wird, mein Ziel zu erreichen, als ich es mir vorgestellt habe. Dass Energie und Arbeitswille nicht reichen könnten.

Sechs Wochen später steht die erste Matheschulaufgabe an. „Sechs Eier kosten 1,32 Euro", steht auf dem Blatt Papier. „Wie viele bekommt man für 2,20 Euro?" Ich habe keine Ahnung. Meine Mitschüler beugen sich über die Blätter, ihre Kugelschreiber kratzen über das Papier. Ich lege meinen Stift beiseite, lehne mich zurück und blicke aus dem Fenster. „Schreib wenigstens deinen Namen auf das Blatt", flüstert die Lehrerin mir zu. Ich blicke sie an, mit verschränkten Armen. „Sie wissen doch sowieso, von wem das leere Blatt ist", fauche ich.

Ich bin wütend, vor allem auf mich selbst, vor allem fühle ich mich hilflos. Obwohl ich nach dem Unterricht stundenlang über den Mathematik-Hausaufgaben gesessen habe, kann ich die Aufgaben immer noch nicht lösen. Ich fühle mich ein wenig wie in meiner ersten Zeit in Deutschland, als ich noch kein Wort Deutsch verstand. Mathematik scheint mir wie eine Sprache, deren Grammatik und Vokabeln ich nicht kenne. Auch Frau Zopfy kann mir nicht wirklich helfen.

Als die Lehrerin alle Schulaufgaben eingesammelt hat und sich verabschiedet, renne ich hinaus. Es ist die letzte Stunde, ich will nur nach Hause. Ich laufe vorbei an meinen Mitschülern, die sich über Ergebnisse austauschen, über Lösungsansätze, ein paar frustriert, andere erleichtert. „Warte", ruft die Lehrerin in meine Richtung. Sie schließt zu mir auf. „Wenn du willst, bringe ich dir die Zahlen und die Zeichen bei", sagt sie. „Natürlich", antworte ich, ein wenig zu laut, zu fordernd. Im nächsten Moment tut mir mein Tonfall leid. Dankbar schaue ich sie an, sie hat verstanden, dass ich bei Null anfange. Wir verabreden uns für den morgigen Nachmittag.

Die Lehrerin zeigt mir, wie man Zahlen über 100 addiert und subtrahiert, wie man multipliziert und teilt, wie man Gleichungen schreibt. Ich beginne ein wenig zu verstehen, aber vor allem merke ich, wie fremd mir Mathematik ist. Als ich am Nachmittag zurück in meine Unterkunft laufe, ist mir klar: Ich brauche jemanden, der mir hilft, dem Unterricht zu folgen. Jemand muss mir beibringen, was die anderen schon wissen. Alleine kann ich den Vorsprung nicht aufholen, es hilft nicht, wenn ich stundenlang über Aufgaben sitze, die ich nicht verstehe. Und es reicht nicht, wenn die Lehrerin mir ab und zu ein wenig mehr erklärt als den anderen. Noch bevor ich mir das Mittagessen zubereite, stelle ich mich in die Schlange vor den Büros der Sozialarbeiterinnen. „Ich brauche Hilfe", sage ich zu Bettina, als ich an der Reihe bin. „Ich brauche jemanden, der mir in Mathe hilft, ich schaffe sonst die Schule nicht." Ich bin aufgeregt, spreche wieder ein wenig zu laut. „Ich werde sehen, was ich tun kann", verspricht Bettina.

Eine Woche vergeht, und ich höre nichts von ihr. Wieder stelle ich mich in die Schlange. „Ich brauche Nachhilfeunterricht, bitte!" „Hab ein wenig Geduld", erwidert sie.

Doch ich habe keine Geduld. Ich merke, wie die anderen fortschreiten, wie ich abfalle. Ich sehe, dass ich in allen Fächern gut zurechtkomme, dass Mathematik aber ein echtes Problem ist. Ich fürchte, meine Pläne, den Schulabschluss und dann eine Ausbildung zu machen, könnten an diesem einen Fach scheitern. Und ich bin sicher, dass ich es schaffen kann, wenn ich nur ein wenig Hilfe bekomme.

Zwei Wochen später habe ich immer noch keinen Nachhilfelehrer. Wieder stehe ich in der Schlange. Als Bettina mich sieht, ruft sie mich zu sich. „Dauert nur kurz", beruhigt sie die anderen, die verärgert murren wegen meiner Vorzugsbehandlung. Sie gibt mir einen Zettel, auf dem acht Namen und Telefonnummern stehen. Sie erklärt, dass sie in der Mensa der Universität einen Aushang gemacht hat, um Nachhilfelehrer zu suchen, dass sich mehrere Studenten gemeldet haben. „Ruf sie einfach an. Sie wissen Bescheid." Sofort wähle ich die erste Nummer.

Von da an vergeht kein Nachmittag, an dem ich nicht mindestens zwei Stunden mit einem Studenten über Matheaufgaben sitze. Nach dem Unterricht kommen die Studenten in die Unterkunft, und wir üben am Esstisch in meinem Container. An den Wochenenden wiederhole ich die Aufgaben, die ich in der Woche mit den Nachhilfelehrern gemacht habe. Nur am Freitag lerne ich kein Mathe, da treffe ich Frau Zopfy. Sie hilft mir mit den anderen Fächern, vor allem mit Deutsch.

Nach ein paar Wochen haben die meisten Studenten weniger Zeit für mich, sie müssen selbst für Prüfungen lernen, haben Termine. Nur Dominik, der Mathelehrer werden will, hat noch immer viel Zeit, ich treffe ihn jetzt mehrmals die Woche. Als ich ihn einmal frage, wie er das schafft mit dem Studium und mir, erklärt er, es sei nicht so schlimm, wenn er mal eine Vorlesung ausfallen lasse. „Ich sehe, du willst wirklich lernen. Und ich will dir wirklich helfen", sagt er. „Das ist besser als jede Vorlesung."

Ein paar Wochen später verteilt die Mathe-Lehrerin wieder die Bögen für eine Schulaufgabe. Als ich an der Reihe bin, schaut sie mich mit sorgenvollem Blick an. Zwei Monate sind seit der allerersten Mathematik-Schulaufgabe vergangen. Seitdem habe ich keinen Test mehr mitgeschrieben. „Heute zeige ich Ihnen, wie man eine Mathe-Schulaufgabe schreibt", sage ich zu ihr und lächle. Zum ersten Mal fühle ich mich vorbereitet. Sie lacht und antwortet: „Na, dann bin ich gespannt."

Ich kann wirklich alle Aufgaben lösen. Als Allererster in der Klasse gebe ich die Schulaufgabe zurück. Die Lehrerin schaut mich fragend an, ich lächele, triumphierend. Sie schaut die Blätter durch, sieht, dass ich alles ausgefüllt hatte, lächelt zurück, macht eine anerkennende Kopfbewegung, legt die Blätter auf das Pult und blickt wieder ins Klassenzimmer. Die anderen schreiben noch.

Eine Woche später gibt sie die Aufgaben zurück. Wie immer in diesen Momenten ist es ganz still in der Klasse, alle sind angespannt. Ich bin als Letzter an der Reihe. Die Lehrerin kommt lächelnd auf mich zu, dann sagt sie, so laut, dass es jeder hören kann: „Du hast als Einziger in der Klasse alles richtig gelöst." Die anderen, die sich eben noch über ihre Aufgaben gebeugt haben, schauen mich erstaunt an. Ich lächele, ein wenig stolz, vor allem erleichtert. „Als ich deine Arbeit korrigiert habe, habe ich fast geweint vor Freude über deinen Fortschritt“, sagt die Lehrerin nach dem Unterricht zu mir. „Herzlichen Glückwunsch!“

Auch danach treffe ich Dominik an mindestens zwei Nachmittagen in der Woche. Mathematik bleibt für mich schwierig, ich muss mehr lernen als in allen anderen Fächern zusammen. Nirgends sonst habe ich Schwierigkeiten. In Sozialkunde und Geschichte gehöre ich sogar zu den Besten. Wenn der Lehrer etwas fragt, sagen meine Mitschüler oft: „Fragen Sie Hassan, der weiß es sicher.“ Die beiden Fächer fallen mir leicht. Ich will wissen, wie Deutschland sich entwickelt hat, was der Marschallplan ist, wieso das Land geteilt war, was soziale Marktwirtschaft ist, wie das politische System funktioniert. Und obwohl ich auch jede Sozialkunde-Schulaufgabe fürchte, schreibe ich am Ende nicht nur das Blatt mit der Aufgabenstellung voll, sondern auch noch die Rückseite.

Mit den anderen Schülern der Schlauschule verstehe ich mich gut. Wir haben ähnliche Geschichten und Vorstellungen. Alle sind glücklich, in Deutschland zu sein, den Schulabschluss nachholen zu können, alle wollen eine Ausbildung machen. Niemand stört den Unterricht. Am Nachmittag lernen wir manchmal gemeinsam für die nächste Schulaufgabe. Immer unterhalten wir uns auf Deutsch, selbst wir Afghanen untereinander. Wir wollen die Sprache lernen.

Einmal aber gerate ich an der Schlauschule in einen Streit. Genau vor unserem Klassenzimmer brüllen sich zwei Jungs an. Als ich in den Flur trete, gehen sie gerade aufeinander los. Um sie herum stehen schon ein paar meiner Mitschüler, keiner reagiert. „Beruhigt euch“, versuche ich den Streit zu schlichten, mache einen Schritt auf die beiden zu. Da schlägt mir einer der umstehenden Jungs ins Gesicht. Einfach so. Einen Moment lang wird mir schwarz vor Augen, ich spüre, wie Blut aus meiner Nase rinnt, ich schaue den Jungen fassungslos an. „Warum hast du das gemacht?", frage ich. Dann renne ich ins Lehrerzimmer. Ich habe Angst, meine Nase könnte gebrochen sein. Der Schuldirektor reicht mir ein Taschentuch, fasst mir an die Nase. „Tut das weh?" Ich schüttle den Kopf. „Gebrochen ist die nicht, sonst hättest du Schmerzen", sagt er. „Was ist passiert?" Ich will meinen Mitschüler nicht verpetzen, er hat bestimmt Probleme. „Ich weiß es auch nicht", antworte ich. „Fragen Sie die anderen, die wissen vielleicht mehr."

Der Direktor geht hinaus auf den Flur. Als ich kurz darauf hinzukomme, sind die beiden Streitenden auseinandergegangen. Und ich höre, wie die Umstehenden erzählen, dass ich den Streit schlichten wollte, dass der Mitschüler mich geschlagen hat, einfach so. Der Schuldirektor spricht mit dem Mitschüler, fragt, was passiert sei. Keine Reaktion. Der Direktor droht mit Schulverbot. Der Junge bleibt ungerührt. Er ist einer der wenigen Schüler, die den Unterricht manchmal schwänzen. Und es ist nicht das erste Mal, dass er Streit sucht. „Wenn du dich nicht entschuldigst, war das heute dein letzter Schultag", sagt der Direktor schließlich. Immer noch keine Reaktion. „Dann will ich dich hier nicht wiedersehen."

Als der Direktor verschwunden ist, zischt der Junge in meine Richtung: „Ich hoffe, du weißt, was dich erwartet, wenn du hier rausgehst."

Plötzlich muss ich an Patras denken, daran, dass dort jeder für sich gekämpft hat, dass sich keiner um den anderen sorgte, dass selbst ich mich nicht um Hamid, meinen besten Freund, gesorgt habe, obwohl er sich die Beine gebrochen hatte. Und plötzlich denke ich, dass es falsch war, dem Direktor nicht zu sagen, dass der Junge mich einfach so geschlagen hat.

Ich gehe noch einmal zum Schuldirektor und erzähle ihm von der Drohung. „Ich will, dass Sie Bescheid wissen: Wenn er mich noch einmal schlägt, werde ich mich verteidigen." In keinem Fall soll es so aussehen, als würde die Gewalt von mir ausgehen. Dieser Vorfall soll meine Pläne nicht durchkreuzen. Der Direktor versichert mir, noch einmal mit dem Jungen zu sprechen.

Mir ist dann nie etwas passiert. Und nie wieder ist der Junge in der Schule aufgetaucht.

Ein gutes Jahr ist jetzt vergangen, seit die oberbayerische Regierung mich das erste Mal aufgefordert hat, die Unterkunft in der Rosenheimer Straße zu verlassen. Ich habe noch eine Aufforderung erhalten, die dritte steht kurz bevor. Aber noch immer haben wir keine Wohnung gefunden. Wir haben nicht aufgehört zu suchen, wir finden einfach nichts. Noch immer kaufe ich jeden Morgen die Tageszeitungen, studiere die Immobilienanzeigen, vereinbare – wenn ich eine Wohnung finde, die wir uns leisten können – einen Besichtigungstermin. Angst vor dem Telefonieren habe ich schon lange nicht mehr, mein Deutsch ist viel besser geworden. Aber nie bekommen wir den Zuschlag.

An diesem Samstag aber scheinen wir endlich Glück zu haben. In der Zeitung finde ich ein gutes Angebot, sofort rufe ich an, noch am selben Nachmittag können wir die Wohnung sehen, in Moosach, im Westen von München. Sie gefällt uns sehr, sie hat zwei Zimmer, eine Küche mit Platz für einen Esstisch, sogar einen kleinen Balkon. Und der Vermieter scheint uns zu mögen, er sagt, er würde uns die Wohnung gern vermieten, er müsse sie aber noch zwei anderen Interessenten zeigen, mit denen er schon Termine ausgemacht habe. Noch am Abend ruft er mich an. Er will die Wohnung wirklich an uns vermieten. „Ich brauche nur noch ein paar Dokumente von euch", sagt er. „Gehaltsnachweise, Mietschuldenbefreiung, Schufa." Die Worte höre ich zum ersten Mal, ich gebe meinem Freund das Telefon, er soll sie notieren.

Als wir am folgenden Montag zu Sabine, einer der Sozialarbeiterinnen der Unterkunft, gehen, um mit ihrer Hilfe die geforderten Papiere vorzubereiten, stellt sich heraus, dass wir fast keines der Dokumente bekommen können. Ich beziehe kein Gehalt, besitze nicht einmal ein Bankkonto, und wir beide haben noch nie einen Mietvertrag unterschrieben, eine Mietschuldenbefreiung kann uns also niemand ausstellen. Trotzdem verabreden wir uns für den folgenden Tag mit dem Vermieter.

Mein Mitbewohner bringt seine Kontoauszüge mit, wir erklären unsere Situation. Doch der Vermieter ist plötzlich nicht mehr freundlich. „Das hättet ihr vorher sagen müssen, dass ihr kein Geld habt", fährt er uns mit lauter Stimme an. Ich zucke zusammen, noch nie hat in Deutschland jemand so mit mir geredet. Ich schaue zu meinem Freund, auch er hat den Kopf gesenkt. Der Vermieter sagt dann, ruhiger, er müsse jetzt ein paar Dinge klären, er würde sich wieder bei uns melden. Er meldet sich nie wieder.

„Wir finden einfach keine Wohnung", sage ich zwei Wochen später zu Sabine und reiche ihr zerknirscht den dritten Brief der oberbayerischen Regierung, den ich gerade bekommen habe. „Was können wir denn noch tun?" Ich fühle mich überfordert, weiß einfach nicht weiter, habe Angst, es könnte Konsequenzen haben, dass wir noch immer nicht die Unterkunft verlassen haben. Sabine greift zum Telefonhörer, spricht kurz. Ich verstehe die Worte „Wohnung", „kein Einkommen", „Aufenthaltstitel", „Gemeinschaftsunterkunft", „helfen". „Kommt morgen zu mir", sagt sie zu mir, nachdem sie aufgelegt hat. „Ich habe vielleicht eine Idee, wie ihr an eine Wohnung kommen könnt."

Sie bringt uns zum Münchner Amt für Wohnen und Migration, es liegt keine zehn Minuten von der Unterkunft entfernt. „Die Stadt besitzt Wohnungen, die sie an Menschen mit geringem Einkommen günstiger vermietet", erklärt Sabine auf dem Weg. „Vielleicht könnt ihr auch eine bekommen."

Dem Beamten, der uns empfängt, beschreibt sie unsere Situation, es fallen die Worte „Gehaltsnachweise", „Mietschuldenbefreiung", „Schufa", die ich mittlerweile gelernt habe. Mein Mitbewohner und ich sitzen rechts und links von Sabine und schweigen erwartungsvoll. Der Beamte schaut uns freundlich an, nickt aufmunternd, telefoniert dann eine Weile. „Ich hätte da was", sagt er schließlich. „In Solln ist gerade eine Zweizimmerwohnung frei geworden." So einfach soll es gehen? Wieso habe ich Sabine nicht viel früher gesagt, wie verzweifelt ich bin, frage ich mich ein wenig ärgerlich. Vor allem aber bin ich erleichtert, endlich hat die elende Wohnungssuche ein Ende.

Am Nachmittag besichtigen wir die Wohnung. Sie liegt im Erdgeschoss eines mehrstöckigen Hauses, hat zwei fast gleich große Zimmer, ein Bad, eine kleine Küche. Endlich können wir aus der Gemeinschaftsunterkunft ausziehen, haben unseren eigenen Bereich, kommen ein bisschen mehr in Deutschland an. Gerade will ich meinem Mitbewohner sagen, dass wir mein Zimmer auch als Wohnzimmer nutzen können, da kommt er mir zuvor. Ihm mache es nichts aus, wenn wir sein Zimmer als Wohnzimmer nutzen, er sei ja sowieso den ganzen Tag in der Arbeit.

Die Wohnung kostet knapp 500 Euro, jeder muss also ein wenig mehr als bisher zahlen. Am nächsten Tag unterschreiben wir die Verträge und bekommen die Schlüssel.

Meine Sachen passen in eine Sporttasche, Sabine, die Sozialarbeiterin, hat sie mir geschenkt. Die zwei Jacken, die vier

Pullover, zwei Jeans, die Fußballschuhe, das Wörterbuch. Ich will schon gehen, da lässt mich im Türrahmen etwas innehalten. Fast zwei Jahre habe ich hier gewohnt, in diesem zehn Quadratmeter großen Container. Ich drehe mich um. Mein Blick fällt auf das gerahmte Bild von einem bayerischen Kloster, das über dem Bett hängt. Es war schon da, als ich einzog. Ich habe vier Fotos draufgeklebt. Eines habe ich aus dem Iran mitgebracht, die anderen drei habe ich in München gemacht, mit einer Einwegkamera, die mir Sabine in meinem ersten Jahr geschenkt hat. Ein Bild zeigt mich auf dem Oktoberfest, eines vor den Containern in der Rosenheimer Straße, eines im Olympiapark. Ich habe die Momente fast vergessen. Ich nehme den Bilderrahmen von der Wand, stecke ihn in die Sporttasche.

Es ist früher Nachmittag, auf den Gängen spielen ein paar Kinder, sie beachten mich nicht. Langsam gehe ich die Treppen hinunter, aus der Tür hinaus, über den betonierten Platz vor den Containern, durch das eiserne Tor, zum S-Bahnhof. Jetzt beginnt eine weitere Etappe meines neuen Lebens.

Von meinem ehemaligen Mitbewohner werde ich ein paar Monate später erfahren, dass die Gemeinschaftsunterkunft in der Rosenheimer Straße geschlossen wird. In fast allen Containern schimmelte es.

Der riesige Schrank in meinem Zimmer in Solln ist noch immer leer, nachdem ich meine Klamotten hineingelegt habe. Das Wörterbuch lege ich auf den Boden neben das Bett. Den Bilderrahmen hänge ich darüber. Dann notiere ich auf einem Zettel, was in unserer Wohnung noch fehlt: Tisch, Sofa, Küchenschränke, Töpfe.

Ein paar Tage später ruft mich Frau Zopfy an, es ist später Vormittag. „Ich habe alles, was du brauchst. Der Neffe von einer Freundin ist gerade mit seinem Lieferwagen da, wir bringen dir die Sachen jetzt vorbei", sagt sie, und erklärt, dass sie in den Kellern von Freunden gefunden hat, was bei mir fehlt. „Aber ich muss gleich in die Schule, ich komme erst am Abend nach Hause …", sage ich, zaghaft, ich will nicht undankbar klingen, was sie vorschlägt, nimmt mir viel Arbeit ab, nur jetzt kann ich nicht. „Weiß ich doch", antwortet Frau Zopfy. „Ich komme kurz in die Schlauschule, hole deinen Schlüssel, stelle die Sachen in die Wohnung, bringe dir den Schlüssel wieder zurück. Okay?"

Am Abend finde ich zuhause zwei Kartons mit Küchenutensilien, außerdem zwei Küchenschränke, einen Tisch und ein Sofa.

„Weißt du schon? Mohamed fliegt nach Afghanistan, schon in ein paar Wochen!", ruft mir einer der Jungs entgegen, als ich nach langer Zeit wieder mal beim improvisierten Fußballplatz im Ostpark auftauche. Mohamed ist einer der Veteranen unter uns Fußballern, er hat schon seit ein paar Jahren eine Aufenthaltserlaubnis und einen Job als Koch. Er ist der Erste von uns, der nach Hause fährt. Fast sieben Jahre hat er seine Familie nicht gesehen. Genauso lange wie ich jetzt. Den ganzen Nachmittag kann ich an nichts anderes denken. Mohamed kommt aus derselben afghanischen Provinz wie ich, sein Heimatdorf liegt nur zwei Autostunden von Almitu entfernt. Halbherzig kicke ich den Fußball hin und her, meine ganze Aufmerksamkeit gilt Mohamed und seiner Reise.

In letzter Zeit habe ich nicht oft an meine Familie gedacht, auch nicht an Afghanistan. Wenn ich an zuhause denke, mache ich mir meistens Sorgen, ich frage mich, ob genug zum Heizen da ist, ob alle gesund sind. Und weil ich ja doch nichts ändern kann an der Situation in Almitu, habe ich den Gedanken jedes Mal beiseitegeschoben. Jetzt aber ist Afghanistan plötzlich ganz nah. Zum ersten Mal frage ich mich, wie lange es wohl noch dauern wird, bis ich selbst nach Hause zurückkehren kann. Und zum ersten Mal habe ich ein bisschen Heimweh. Mohamed könnte meiner Mutter und meinen Geschwistern etwas von mir bringen, denke ich plötzlich. Und ich muss an den Brief denken, den ich nie abgeschickt habe.

„Hast du deine Videokamera noch?" Gleich auf dem Heimweg vom Fußballplatz rufe ich Farhad an. Ich kenne ihn noch aus der Gemeinschaftsunterkunft in der Rosenheimer Straße, er lebte neben mir, mit seiner Familie. Und er besaß eine Videokamera. „Ja, warum?", antwortet er. „Ein Freund fährt in zwei Wochen nach Afghanistan, seine Familie lebt nicht weit von meinem Dorf entfernt. Ich will ein Video für sie aufnehmen", sage ich. „Das wäre echt wichtig", schiebe ich hinterher. „Alles klar", sagt Farhad. „Wann soll ich kommen?"

Am folgenden Wochenende stellt er in meinem Zimmer ein Stativ auf und schraubt die Kamera darauf. Ich stelle mich ein paar Meter davor hin, in meiner neuesten Jeans und mit dem schicksten Pullover. „Okay?", fragt Farhad. Ich nicke.

Fast zehn Minuten dauert es alleine, bis ich meine ganze Familie gegrüßt habe, meine Mutter, meine drei Brüder, die drei Schwestern, meine Onkel, meine Cousins, meine Großeltern. Dann versuche ich, Deutschland zu beschreiben, doch mir fallen wieder nicht die richtigen Worte ein. Ich stammle, dass es kalt ist, dass es den Leuten gut geht, dass es kaum Armut gibt. Bei jedem Satz habe ich das Gefühl, Deutschland nicht gerecht zu werden. Schließlich sage ich einfach, dass hier vieles anders ist und einiges besser. Ich erzähle, dass die Menschen hier sehr respektvoll miteinander umgehen. Dann sage ich, dass es auch hart ist, sich in Deutschland zurechtzufinden, dass es für Flüchtlinge nicht einfach ist. „Aber ich werde für euch sorgen", schiebe ich schnell hinterher, niemand soll sich Sorgen machen. „Darauf könnt ihr euch verlassen." Dann gebe ich Farhad ein Zeichen, er nimmt die Kamera vom Stativ und folgt mir. Ich zeige meiner Familie jeden Winkel der neuen Wohnung, ich erkläre, dass ich hier mit einem Mitbewohner lebe, sage, welche Gerichte ich koche. „Ich würde euch gern noch mehr erzählen, aber ich bin verabredet", sage ich in die Kamera, als ich nicht mehr weiß, was ich noch sagen soll, und Farhad drückt die Stopptaste.

Weil ich nicht weiß, ob es in Almitu einen DVD-Player gibt, bitte ich ihn, das Video auf eine DVD und eine VHS-Kassette zu spielen, bis spätestens Freitag. Am Samstag fliegt Mohamed nach Hause.

An dem Tag, an dem ich die Prüfungen für den Hauptschulabschluss schreibe, scheint die Sonne, es ist zum ersten Mal in diesem Jahr richtig warm. Mit meinen Klassenkameraden und dem Lehrer fahre ich in der S-Bahn zu einer Hauptschule, die mit der Schlauschule zusammenarbeitet. Es ist das erste Mal in meinem Leben, dass ich ein Examen ablege, bei dem die Note eine Rolle spielt. Ich bin ein wenig aufgeregt. Nur wenig länger als ein Jahr ist es her, dass ich vor meinem ersten Mathetest saß. Es kommt mir vor, als wäre das gerade erst gewesen. Bin ich ausreichend vorbereitet für die Prüfung, frage ich mich jetzt. Ich fühle mich gar nicht vorbereitet. So viel wie im vergangenen Jahr habe ich zwar noch nie in meinem Leben gelernt, zum ersten Mal habe ich Aufsätze geschrieben, ganze Bücher gelesen, Matheaufgaben gelöst. Mehr hätte ich nicht tun können, sage ich mir, und frage mich gleichzeitig: Reicht das? Wenn mich der Lehrer zur Prüfung angemeldet hat, werde ich schon vorbereitet sein, beruhige ich mich.

Die Prüfung läuft sehr förmlich ab. Wir dürfen uns nicht nebeneinander setzen, ein Platz muss zwischen uns frei bleiben. „Wer abschreibt und spickt, dem nehme ich das Blatt ab", sagt ein streng blickender Mann, der uns gegenübersteht. Unser Lehrer hat neben ihm Platz genommen, lächelt aufmunternd. Dann dürfen wir die Prüfungsbögen öffnen. Zuerst schlage ich die Aufgaben in Mathematik auf, es ist immer noch mein schwächstes Fach. Ich sehe sofort: Manche Aufgaben kann ich nicht lösen. Ich blättere weiter. Die Prüfungen in den anderen Fächern kann ich schaffen. Als ich alle Blätter durchgearbeitet habe, habe ich ein gutes Gefühl. Auch in Mathe.

Wir haben alle bestanden. An dem Tag, an dem wir die Zeugnisse bekommen sollen, organisiert der Direktor der Schlauschule ein großes Fest. Er hat einen Raum angemietet, jeder von uns hat ein Gericht aus seiner Heimat mitgebracht. Gemeinsam mit den anderen Afghanen habe ich Reis mit Lammfleisch gekocht. Als der Schuldirektor mir mein Zeugnis überreicht, sagt er: „Hassan, du hast uns alle beeindruckt." Meine Mitschüler klatschen. Ein warmes Gefühl breitet sich in meinem Inneren aus, ich muss lächeln. Den ersten Schritt habe ich geschafft! „Nächstes Jahr komme ich wieder", sage ich zum Schuldirektor. Er lächelt. „Das habe ich mir schon gedacht."

Schon vor Monaten habe ich beschlossen, dass ich den qualifizieren Hauptschulabschluss machen will. Im vergangenen Jahr haben die Lehrer fast wöchentlich wiederholt, dass wir mit höherer Bildung bessere Chancen auf einen Ausbildungsplatz haben. Ich weiß jetzt noch besser als am Anfang, dass ich nicht irgendeinen Job machen will. Ich will einen abwechslungsreichen Beruf lernen, einen, der mich körperlich und geistig auslastet, einen, der krisenfest ist. Ich will kein Maler sein, auf Maler kann man verzichten. Am liebsten möchte ich Elektriker werden.

Kurz vor den Prüfungen war ich mit ein paar anderen im Arbeitsamt, zum Berufsinformationstag. Verschiedene Firmen stellten sich vor, alle boten Lehrstellen an. Ich ging sofort zu den Handwerksfirmen, vielleicht, weil ich im Iran auf dem Bau gearbeitet habe. Ich sprach mit einem Schreiner, einem Maler, einem Elektriker. Als der Elektriker von seiner Arbeit erzählte, von den unterschiedlichen Stromkreisläufen, von den verschiedenen Einsatzorten, da hatte ich das Gefühl, dass er genau den Berufsalltag schildert, den ich mir wünsche. Er erklärte, ich würde nicht nur Stromkabel verlegen, sondern auch Telefonanlagen und Solaranlagen installieren. Und dann sagte er: „Das ist eine Zukunftsbranche." Das Wort geht mir seitdem nicht mehr aus dem Kopf. Ich möchte in einer Zukunftsbranche arbeiten.

Meine Hände sind feucht, mein Herz rast. Ich habe Lampenfieber. Ich sitze auf einer Bühne, gleich soll ich das erste Mal in meinem Leben vor Publikum sprechen, vor fast hundert Menschen. Auf einer Tagung des Bundesfachverbands für unbegleitete minderjährige Flüchtlinge. Mit einer Sozialkundelehrerin der Schlauschule bin ich dafür extra von München nach Kassel gefahren. Jetzt habe ich Angst, in der Aufregung mein Deutsch zu vergessen, zu stottern, nicht sagen zu können, was ich vorbereitet habe. Neben mir sitzen drei Mädchen und zwei Jungs, auch sie sind ohne Eltern und minderjährig nach Deutschland gekommen, aus dem Iran, aus Afghanistan, aus Nigeria. Ich merke: Auch sie sind aufgeregt. Ein paar Stunden zuvor haben wir noch gemeinsam an den Texten gearbeitet, die wir jetzt vortragen wollen. Vor uns sitzen Jugendrichter, Sozialarbeiter, Mitarbeiter vom Bundesamt für Migration, auch zwei Entscheider, Männer, die Anhörungen durchführen. Wir sollen aus unserem Leben als Asylbewerber erzählen. Von Situationen, die schwierig waren. Und wir sollen erklären, wie man es uns hätte einfacher machen können. Mit einem Jungen aus dem Iran habe ich einen Vortrag über die Anhörung vorbereitet.

Ein paar Monate vorher hat mich die junge Sozialkundelehrerin an der Schlauschule gefragt, ob ich mich trauen würde, vor vielen Menschen zu sprechen. Eigentlich unterrichtet
sie die Parallelklasse. Sie sagte: „Ich habe von deinen Mitschülern gehört, dass du gut reden kannst." Sie erklärte, dass sie
neben der Schlauschule auch für einen Verein arbeite, der
sich für die Rechte von Menschen wie mich einsetzt, für den
Bundesfachverband für unbegleitete, minderjährige Flüchtlinge. Dass sie gerade eine Tagung organisiert, auf der sich Politiker, Richter und Sozialarbeiter mit jungen Flüchtlingen unterhalten sollen. „Wir wollen, dass die Menschen nicht über
euch, sondern mit euch reden." Zuerst konnte ich es nicht
glauben, dass Richter und Politiker mit mir reden wollten.
Ich musste an den Iran denken, wo wir Afghanen behandelt
wurden wie Menschen zweiter Klasse, wo die Polizisten uns
schlugen, wo wir tagelang in einer Schlange warten mussten,
um ein Papier zu bekommen. Dann war ich begeistert. Natürlich wollte ich mit deutschen Richtern und Politikern reden.
Ein paar Mal haben wir uns dann in München getroffen. Jedes
Mal ging es um dieselbe Frage: Was läuft nicht so gut im deutschen Asylverfahren? Meine Antwort war schnell klar: Mir gefällt nicht, wie die Anhörung abläuft. Es sollte eine bessere
Vorbereitung geben. Die Gesprächsatmosphäre sollte ent-
spannter sein.

„Niemand weiß, auf was es bei der Anhörung ankommt",
sage ich jetzt auf der Bühne, nachdem der Moderator meinen
Namen aufruft. „Aber jeder weiß, dass dieses Gespräch darüber entscheiden wird, ob man in Deutschland bleiben darf
oder nicht." Plötzlich ist meine Aufregung verschwunden.
Ich sehe, dass mich die Zuschauer interessiert ansehen. „Wir
sind auf die Informationen angewiesen, die in den Asylbewerberheimen über die Anhörung kursieren. Und jeder, den man
fragt, erzählt etwas anderes. Diese Unsicherheit hat mir Angst

gemacht." Ich erzähle, dass ich die Nächte vor der Anhörung nicht einschlafen konnte, weil ich so lange darüber grübelte, welche Fragen man mir stellen würde, welche Antworten die richtigen sein könnten. „Es wäre gut, wenn es mehr sachliche Informationen über dieses Gespräch geben würde. Und es ist wichtig, dass auch Analphabeten gut informiert werden. Ich war ein Analphabet, als ich nach Deutschland kam." Dann sage ich noch, dass ich finde, dass der Raum, in dem die Anhörung stattfindet, einschüchternd wirke. „Die dicken Aktenordner, der riesige Schreibtisch. Der Raum müsste freundlicher aussehen, weniger offiziell." Mein Gesicht ist heiß, als ich fertig bin, aber ich bin jetzt ganz ruhig. Ein paar Leute klatschen.

„Viele von uns verstehen am Anfang nicht, dass in den Unterkünften gemeinnützige Vereine arbeiten, die mit der Regierung nichts zu tun haben", sagt der junge Iraner neben mir, als ich geendet habe. „Viele denken, alle Berater, überhaupt alle Menschen, die uns in der Unterkunft begegnen, würden zum Staat gehören. Mit dem Staat verbinden aber viele von uns negative Erfahrungen. Deshalb nehmen viele die Beratungsangebote der Vereine nicht in Anspruch." Dann fordert auch er „mehr Informationen", „mehr mehrsprachige Ansprechpartner". Die anderen jungen Flüchtlinge erzählen aus dem Alltag in den Asylbewerberheimen, von Konflikten mit den Angestellten. Sie sagen, dass nie jemand da war, den sie hätten fragen, den sie hätten um Hilfe bitten können. Auch sie wünschen sich mehrsprachige Ansprechpartner.

Nach dem Vortrag sollen wir in kleinen Gruppen Verbesserungsvorschläge erarbeiten. Ich soll mit den Männern, die die Anhörung durchführen, über meinen Vortrag sprechen. Sie sagen, dass sie schon oft gemerkt haben, dass viele Asylbewerber bei der Anhörung sehr verunsichert seien. Sie erklären, dass es aber verboten sei, Asylbewerbern Informationen über die Anhörung zu geben, dass die Flüchtlinge über die Rechte und Pflichte jedoch besser informiert werden sollen. Sie sagen auch, dass sie den Raum angenehmer gestalten wollten.

Als ich am Abend auf dem Weg zu meinem Zimmer bin, hält mich einer der Veranstalter der Tagung auf: „Wir brauchen dich öfter mal, du hast das gut gemacht." In meinem Hotelbett in Kassel kann ich kaum einschlafen, so aufgedreht bin ich. Ich bin unendlich froh, in Deutschland gelandet zu sein, in einer Gesellschaft, in der Menschen respektvoll miteinander umgehen, in der die Menschenrechte geachtet werden. Ich freue mich über die Anerkennung von den Veranstaltern, darüber, dass die Menschen, die die Asylverfahren bearbeiten, so respektvoll mit mir gesprochen haben. Ich erinnere mich an meine Anhörung, an das Ohnmachtsgefühl, das ich damals empfunden habe. Ich denke: Ich bin noch ein wenig mehr in Deutschland angekommen.

Am nächsten Tag kommt auf der Tagung eine junge Französin zu mir, sie macht gerade ein Praktikum beim Verband für minderjährige, unbegleitete Flüchtling in München. Sie sagt, mein Vortrag habe sie sehr beeindruckt. Dann fragt sie, ob ich gern klassische Musik höre, eine Freundin habe Kontakte zu den Münchner Symphonikern, ihre Mutter spiele dort, sie könne Karten besorgen. „Gern", antworte ich. Noch nie in meinem Leben habe ich klassische Musik gehört.

Zwei Wochen später besuche ich ein Konzert der Symphoniker im Herkulessaal. Die Musik begeistert mich, die Atmosphäre, die eleganten Menschen. Nach dem Konzert spricht mich die Mutter an, die für mich die Karte besorgt hat. Ich sage, wie gut mir das Konzert gefallen hat. Und irgendwann bietet sie mir an, ich könne bei den Symphonikern aushelfen. Es würden immer Leute gebraucht, die vor und nach den Konzerten die Instrumente auf die und von der Bühne tragen.

Von da an gehe ich ab und zu in den Gasteig und in den Herkulessaal, trage Kontrabässe, Posaunen, Harfen, höre klassische Musik.

„Ich kann's nicht fassen! Ich habe eine Aufenthaltserlaubnis!" Arif schreit ins Telefon, seine Stimme überschlägt sich fast. Zwei Mal ist seine Duldung verlängert worden. Beim dritten Mal hat das Ausländeramt seinen Status geändert, ihm eine Aufenthaltserlaubnis gegeben. Endlich kann er in Deutschland einen Job suchen, eine Ausbildung machen. „Endlich!", schreie ich zurück. Ich bin erleichtert, dass seine Odyssee ein Ende hat.

Arif zieht nach Dachau, dort hat er einen Job in einer Reinigungsfirma gefunden. Er hat keine Chance, in die Schule zu gehen oder eine Ausbildung zu machen. Er hat nie richtig Deutsch gelernt, hat keine Schule besucht. In dem Ort, in dem seine Unterkunft lag, gab es kein Projekt wie die Schlauschule, überhaupt gar keinen Deutschunterricht. Die minderjährigen Flüchtlinge waren sich selbst überlassen.

In den letzten Wochen meines zweiten Schuljahrs, kurz vor den Prüfungen zum Qualifizierten Hauptschulabschluss, mache ich ein Schnupperpraktikum beim größten Elektrotechnikunternehmen in München. Ich darf einen Mitarbeiter bei einem Auftrag in einem Privathaus begleiten. Auf dem Weg erzählt er, dass er dort schon seit Tagen Leitungen verlegt. Der Eigentümer hat außergewöhnliche Wünsche. Zum Beispiel will er die Badewanne einlassen können, bevor er nach Hause kommt, und die Haustür vom Büro aus öffnen, wenn der Postbote ein Paket bringt. Das Handy soll als Fernbedienung dienen. Ich bin fasziniert, ich will auch ein Telefon in eine Fernbedienung verwandeln können. Ich habe jetzt keinen Zweifel mehr daran, dass ich Elektriker werden will.

Als wir wenig später während des Unterrichts Bewerbungen schreiben sollen, verfasse ich trotzdem mehrere Anschreiben. Ich bewerbe mich auch um einen Ausbildungsplatz zum Schreiner, zum Krankenpfleger, zum Altenpfleger. Ich habe gehört, dass Pfleger immer gebraucht werden. Ich weiß, dass es schwierig ist, eine Lehrstelle zu bekommen, und ich will sichergehen, dass ich im nächsten Jahr arbeiten und ein wenig Geld verdienen werde. Meine Geschwister werden älter, bei unserem letzten Gespräch vor ein paar Monaten haben sie angedeutet, dass sie studieren wollen, und ich will sie unterstützen. Kurz nachdem ich in Deutschland angekommen bin, im Jahr 2006, hat die Schule in Almitu wiedereröffnet. Jedes Kind im Dorf kann sie seitdem besuchen, nur für Material und Schuluniform muss man ein wenig zahlen. Ich habe meine Geschwister immer ermutigt, in den Unterricht zu gehen. Ich will, dass sie sich etwas aufbauen, für sich selbst sorgen können. Wenn ich keinen Platz bei einem Elektrik-Unternehmen bekomme, dann mache ich eben etwas anderes. Fünfzehn Bewerbungen schicke ich ab. Die Adressen der Firmen finde ich mithilfe einer Sozialpädagogin im Internet.

Noch bevor ich mein Quali-Zeugnis habe, antwortet die Altenpflegeschule als allererste auf meine Bewerbung. Um den Ausbildungsplatz zu bekommen, müsse ich eine Aufnahmeprüfung machen, schreibt die Schuldirektorin. Aus der Stadtbibliothek hole ich mir ein Buch zur Vorbereitung.

Als der Schuldirektor mir dann das Zeugnis überreicht, ist ein Filmteam vom Bayerischen Rundfunk dabei, sie wollen die Schlauschule vorstellen. Stolz halte ich das oberste Blatt mit der Gesamtnote in die Kamera. Ich habe eine 2,2. Die Journalistin will wissen, wie ich die Zeit an der Schule erlebt habe, was ich jetzt vorhabe. Ich sage, dass ich es als Geschenk empfunden habe, lernen zu dürfen. Und dass ich am liebsten Elektriker werden möchte.

Am folgenden Tag klingelt um sieben Uhr abends mein Handy. Es ist der Chef des Elektrotechnik-Betriebs, bei dem ich mich beworben habe. „Wenn Sie noch an der Lehrstelle Interesse haben, kommen Sie gern übermorgen Nachmittag bei mir vorbei", sagt er. „Natürlich habe ich Interesse", antworte ich.

Am übernächsten Tag bin ich schon mittags in der Firma, in keinem Fall will ich zu spät kommen, diese Chance verspielen. Der Chef hat Zeit, nimmt mich gleich mit in sein Büro. „Sie haben einen sehr beeindruckenden Lebenslauf", sagt er, als wir uns gegenübersitzen. „Normalerweise haben die jungen Leute, die sich bei mir bewerben, gerade mal die Schule hinter sich. Ihre Schullaufbahn ist kurz, dafür haben Sie schon viel gearbeitet, als Diener, als Hirte und auf Baustellen – und das am anderen Ende der Welt." Er nickt anerkennend. „Respekt."

Ich erröte. In meinen Lebenslauf habe ich alles geschrieben, was ich bisher gemacht habe. Natürlich wusste ich, dass meine Arbeitserfahrung in Deutschland kaum Wert hat. Aber ich wollte, dass mein künftiger Chef etwas von mir weiß, dass er eine Ahnung von meinem Leben hat, davon, wo ich herkomme. Er hat mich verstanden, denke ich. Und er ist Elektriker. Ich weiß nicht, was ich sagen soll. Er erwartet gar keine Antwort, er spricht einfach weiter. „Wenn Sie wollen, können Sie in den nächsten beiden Tagen bei uns zur Probe arbeiten", sagt er. „Dann sehen wir, ob wir zusammenpassen." Als ich mich verabschiede, habe ich mich wieder gefasst. „Ich bin heute in der Abendschau zu sehen", sage ich noch, vorsichtig. „Falls Sie noch ein bisschen mehr über mich wissen wollen." Er sieht mich erstaunt an. „Der Bayerische Rundfunk war bei meiner Zeugnisverleihung dabei", erkläre ich.

Mit einem Mitarbeiter fahre ich am nächsten Tag zu einem Kloster am Rand von München. Es erinnert mich an das

Kloster, dessen Bild über meinem Bett hängt, das ich mit meinen Fotos fast überklebt habe. Das muss ein gutes Omen sein, denke ich. Im Garten installieren wir die Stromkabel für die Außenbeleuchtung. Ich helfe, wo ich kann, reiche Werkzeuge, halte Kabel. Als wir am Nachmittag in die Firma zurückkehren, ruft mich der Chef in sein Büro. „Ich ruf dich in ein paar Tagen an", sagt er.

Ein paar Tage später klingelt mein Telefon, es ist die Nummer des Elektrikerbetriebs, ich erkenne sie sofort. Mein Herz schlägt schneller. „Komm vorbei, wann du kannst", sagt der Chef. „Dann schreiben wir deinen Vertrag."

8. „Wo ist der alte Hassan geblieben?"

Zwischen den Welten

„Auf der Universität können wir ein Stipendium fürs Ausland bekommen", ruft meine älteste Schwester aufgeregt in den Hörer. Dann wird ihre Stimme plötzlich leiser, sie klingt fast ängstlich. „Damit wir uns auf die Uni vorbereiten können, brauchen wir aber mehr Geld. Wir müssen nach Kabul ziehen." Schnell schiebt sie hinterher: „Wenn wir das nicht tun, waren die ganzen Jahre auf der Schule vergeblich." Sie hält kurz inne, so kurz, dass ich keine Zeit habe, zu antworten, fleht: „Bitte!"

Vier Jahre lang hat sie jetzt die Schule besucht. Gemeinsam mit meiner zweitjüngeren Schwester und meinem zweitältesten Bruder besucht sie gerade die höchste Klasse der Schule in Almitu. Schon ein paar Mal hat sie angedeutet, dass die drei danach studieren wollen, jetzt spricht sie das erste Mal konkret davon. Sie hat von einem der Lehrer in Almitu erfahren, was sie tun müssen, um an die Universität zu gehen. Zwei Jahre lang müssen sie in Kabul einen Vorbereitungskurs besuchen. Abhängig von ihrer Note in der Abschlussprüfung, können sie dann Studienort und Fach wählen.

„Natürlich geht ihr nach Kabul und macht diesen Vorbereitungskurs", antworte ich sofort. „Erkundige dich mal, wie viel eine Wohnung für euch drei in Kabul kostet und wie viel ihr fürs Essen braucht. Ruf mich wieder an, wenn du es weißt." Ich weiß: Die drei sind auf mich angewiesen. Ehsan arbeitet zwar immer noch auf einer Baustelle in Teheran, aber er verdient nicht viel. „Ich habe mich schon umgehört", antwortet meine älteste Schwester. Sie rechnet mit fast 300

Euro im Monat. Sie erklärt, dass die Uni zwar umsonst sei, dass der Vorbereitungskurs aber Geld koste. Und dass das Leben in Kabul viel teurer sei als in Almitu.

In meinem zweiten Lehrjahr, das in den nächsten Tagen beginnt, werde ich ungefähr 550 Euro verdienen. Ich bekomme jetzt kein Geld mehr vom Sozialamt. Dafür erhalte ich ein wenig Unterstützung vom Arbeitsamt, Ausbildungsbeihilfe. Abzüglich der Miete habe ich im Monat allerdings keine 400 Euro zur Verfügung. Das Geld reicht für meinen Lebensunterhalt. Und ich kann ein bisschen zurückzulegen für den Fall, dass meine Mutter etwas braucht.

„Kein Problem", sage ich trotzdem zu meiner Schwester, nachdem sie mir die Summe genannt hat. Ich will ja, dass die drei studieren. Ich selbst habe meine Geschwister ja immer wieder ermuntert, in die Schule zu gehen, zu lernen. Die Vorstellung, dass sie an die Universität gehen, begeistert mich, erst recht die Aussicht darauf, dass sie mit einem Stipendium an eine Hochschule im Ausland wechseln.

Ich habe noch nicht aufgelegt, da überlege ich schon, wo ich sparen könnte. Auf den Döner könnte ich verzichten, den ich mir manchmal abends hole, wenn ich zu müde zum Kochen bin. Mehr fällt mir aber nicht ein. Andere unnötige Ausgaben habe ich einfach nicht. Nach einer Weile ist mir klar: Ich muss mir einen Nebenjob suchen.

Nur was? Ich habe ja kaum Zeit. Unter der Woche bin ich jeden Tag bis zum Abend in der Arbeit oder in der Berufsschule. Nur am Wochenende und nach acht Uhr abends habe ich frei. Ich erinnere mich daran, dass ein Freund, den ich noch aus der Gemeinschaftsunterkunft kenne, eine Zeitlang nach Geschäftsschluss für eine Reinigungsfirma gearbeitet hat, nach Geschäftsschluss hat er Kaufhäuser geputzt. Das wäre perfekt.

Der Freund gibt mir die Nummer der Reinigungsfirma. Schon am nächsten Abend kann ich zur Probe arbeiten.

Von da an arbeite ich an drei Tagen in der Woche von acht bis zehn Uhr abends in einer Etage der Karstadt-Filiale am Stachus, dafür bekomme ich im Monat etwas mehr als 200 Euro. Der Job ist in Ordnung, vor allem wegen der Kollegen. Sie sind lustig und nett. Mit zwei Türkinnen verstehe ich mich besonders gut, manchmal treffen wir uns kurz vor Ladenschluss in einem Café im Karstadt, trinken Tee und plaudern.

An einem Abend, ich arbeite noch keine zwei Wochen und wir sitzen wieder mal im Café, grüßt ein Mädchen die beiden Türkinnen aus der Ferne. Sie arbeitet als Verkäuferin in der Etage. Sie ist hübsch, höflich, zurückhaltend. Sie gefällt mir sehr. Von da an setze ich mich regelmäßig vor Ladenschluss in das Café, auch wenn die Türkinnen keine Zeit haben. Aber ich sehe das Mädchen nicht wieder. Schließlich frage ich meine Kolleginnen nach ihr. Ich erfahre, dass das Mädchen aus Marokko kommt und in Deutschland studieren will. Mehr erzählen sie nicht, und ich traue mich nicht, weiter zu fragen. Wenn ich jetzt in die Arbeit komme, bin ich immer ein wenig aufgeregt, immer hoffe ich, sie zu sehen. Aber nur einmal läuft sie mir über den Weg. Und beachtet mich nicht.

Nachdem ich ein paar Wochen für die Reinigungsfirma gearbeitet habe, kann ich nicht mehr leugnen, dass ich erschöpft bin, dass mir alles zu viel wird. An den Tagen nach der Arbeit komme ich kaum aus dem Bett, ich kann mich schlecht konzentrieren, und es fällt mir schwer, das Gähnen zu unterdrücken. An den Wochenenden schlafe ich lange, und trotzdem bin ich müde, habe Probleme beim Lernen. „Du gewöhnst dich schon dran", sage ich mir jedes Mal, wenn ich das Gefühl habe, nicht mehr zu können. Ich habe keine andere Wahl.

Doch die Berufsschule fällt mir auch nicht leicht. Nicht mehr Mathematik ist jetzt mein schwächstes Fach, sondern

Englisch. Als Einziger in der Klasse habe ich zu Beginn der Berufsschule kein Wort Englisch gesprochen. An der Schlauschule haben wir kein Englisch gelernt, wir hatten genug mit Deutsch zu tun. Ich habe Glück, der Schuldirektor hat Verständnis für meine Situation. Er schlug kurz nach Schulbeginn vor, dass meine Leistung im Fach Englisch im ersten Jahr der Berufsschule nicht gewertet wird. Ich sollte Zeit haben, das Versäumte aufzuholen.

Als ich dann einmal zu Besuch in der Schlauschule war und von meinen Schwierigkeiten mit dem neuen Fach erzählte, versprach der Direktor, einen Englisch-Nachhilfelehrer für mich zu suchen. Viele Menschen bieten der Schlauschule an, Flüchtlingen ehrenamtlich Nachhilfeunterricht zu geben. Eine Ärztin meldete sich nach einer Woche bei mir. An den Abenden, an denen ich nicht arbeite, treffen wir uns seitdem in der Schlauschule. Sie erklärt sehr gut. Trotzdem fällt es mir schwer, dem Unterricht folgen. Ich habe gerade einfach keine Zeit, Vokabeln zu lernen.

Und dann habe ich mich auch noch verpflichtet, ein zweites Mal auf einer Tagung des Bundesfachverbands für minderjährige, unbegleitete Flüchtlinge zu arbeiten. Ich sage nicht ab, auch wenn ich am Rande meiner Kräfte bin. Ich will niemanden hängen lassen. Außerdem erinnere ich mich noch immer oft an die erste Tagung, an das Gefühl, in Deutschland respektiert zu werden, dazuzugehören. Todmüde mache ich mich im Herbst auf den Weg nach Trier, wo die nächste Tagung stattfindet.

„Was stört euch? Was soll anders werden", frage ich in die Runde. Um mich herum sitzen zehn Jugendliche aus der ganzen Welt, viele kommen aus Afghanistan. Alle leben in derselben Unterkunft in Trier, alle sind wie ich minderjährig und ohne Eltern nach Deutschland gekommen. In der Unterkunft gibt es Schwierigkeiten mit den Sozialarbeitern und mit dem Heimleiter, die Jugendlichen missachten die Regeln. Ich soll mit ihnen einen Vortrag vorbereiten, den sie kommende Woche auf der Tagung halten sollen. Ich soll herausfinden, was in der Unterkunft falsch läuft, und den Jugendlichen helfen, dem Publikum, zu dem auch die Sozialarbeiter und der Heimleiter gehören, ihre Beschwerden vorzutragen. Die Jugendlichen schauen mich entgeistert an, als ich die beiden Fragen ausgesprochen habe. Ich ahne, dass es ihnen, wie mir am Anfang, schwerfällt zu glauben, dass die Deutschen wirklich wissen wollen, was sie stört, die Asylbewerber, die Bittsteller.

Erst nachdem ich noch ein paar Mal nachgefragt habe, beginnt ein junger Afghane zu sprechen. Vor kurzem habe er einen Freund, der in einer anderen Unterkunft lebt, zum Arzt begleitet. Nach zehn Uhr abends sei er zurück in die Gemeinschaftsunterkunft gekommen. Ein Sozialarbeiter habe ihn zufällig gesehen, als er durch die Tür gekommen sei, und begonnen, ihn zu schimpfen. Um diese Uhrzeit müsse er doch schon längst zurück in der Unterkunft sein, heute Abend würde er nichts mehr zu essen bekommen. Der Junge versuchte zu erklären, dass er einen kranken Freund zum Arzt begleitet hatte, dass es länger gedauert hatte, weil sie nicht wussten, wohin. Doch der Sozialarbeiter habe kein Verständnis gezeigt und, immer noch laut, geantwortet: „Du bist doch nicht der Papa von deinem Freund." Der Junge schaut immer noch entsetzt, als er davon erzählt. „Mein Freund ist wie meine Familie. Natürlich helfe ich ihm", erklärt er. Und nach einer Pause fügt er an, dass ihn auch der laute Ton des Sozialarbeiters gestört habe, dass er seitdem den Respekt vor ihm verloren habe. In Afghanistan gilt es als Zeichen von Schwäche, wenn jemand in der Öffentlichkeit einen Wutausbruch hat. Wer im Zorn die Stimme erhebt, verliert sein Gesicht.

Als der Junge geendet hat, überlege ich, wie wir dem Heimleiter am besten erklären können, was der Jugendliche zu sagen hat. Ich bin sicher, dass wir nichts erreichen, wenn wir die Kritik einfach so auf der Bühne äußern. „Lasst uns die Situation nachspielen", sage ich schließlich. „Dann sieht der Sozialarbeiter sich von außen und merkt, wie er auf dich gewirkt hat." Die anderen Jugendlichen sind sofort begeistert. Sie hätten sich gar nicht getraut, die Kritik offen zu äußern. Einer spielt den Sozialarbeiter, ein anderer den Jugendlichen, einer den kranken Freund.

In der Woche darauf zeigen wir noch vier weitere kurze Szenen, in jeder ist ein zentrales Motiv, dass einer der Betreuer wütend wird. Als wir fertig sind, steht der Heimleiter auf und bedankt sich. „Ich denke, ich habe verstanden", sagt er, mit sanfter Stimme.

Eines Abends in der Weihnachtszeit sitze ich mit geschlossenen Augen in der S-Bahn – ich komme von der Arbeit und bin todmüde, wie immer in letzter Zeit –, da fasst mich jemand an der Schulter. Es ist Sabine, die Sozialarbeiterin aus meiner alten Unterkunft in der Rosenheimer Straße. Ich freue mich, sie zu sehen, sie freut sich auch, ich erzähle von der Ausbildung, sie erzählt, dass sie jetzt in einer anderen Unterkunft arbeitet. „Du siehst müde aus", sagt Sabine. Obwohl ich es nicht vorhatte, erzähle ich, dass ich gerade von meinem Nebenjob komme, dass ich jetzt drei Mal die Woche abends putze, um die Ausbildung meiner Geschwister bezahlen zu können. Dass ich in der Berufsschule manchmal einnicke, erzähle ich nicht. Trotzdem ist sie sofort beunruhigt. „Schaffst du das denn alles?", fragt sie. „Ja, klar", antworte ich. Ich will nicht von ihr hören, dass ich gerade zu viel zu tun habe. Das weiß ich selbst.

Ein paar Tage später ruft mich die Sozialarbeiterin an. Sie sagt, ein Journalist der *Süddeutschen Zeitung*, ein Bekannter von ihr, würde gern ein Interview mit mir führen, für einen Artikel.

Kurz nach Weihnachten erscheint im Lokalteil der *Süddeutschen Zeitung* ein kurzer Text über mich, „Adventskalender" heißt die Rubrik, „Bildung statt Freizeit" steht als Titel darüber und in der Unterzeile: „Hassan A. hat zwei Jobs – und deshalb kaum Zeit zu lernen". Nach Neujahr überreicht mir der Journalist einen Scheck über fast tausend Euro, die Leser für den Adventskalender gespendet haben.

Nur einen Tag später meldet sich Sabine noch mal bei mir. Eine Frau hat den Journalisten angerufen, sie hat den Artikel gelesen und will mich treffen. Mehr weiß sie auch nicht. Eine Woche später treffe ich die Frau nach der Arbeit in einem Café in der Innenstadt. Wir haben noch nicht bestellt, da sagt sie schon: „Mein Mann und ich, wir wollen dich unterstützen, solange du in der Lehre bist. Du sollst lernen können und nicht arbeiten müssen. Wir haben an 200 Euro im Monat gedacht." Ich starre sie ungläubig an, weiß nicht, was ich sagen soll. „Weißt du, wir sind keine reiche Familie, wir haben zwei Kinder, die studieren noch", fährt sie fort, sie scheint gar keine Reaktion von mir zu erwarten. Sie erzählt, dass sie Übersetzerin ist, ihr Mann Chirurg, er hat das Studium auf dem zweiten Bildungsweg absolviert. „Wir wissen, wie wichtig Bildung ist. Wir möchten dir einfach helfen." Ich bin immer noch sprachlos, ringe nach den richtigen Worten. „Danke", sage ich schließlich einfach.

Am nächsten Tag kündige ich den Job bei der Reinigungsfirma. Der Chef bietet mir einen Job als Schichtleiter an, ich würde mehr Geld verdienen. „Ich brauche die Zeit für meine Lehre", sage ich und gehe. Eine schwere Last fällt von mir. Von da an gehe ich jeden Tag früh schlafen. Doch es dauert ein paar Wochen, bis ich morgens nicht mehr müde bin. Ich ahne, dass ich die Lehre wahrscheinlich nicht geschafft hätte, wenn ich weiter gearbeitet hätte. Englisch ist nicht die einzige neue Sprache, die ich lernen muss. Elektrotechnik ist die zweite. Mein Chef merkt, dass ich mich schwer tue mit den Fachbegriffen, mit den Namen der Werkzeuge, mit manchen Themen. Er gibt mir Pläne für Simulationen von elektrischen Schaltungen, die ich nach der Arbeit in den Räumen der Firma nachbaue. Wenn ich Fragen habe, erklärt er es mir.

In den ersten Monaten, nachdem ich bei der Reinigungsfirma gekündigt habe, treffe ich an den Wochenenden noch manchmal die türkischen Kolleginnen. Jedes Mal, wenn wir uns sehen, denke ich an das Mädchen aus Marokko. Aber nur einmal frage ich nach ihr, niemand soll wissen, wie gut sie mir gefällt. Doch nach ein paar Monaten verliere ich meine Kolleginnen aus den Augen und mit ihnen auch das marokkanische Mädchen.

In der Berufsschule finde ich nur schwer Anschluss. Mindestens einmal am Tag merke ich, dass ich aus einer anderen Welt komme. In den Pausen unterhalten sich meine Mitschüler am liebsten über Computerspiele. Manchmal stehe ich stumm daneben. Meistens gehe ich weg, bleibe für mich, dann denke ich an meine Kindheit. In Afghanistan waren die Tierknochen mein einziges Spielzeug. Seit ich elf bin, habe ich überhaupt nicht mehr gespielt. Im Unterricht stören die anderen ständig. Sie reden laut, beachten den Lehrer nicht, es fällt mir oft schwer, mich zu konzentrieren. Ich habe den Eindruck, meine Mitschüler haben gar keine Lust, etwas zu lernen. Es fällt mir schwer, ihre Haltung zu verstehen. Für mich ist es ein Privileg, in die Schule gehen zu dürfen. An der Schlauschule haben die anderen Schüler das auch so empfunden, nie hat jemand den Unterricht gestört. Wenn jemand keine Lust auf die Schule hatte, dann kam er einfach nicht.

Dass ich auf dem Pausenhof alleine bin, finde ich nicht schlimm. Dass meine Mitschüler den Unterricht stören, ärgert mich sehr. Jeden Tag mehr.

„Wenn ihr quatschen wollt, dann geht bitte raus", sage ich irgendwann, als wieder einmal die Hälfte der Klasse so laut redet, dass ich die Worte des Lehrers kaum verstehe. Alle verstummen, schauen mich an. Dann lachen ein paar, tuscheln. Nur ein paar meiner Mitschüler, die schon ein wenig älter sind, scheinen mich zu verstehen.

In der folgenden Pause mustern mich zwei Mitschüler auf dem Hof lange und abfällig, dann lachen sie laut. Sie lachen mich aus. Ich gehe zu ihnen, sage mit fester Stimme: „Wir gehen in eine Klasse. Ihr solltet mich nicht auslachen." Die beiden schauen mich stumm und erstaunt an. Offenbar haben sie nicht damit gerechnet, dass ich auf ihr Verhalten reagiere. „Danke", sage ich schließlich und gehe.

In den nächsten Pausen nehme ich jeden beiseite, der davor den Unterricht gestört hat. „Ich möchte lernen", sage ich. „Das geht aber nur, wenn es ruhig ist. Bitte bleibt zuhause, wenn ihr keine Lust habt." Die anderen reagieren immer gleich: erstaunt, schweigsam. Jeden Tag ist die Klasse ein wenig stiller, jeden Tag kann ich den Lehrer besser verstehen.

Ein paar Wochen später soll der Klassensprecher für das zweite Halbjahr gewählt werden. „Wer will sich zur Wahl stellen?", fragt der Lehrer. Zwei Jungs zeigen auf. Der Lehrer schreibt ihre Namen an die Tafel. „Noch jemand?" Er schaut fragend. Ein Junge meldet sich: „Ich schlage Hassan als Klassensprecher vor." „Ja", schreien ein paar andere. Ich drehe mich erstaunt um. „Ich weiß nicht …", sage ich. „Die Klasse scheint hinter Ihnen zu stehen", sagt der Lehrer. Ich nicke zaghaft. Der Lehrer schreibt auch meinen Namen an die Tafel. Als alle Stimmen ausgezählt sind, steht nur ein Strich nicht hinter meinem Namen. Es ist meine eigene Stimme. Ich stehe auf, drehe mich zu den anderen. „Danke", sage ich, berührt. „Ich mache das gern."

Von da an grüßt mich morgens jeder, in den Pausen bin ich nie mehr alleine. Alle wollen mit mir reden, wollen wissen, wo ich herkomme, was ich erlebt habe.

Bis zum Ende der Lehrzeit werde ich Klassensprecher bleiben.

Vielleicht hat die Klassensprecherwahl mich endgültig motiviert, vor anderen zu sprechen. Jedenfalls spreche ich jetzt regelmäßig vor Publikum. Das erste Mal in den Münchner Kammerspielen.

„Viele Einwanderer kommen doch zu uns, um von unserem Sozialsystem zu profitieren. Das müssen wir von Anfang an unterbinden", sagt ein Mann dort auf der Bühne, auf einer Veranstaltung zur aktuellen Flüchtlingssituation. Gerade kommen besonders viele, vor allem junge Flüchtlinge nach Bayern. Einer meiner früheren Lehrer an der Schlauschule hat mich und andere ehemalige Schüler eingeladen, ihn zu der Veranstaltung zu begleiten. Zuerst hat eine Gruppe junger Flüchtlinge ein Theaterstück aufgeführt, es handelte von ihrem Alltag in der Bayernkaserne, der größten Erstaufnahmeeinrichtung Bayerns, und von ihrer Flucht. Die Szenen erinnerten mich an meine Zeit in Patras, an die Zeit in der Gemeinschaftsunterkunft. Jetzt diskutieren Politiker aller Parteien, wie am besten mit der Situation umzugehen ist.

Als der Satz über die Einwanderer fällt, die vom Sozialsystem profitieren wollen, blicke ich sofort um mich, zu meinen ehemaligen Mitschülern, zu dem Lehrer. Auf den Gesichtern der anderen kann ich keine Reaktion erkennen. Mich macht der Satz wütend. Schon oft habe ich den Vorwurf gehört, im Fernsehen, im Radio, in der Zeitung. Jedes Mal habe ich gedacht: Er verdreht die Tatsachen. Wir Flüchtlinge wollen doch arbeiten, können aber nicht. Ich erinnere mich an die Aufforderung des Moderators an uns Zuschauer, an der Diskussion teilzunehmen. Und ich denke: Wenn ich jetzt die Möglichkeit habe, mich zu dieser Aussage zu äußern, dann sollte ich das tun. Ich warte, bis der Mann auf der Bühne seinen Beitrag beendet hat, dann stehe ich auf. „Was Sie sagen, stimmt nicht", sage ich, laut und ruhig. Alle schauen zu mir, die Politiker auf der Bühne und die Menschen im Zuschauerraum. „Ich bin selbst als Flüchtling nach Deutschland gekommen. Wir dürfen am Anfang gar nicht arbeiten – obwohl wir es wollen. Als ich dann meine Aufenthaltsgenehmigung bekommen habe, habe ich sofort den Hauptschulabschluss nachgemacht, jetzt mache ich eine Ausbildung zum Elektriker. Ich will auf eigenen Beinen stehen. Von Sozialhilfe will ich in keinem Fall leben. Und ich habe auch niemanden kennengelernt, der nach Deutschland gekommen ist, um vom Sozialsystem zu profitieren." Erst als ich mich setze, nehme ich das laute Klatschen im Saal wahr. In meinen Ohren rauscht es. Ich sehe, dass auch der Politiker, der den Satz gesagt hat, klatscht.

Nach der Diskussion spricht mich ein älterer Herr an. Er stellt sich als Lehrer einer Münchner Hauptschule vor. „Sie sind ein starker Mensch", sagt er anerkennend. „Sie könnten mir helfen." Er fragt, ob ich über meine Erfahrungen mit dem deutschen Schulsystem und als Flüchtling vor seinen Klassen sprechen möchte. Viele seiner Schüler seien nach Deutschland geflüchtet und hätten Schwierigkeiten im Unterricht. „Könnten Sie sich das vorstellen?" Natürlich kann ich mir das vorstellen. „Ich muss nur rechtzeitig den Termin wissen, damit ich einen Urlaubstag nehmen kann." Wir tauschen unsere Telefonnummern aus.

Schon wenige Tage später ruft mich der Lehrer an. Ob ich schon am nächsten Donnerstag frei bekommen könnte? Als ich mich vor die erste Klasse stelle, beachtet mich keiner, die

Schüler sind in Gespräche vertieft. Der Lehrer hat Schwierigkeiten, sich Gehör zu verschaffen. Es ist noch viel lauter als anfangs in meiner Berufsschulklasse. Eigentlich habe ich geplant, zuerst dem Lehrer für die Einladung zu danken, mich dann vorzustellen. Doch jetzt sage ich: „Wer andere respektiert, wird selbst respektiert, und wer anderen Verständnis entgegenbringt, der erfährt Verständnis." Die Schüler sind plötzlich ganz still, alle schauen mich an. „Das gilt auf der ganzen Welt."

Dann erzähle ich von meinem Leben, von meiner Zeit als Diener und als Hirte in Almitu, von der Zeit auf den Baustellen im Iran, von den schwierigen Jahren an der Schlauschule, von meiner Lehre. Ich will, dass die Schüler erkennen, wie wichtig Bildung ist, dass sie das Leben ändern kann, dass es nie zu spät ist. „Wer sich Ziele steckt, der erreicht sie auch", sage ich zum Abschluss. Kaum habe ich geendet, schnellen Finger in die Höhe. „Wie konntest du dich aufs Lernen konzentrieren, obwohl du noch gar nicht wusstest, ob du in Deutschland bleiben darfst?", fragt ein Mädchen. „Und wie hast du es geschafft, in der Asylbewerberunterkunft zu lernen?" Ich erkläre, dass mir das Lernen geholfen hat, mich abzulenken von den Gedanken an den Ausgang meines Asylverfahrens, dass es meine Rettung war. „Wie hast du als Ausländer eine Lehrstelle bekommen?", fragt ein Junge. „Was hast du gemacht, wenn du im Unterricht nicht mitgekommen bist?", will ein anderer wissen. Eine halbe Stunde beantworte ich Fragen, dann ist die Stunde vorbei. Als ich gehe, bedankt sich ein Schüler bei mir. „So spannend war der Unterricht noch nie."

Ein paar Wochen später ruft mich der Hauptschullehrer wieder an. „Ich habe einem Bekannten von dir erzählt, der würde dich gern kennenlernen."

Der Bekannte heißt Martin Neumeyer, er ist der bayerische Integrationsbeauftragte. Ich treffe ihn im Landtag. Ich war schon mal dort, mit der Sozialkundelehrerin der Schlauschule hatten wir eine Parlamentssitzung besucht. Doch jetzt ist es etwas anderes. Ich bin eingeladen von einem der Politiker, die ich damals von der Besuchertribüne gesehen habe. Ich sitze mit ihm auf der Terrasse des Landtags, und wir trinken Tee. Ein wenig fühle ich mich überfordert, ich frage mich, was der Mann von mir will, höre ihm stumm zu. „Kannst du dir vorstellen, mich manchmal bei meiner Arbeit zu unterstützen?", fragt er nach einer Weile. Wie bitte? Ich schaue ihn mit großen Augen an. „Ich soll oft zwischen Bayern und Asylbewerbern vermitteln, da wäre es gut, wenn ich jemanden an meiner Seite hätte, der auf Deutsch aus der Perspektive der Asylbewerber erzählen kann." Ich denke daran, wie wichtig es für mich war, Frau Zopfy kennenzulernen, die erste Deutsche, die nicht beruflich mit mir zu tun hatte, wie wichtig der Kontakt mit Deutschen ist. Das würde ich gern mehr Menschen sagen. „Ich helfe gern", antworte ich.

Schon wenige Tage nach dem ersten Treffen lädt Martin Neumeyer mich zu einer Veranstaltung an einer Münchner Schule ein, an der es eine Übergangsklasse für junge Flüchtlinge gibt. Bayerische Politiker diskutieren in der Schule, ob es gut ist, Flüchtlingskinder in eine gesonderte Klasse zu stecken. Die Flüchtlinge selbst kommen nicht zu Wort. Erstaunt verfolge ich die Diskussion. Dass manche junge Flüchtlinge gar keine Chance bekommen, zur Schule zu gehen, wird nicht erwähnt. Irgendwann bittet mich Martin Neumeyer, von meiner Erfahrung mit dem bayerischen Bildungssystem zu berichten. Ich erzähle kurz, dass ich auf der Schlauschule meinen Hauptschulabschluss gemacht habe, in einer Art Sonderklasse. Dann sage ich: „Ich denke, es ist egal, ob junge Flüchtlinge in eine Sonderklasse gehen oder nicht. Wichtig ist doch, dass sie überhaupt lernen dürfen, selbst wenn sie noch auf den Ausgang des Asylverfahrens warten."

Wenig später meldet sich eine Mitarbeiterin vom Verein Münchner Lichterkette bei mir, der Direktor der Schlauschule hat ihr meine Nummer gegeben. Sie verantwortet das Projekt „Vorbilder", das Hauptschülern Mut machen soll, sich berufliche Ziele zu stecken und ihr Leben in die Hand zu nehmen. Ich soll eines der Vorbilder sein, und im Auftrag der Lichterkette vor Schulklassen sprechen, außerdem bei Workshops von meinen Erfahrungen berichten. Als ich einmal gemeinsam mit meinem Chef auf einer Tagung zur Integration von Flüchtlingen auf dem Arbeitsmarkt bin, spricht eine Frau vom Arbeitsamt meinen Chef an. Sie möchte, dass wir gemeinsam an einer Informationsveranstaltung für Firmen teilnehmen.

Immer wieder spreche ich über meine Erfahrungen in Deutschland. Jedes Mal erinnere ich mich an den Sechzehnjährigen, der ich war, als ich in Deutschland ankam, an die Zeit, als ich nicht lesen und nicht schreiben konnte, als mir Deutschland vorkam wie eine fremde Welt. Jedes Mal bin ich selbst erstaunt, wie sehr sich mein Leben verändert hat.

An einem Winterabend warte ich an der Hackerbrücke auf die S-Bahn nach Hause. Es ist schon spät, ich bin müde, will nur noch nach Hause. „Die nächste S-Bahn Richtung Solln fällt aus", verkündet eine blecherne Lautsprecherstimme. Noch mal zwanzig Minuten warten. Ein Windhauch fährt unter meine Jacke, lässt mich schaudern. Ich stelle mich in das gläserne Wartehäuschen auf dem Bahnsteig. Eine junge Frau sitzt dort schon. „Wartest du auch auf die, die ausfällt?", fragt sie, als ich mich neben sie sitze. Ich nicke. Sie verdreht die Augen. Sie ist sehr sympathisch. „Wohin musst du?", frage ich vorsichtig. Sie lebt in der Nähe von mir, eine Haltestelle weiter, Richtung stadtauswärts. Nach einer langen Stille sagt sie, sie habe mich schon ein paar Mal in der S-Bahn gesehen, dabei lächelt sie schüchtern.

Die S-Bahn kommt schneller als gedacht, auch im Abteil setzen wir uns nebeneinander. Sie kommt gerade von der Arbeit, sie ist Kellnerin. Sie ist wirklich sympathisch, und ich merke, sie findet mich auch nett. Eine Haltestelle vor Solln sage ich: „Wir könnten mal einen Kaffee trinken gehen, wenn du magst." Sie lächelt und sagt: „Gerne." Sie gibt mir ihre Telefonnummer.

Es ist das erste Mal in meinem Leben, dass ich eine Frau um ein Treffen bitte. In Afghanistan und auch im Iran gehört es sich für Männer nicht, sich mit fremden Frauen alleine zu treffen. Es verstößt gegen die Gebote des Islam, vor der Ehe mit Frauen Beziehungen zu haben, in Almitu suchen die Eltern die Ehepartner aus. Auch in Deutschland habe ich diese Regeln bisher geachtet. Unbewusst. Ein paar Mal bin ich mit Freunden aus der Berufsschule ausgegangen. Die anderen haben die ganze Zeit über Frauen gesprochen. Ich stand daneben und fühlte mich unwohl. Ich mochte nicht, wie sie über Frauen sprachen, ich fand auch die Musik zu laut, und der Alkohol schmeckte mir nicht. Das einzige Mädchen, das mir bisher richtig gefallen hat, war die Marokkanerin aus dem Karstadt. Aber ich hätte mich nie getraut, sie anzusprechen.

Als ich an diesem Abend nach Hause gehe, denke ich über all das nach. Ich bin jetzt 22 Jahre alt, seit sechs Jahren lebe ich in Deutschland. Ich weiß, dass hier alles ganz anders läuft als in Afghanistan. Dass Jungs und Mädchen miteinander flirten, Beziehungen führen, Beziehungen beenden, lange vor der Ehe. Ich habe mich daran gewöhnt. Ich finde es nicht falsch, vor der Ehe eine Beziehung zu führen, höchstens seltsam. Und ich möchte das Mädchen wiedersehen.

Zwei Wochen später stehe ich wieder in dem Bahnhofshäuschen an der Hackerbrücke, in dem sie mich angesprochen hat, und warte auf die S-Bahn. Ich muss an sie denken, wieder mal. „Wollen wir uns diese Woche sehen?", schreibe ich ihr. Sie antwortet noch am selben Abend. Wir verabreden uns in einem Café. Wieder unterhalten wir uns gut, lachen viel. Sie lädt mich ein, in dem Restaurant zu essen, in dem sie als Kellnerin arbeitet.

Von da an sehen wir uns regelmäßig, einmal in der Woche. Meistens treffen wir uns in einem Café und reden. Im Frühling fahren wir mit der S-Bahn zum Ammersee, machen einen Schiffsausflug. Sie besucht mich auch öfter zuhause. Mit meinem Mitbewohner versteht sie sich gut. Irgendwann gebe ich ihr sogar meinen Wohnungsschlüssel. Wenn sie manchmal früher als ich von der Arbeit nach Hause kommt, kocht sie etwas. Die Sonntage verbringen wir fast immer gemeinsam. Meist bleiben wir zuhause, manchmal machen wir Ausflüge.

Irgendwann im Herbst beginnt sie, sonntags Pläne ohne mich zu machen. Nachdem ich ein paar Mal alleine zuhause geblieben bin, sage ich ihr, dass ich es schön fände, wenn wir die Sonntage zusammen verbringen würden. Es ist der einzige Tag, an dem wir beide gleichzeitig Zeit haben. Sie antwortet: „Ich kann doch nicht nur mit dir Zeit verbringen." Ich versuche, sie zu verstehen, nehme mir vor, sonntags auch Pläne zu machen.

An einem Abend in der folgenden Woche komme ich spät von der Arbeit nach Hause, ein Auftrag hat länger gedauert als geplant. Ich bin müde und hungrig. Hoffentlich hat sie etwas gekocht, denke ich noch, als ich die Haustür aufschließe. Doch sie sitzt vor dem Fernseher, beachtet mich kaum, der Herd ist leer. Ich hole einen Topf und eine Pfanne aus dem Schrank, es klappert, vielleicht mache ich absichtlich mehr Lärm als nötig. Ich bin enttäuscht und möchte, dass sie das merkt. Sie aber wirft mir nur einen genervten Blick zu, widmet sich dann wieder ihrer Serie.

Stumm bereite ich mein Abendessen zu. In meinem Kopf rattert es. Ich will nicht in der Küche stehen, während meine

Freundin fernsieht. Ich will kein Nebeneinander, ich will ein Miteinander. Ich denke an meine Familie in Almitu. Immer haben wir meiner Mutter geholfen, das Essen vorzubereiten, nie hat einer von uns alleine gegessen. Ich ahne, dass diese Freundschaft nicht mehr lange hält.

In den nächsten Wochen sehen wir uns immer seltener. Ich distanziere mich, sie kommt seltener zu mir.

Als sie eines Abends doch wieder kommt, ist mein Entschluss gefasst. „Es ist besser, wir sehen uns nicht mehr", sage ich. Sie schaut mich bloß an, packt dann ihre Sachen, legt den Schlüssel auf den Wohnzimmertisch und geht. Ein knappes Jahr haben wir uns gekannt.

In den Tagen danach bin ich erleichtert. Die Wochen vor der Trennung waren anstrengend, fast jeden Tag habe ich gegrübelt, wie es weitergehen soll. Mir ist klar geworden, wie ich mir eine Beziehung wünsche. Ich will ein Miteinander, ich will einen respektvollen Umgang. „Wenn ich mich auf eine Frau einlasse, muss ich sicher sein, dass wir dieselben Werte teilen", sage ich mir. „Ich muss mir ein Leben mit ihr vorstellen können." Und ich beschließe, erst mal keine Freundschaft mit einer Frau einzugehen. Das hat jetzt keinen Platz in meinem Leben. Es kostet Kraft. Kraft, die ich für andere Dinge brauche. Mein Ziel ist jetzt, die Ausbildung abzuschließen und für meine Familie zu sorgen.

An einem Samstagmorgen im Dezember 2012 warte ich in der zugigen Empfangshalle am Münchner Hauptbahnhof auf den Nachtzug aus Rom. Hamid kommt zu Besuch, mein Freund aus Almitu, mit dem ich auf der Insel Kisch gearbeitet habe, mit dem ich aus Teheran nach Europa geflüchtet bin. Den ich in Patras zurückgelassen habe, mit gebrochenen Beinen, kurz bevor ich in den Ersatzreifen geklettert bin. Am Vorabend hat er sich angekündigt, da war er schon auf dem Weg. Es ist das erste Mal, dass wir uns wiedersehen, seit sich unsere Wege vor sechs Jahren getrennt haben. Erst ein Jahr zuvor habe ich überhaupt wieder von ihm gehört. Da hatte er gerade in Teheran geheiratet, eine Bekannte seiner Familie, die im Iran lebt, und seine Frau nach Italien geholt. Dort lebt er, seit er Patras verlasen hat, er arbeitet auf Baustellen, als Tagelöhner. Hamid hatte nach der Hochzeit meinen Bruder Ehsan getroffen, der immer noch in Teheran arbeitet, und ihn nach meiner Telefonnummer gefragt. Seitdem haben wir ein paar Mal telefoniert, es waren seltsame Gespräche, wir waren uns so vertraut und so distanziert. Ich habe Hamid am Telefon nie gefragt, wie lange er noch in Patras war, ich habe ihn nie auf die gebrochenen Beine angesprochen. Ich weiß nicht, wie es ihm in den ersten Jahren in Italien ergangen ist. Auch er hat nie gefragt, wie es mir in Deutschland ergangen ist.

In der Empfangshalle, umgeben von vorübereilenden Menschen, fallen wir uns in die Arme und sagen lange nichts.

Auch später werden wir nicht über Patras sprechen und auch nicht über die Zeit danach. Stattdessen reden Hamid und ich von Almitu, von Teheran, von der Insel Kisch. Von unserer glücklichen gemeinsamen Vergangenheit. Irgendwann fragt Hamid: „Wo ist der alte Hassan geblieben?" Er schaut mich ernst an, fast ein wenig besorgt. „Du bist so kontrolliert. So still." Nach einer Weile schiebt er hinterher: „So deutsch." „Und du bist so laut, so italienisch", erwidere ich. Wir müssen lachen.

Am Abend rufen wir Naem an, den dritten Freund, der Patras als Erster verlassen hat und nach England gegangen ist. Er lebt jetzt wieder in Afghanistan, in Kabul.

Auch mit Naem habe ich lange Zeit keinen Kontakt gehabt. Als er noch in England lebte, telefonierten wir ein paar Mal. Doch vor mehr als vier Jahren riss der Kontakt plötzlich ab. Unter seiner englischen Telefonnummer war er nicht mehr zu erreichen, unsere gemeinsamen Freunde in Teheran wussten auch nichts von ihm. Vor zwei Jahren schickte er mir dann eine Nachricht, über Facebook. Er schrieb, dass er in England schließlich doch Asyl beantragt hatte. Dass er nach Aserbaidschan abgeschoben worden war. Dass er von dort nach Afghanistan zurückgekehrt war. Er hatte keine Kraft und kein Geld für eine weitere Flucht. In Kabul hat er später geheiratet, er ist jetzt Vater einer Tochter und eines Sohns. Sein Geld verdient er als Dolmetscher, er arbeitet für ausländische Truppen.

Auch mit Naem reden wir über Almitu, über Teheran, über jene Nacht, in der wir beschlossen, nach Europa aufzubrechen. Über sein Leben in Kabul sprechen wir nicht. Zum Abschied sagt Naem nur: „Hier ist es wahnsinnig gefährlich. Seid froh, dass ihr in Europa seid." Den Rest des Abends schweigen wir. Ich muss an Naem denken, an meine Familie in Afghanistan. Daran, wie mein Leben auch hätte ausgehen können.

Als Hamid und ich am Sonntagnachmittag in Solln einen Spaziergang machen, hält plötzlich eine Polizeistreife neben uns, ein dickbäuchiger Polizist steigt aus. „Ausweiskontrolle!" Es ist nicht das erste Mal, dass ich kontrolliert werde. Im Grunde passiert es sehr oft. Mindestens einmal im Monat.

Routiniert ziehe ich also meinen deutschen Ausweis aus dem Geldbeutel – diese rosa-bläuliche Plastikkarte, auf der meine unbefristete Aufenthaltserlaubnis vermerkt ist – und reiche ihn dem Beamten. Der Beamte nickt, brummt und gibt mir die Karte zurück. Auch Hamid holt eine rosa-bläuliche Karte heraus, sein italienischer Ausweis. Der Beamte mustert mit zusammengekniffenen Augenbrauen die Karte, brummt schließlich: „Da muss ich mal einen Kollegen dazuholen." Der Polizist setzt sich mit Hamids Ausweis in den Streifenwagen. Wir warten auf dem Bürgersteig. Es dämmert, ohne Bewegung ist es kalt, wir frösteln. Wir treten auf der Stelle, schauen uns nicht an, sprechen nicht. Ich beginne zu fürchten, mit Hamids Papieren könnte etwas nicht in Ordnung sein. Nach einer Viertelstunde fährt endlich ein schwarzer BMW vor. Die Kriminalpolizei. Der dicke Polizist, der uns angehalten hat, steigt aus seinem Wagen und in das schwarze Auto. Nach ewigen fünf Minuten kommt er wieder heraus. „Alles in Ordnung", sagt er. Und dann fügt er an, an Hamid gewandt: „Sie wissen schon, dass Sie nicht länger als drei Monate in Deutschland bleiben dürfen, oder?"

Hamid hat eine befristete Aufenthaltserlaubnis. Damit darf er nur drei Monate ins europäische Ausland reisen.

„In Italien werde ich nie kontrolliert", sagt Hamid, als die Polizisten wieder abgefahren sind. Er erzählt, dass er von anderen Afghanen in Italien gehört hat, dass die Münchner Polizei besonders streng sei. Er erzählt auch, dass viele Flüchtlinge aus Italien nach Nordeuropa wollen. „Italien ist nur ein bisschen besser als Patras", sagt auch er.

Kurz nachdem Hamid zurück in Rom ist, findet er über einen Freund einen Job auf einer Baustelle in Norwegen. Dort verdient er viel mehr als in Rom, am liebsten würde er bleiben. Doch nach drei Monaten schicken ihn die Norweger zurück nach Italien.

Ein paar Wochen nach Hamids Besuch geht das letzte Schuljahr an der Berufsschule zu Ende. Es ist Anfang Januar 2013. „Wisst ihr schon, ob ihr in eurem Ausbildungsbetrieb übernommen werdet?", fragt der Schuldirektor meine Klasse. Ich antworte nicht. Ich weiß es nicht. Ich habe meinen Chef nicht gefragt, er hat nichts gesagt. „Alle, die noch nicht mit ihren Chefs darüber gesprochen haben, wie es weitergeht, sollten das schleunigst tun", drängt der Direktor. „Wenn ihr nicht übernommen werdet, müsst ihr euch jetzt eine neue Stelle suchen." Auch in den nächsten Tagen spreche ich meinen Chef nicht darauf an, wie es weitergeht. Ich will ihn nicht drängen. Irgendwie habe ich ein gutes Gefühl.

Eine Woche später ruft mich mein Chef ins Büro. „Ich will dir etwas zeigen", sagt er. Ein dickes Buch liegt aufgeschlagen auf seinem Schreibtisch. Er zeigt auf das Buch, sagt: „Das ist das Lohngruppen-Register der Industrie- und Handelskammer." Er tippt auf eine Stelle in dem Buch. „Schau dir das mal genauer an." Ich beuge mich über die aufgeschlagene Seite. Dort, wo sein Finger liegt, steht: „Gesellengehalt".

9. „Es ist Zeit, nach Afghanistan zurückzukehren"
Heimat Deutschland

„Naem ist tot!" In der Mittagspause sehe ich die Nachricht auf dem Bildschirm von meinem Telefon. Hamid hat sie mir geschickt. Ich rufe ihn sofort an. Es ist ein Mittwoch im Oktober 2013.

Hamid hebt nach einem Klingeln ab und sagt lange nichts. Er weint. Nach einer Weile erzählt er, dass Naem bei einem Einsatz mit den ausländischen Truppen gestorben ist. Jemand, der nicht wollte, dass er für westliche Soldaten arbeitet, hat ihm zwei Kugeln in die Brust geschossen. Hamid hat es am Morgen von seinem Bruder erfahren, der in Kabul lebt. Naem war 24.

Den übrigen Tag kann ich mich nur noch schlecht auf die Arbeit konzentrieren. Ich bin traurig, vor allem aber fühle ich mich seltsam leer. Ich denke an all das, was ich gemeinsam mit Naem erlebt habe. An den Moment, als er und Hamid mich in Teheran auf meiner Baustelle überrascht haben. Als wir über die iranisch-türkische Grenze gewandert sind. Als wir uns bei Izmir in das Schlauchboot gesetzt haben, um nach Griechenland zu paddeln. All das kommt mir so weit weg vor, fast wie ein anderes Leben.

Als ich an diesem Abend im Bett liege, denke ich immer noch über Naem nach und über das komische Gefühl, das ich habe, seit ich weiß, dass er tot ist. Plötzlich sehe ich ganz klar: Ich habe zwei Leben. Das erste Leben, das ich mit Naem und Hamid gelebt habe, muss geendet haben, als ich im Oktober 2005 in München ankam, überlege ich. Mein zweites Leben aber hat gerade erst begonnen. Allmählich fühlt sich

Deutschland nicht mehr fremd an, allmählich habe ich das Gefühl, hier mein Zuhause zu haben.

Und während ich noch so über die zwei Leben sinniere, drängelt sich ein anderer Gedanke dazwischen: „Es ist Zeit, nach Afghanistan zurückzukehren." Kaum habe ich ihn gedacht, setze ich mich im Bett auf, ich bin jetzt hellwach, mein Herz rast. Der Gedanke erschreckt mich. In den ganzen acht Jahren in München habe ich nie wirklich darüber nachgedacht, nach Hause zu fahren. Den Wunsch, meine Familie zu sehen, habe ich immer wieder verdrängt, so erfolgreich, dass ich zuletzt gar nicht mehr daran gedacht habe. Jetzt ist er in mein Bewusstsein gedrungen, ich kann ihn nicht mehr wegschieben. Und die Vorstellung, noch lange zu warten, ist kaum auszuhalten. Ich will mit eigenen Augen sehen, ob es meiner Familie gut geht, ich will meine Mutter sehen, meine Geschwister. Jetzt, sofort. Ich will meine kleinste Schwester sehen, die ein Baby war, als ich aus Almitu fortging, und die jetzt vierzehn Jahre alt ist, will mit meinen älteren Geschwistern sprechen, mehr als die fünf Minuten am Telefon. Und mir wird klar, dass mein zweites Leben nur mit dem ersten funktioniert. Ich muss die beiden verbinden.

In dieser Nacht beschließe ich, mir einen Nebenjob zu suchen, um das Flugticket bezahlen zu können. Wenn ich bald anfange zu jobben, kann ich im nächsten Winter fliegen.

Schon seit Monaten hängt am Gasthaus Schützenlust, gleich am S-Bahnhof Solln, das Schild: „Suchen Fahrer für unseren Knödelexpress". Jeden Morgen, wenn ich auf die S-Bahn warte, um in die Arbeit zu fahren, sehe ich das Schild. An diesem Morgen, am Tag, nachdem ich von Naems Tod erfahren habe, denke ich zum ersten Mal, dass ich dieser Fahrer sein könnte. Erst vor ein paar Monaten habe ich meinen Führerschein gemacht.

„Ich hab noch nie in der Gastronomie gearbeitet, und meinen Führerschein habe ich gerade erst gemacht", sage ich zum

Wirt der Gaststätte Schützenlust, als ich mich am Abend um den Fahrerjob bewerbe. Ich habe mir vorgenommen, klar zu sprechen, ich will schnell wissen, ob ich den Job machen kann, ich will keine Zeit verlieren. Wir stehen im Schankraum, es riecht nach gebratenem Fett, ein Kellner trägt gerade vier Teller mit Schweinebraten und Knödeln aus der Küche. Dass ich auch noch nie einen Schweinebraten gegessen habe, behalte ich doch lieber für mich. Der Wirt mustert mich schon jetzt komisch. „Das wird nichts", denke ich und beschließe, dann eben doch die Reinigungsfirma anzurufen, für die ich bei Karstadt geputzt hatte, und auf die ich eigentlich keine Lust habe. Da fragt der Wirt: „Kannst du am Samstagabend zur Probe arbeiten?"

Am Samstagabend ist der Chef selbst da, um mir zu zeigen, wie der Lieferservice läuft. Er zeigt mir, wie ich die Bestellung in die Kasse eingeben muss, ich begleite ihn zum Kunden. Als der Koch die Styroporverpackung mit der dritten Bestellung des Abends über den Tresen schiebt, läuft der Chef gerade mit einem Teller aus der Küche. Ein Kellner hat sich krank gemeldet, er muss einspringen. „Bring du das mal bitte", sagt er in meine Richtung, „ich kann jetzt nicht weg."

Als ich mich auf den Fahrersitz setze, wird mir mulmig. Was, wenn ich einen Unfall baue? Wenn ich mich verfahre? Ich denke an meine Familie, an meine Reise nach Afghanistan, und werde ganz ruhig. Tippe die Adresse, an die ich die Bestellung liefern soll, ins Navigationsgerät. Folge den Anweisungen der Automatenstimme. Übergebe den Braten. Kassiere. Nach einer Viertelstunde bin ich zurück im Gasthaus, gebe das Geld ab, auch das Trinkgeld, das ich bekommen habe. Auch die nächsten Bestellungen liefere ich alleine aus. Um Mitternacht sagt der Chef: „Wenn du willst, fängst du nächsten Samstag an."

Von da an fahre ich an jedem Wochenende Knödel aus, samstags immer, sonntags meistens. Manchmal stehe ich auch hinter der Theke und zapfe Helles. Ich mag die Arbeit. Vor allem mag ich die Kollegen und die Kunden. Und noch mehr mag ich das Gefühl, etwas dafür zu tun, damit die Reise zu meiner Familie näher rückt.

Ein paar Monate später lande ich erst mal wieder hart im Hier und Jetzt. Mein alter Mitbewohner zieht aus, er hat ein Zimmer gefunden, das näher bei seiner Arbeitsstelle liegt, und mit dem neuen Mitbewohner komme ich überhaupt nicht zurecht. Er arbeitet als Lagerist, lieber wäre er aber Rapper. Wenn er nicht selbst singt, hört er laut Rap-Musik, am liebsten spätabends. Dazu trinkt er viel. Fürs Putzen hat er keine Zeit. Ich bitte ihn, nachts leiser zu sein, aber er hört mich nicht. Ich hänge Putzpläne an den Kühlschrank und ins Bad, er sieht sie nicht. Ich schlafe schlecht und putze viel.

An einem Abend entdecke ich einen schmutzigen Topf auf dem Herd, ich hebe den Deckel hoch. Es stinkt übel nach Verfaultem, Schimmel überzieht die Essensreste. „Bitte mach den sauber", sage ich zu meinem Mitbewohner und stelle den Topf vor ihm auf den Sofatisch, öffne den Deckel. „Der stinkt", sage ich. Er verzieht das Gesicht. „Du hast recht, der stinkt." Er packt den Topf in eine Plastiktüte und bringt ihn hinaus. Zur Mülltonne. „Das ist mein Topf", sage ich, als er wieder hereinkommt. Er hört mich schon nicht mehr. Ich weiß: Ich muss gehen.

Ich denke an die vergangene, schwierige Wohnungssuche und mir graut. Vielleicht kann das Münchner Wohnungsamt noch mal helfen? Der Beamte, der uns vier Jahre zuvor die Wohnung vermittelt hat, ruft noch am selben Tag zurück. Er hat eine Wohnung für mich. Nur eine Woche später ziehe ich in mein eigenes Zweizimmer-Apartment in Laim. Es liegt im Erdgeschoss und ist knapp 50 Quadratmeter groß, Herd und Spüle sind schon da.

Bashir hilft mir beim Umzug, in seinem Lieferwagen transportieren wir meine Sachen, das Bett, den Schrank und einen Koffer, mit meiner Kleidung und den Büchern. Den Bilderrahmen mit den vier Fotos aus München, den ich aus der Gemeinschaftsunterkunft mitgenommen habe, hänge ich wieder übers Bett. Er bleibt erst mal die einzige Dekoration. Die nächsten Wochen lebe ich auch ohne Küchenschränke, ohne Tisch, ohne Sofa, ich esse auf dem Boden. Zwischen Arbeit und Knödelexpress habe ich einfach keine Zeit, Möbel zu kaufen.

Kurz darauf meldet sich wieder ein Redakteur der *Süddeutschen Zeitung* bei mir, er hat über den Verein „Münchner Lichterkette" von mir erfahren, für den ich immer noch ab und zu vor Hauptschülern spreche. Er will einen Artikel über mich schreiben, „für die Seite Drei, die große Reportagenseite". Ich kenne die Seite. Seit drei Jahre habe ich ein Abo der *Süddeutschen Zeitung*, meine frühere Englisch-Nachhilfelehrerin, die Ärztin, hat es mir geschenkt. „Bist du einverstanden?", fragt er.

Der Redakteur besucht mich zuhause, ich koche Tee und erzähle stundenlang, was ich erlebt habe, was ich erreicht habe, was ich noch vorhabe. Und dass ich jetzt, nach dreizehn Jahren, unbedingt meine Familie wiedersehen will.

Der Artikel erscheint am 31. Dezember 2013. Tage später ruft mich der Redakteur an. Ein Mann hat sich bei ihm gemeldet. Er möchte mir das Flugticket nach Afghanistan zahlen. In den folgenden Wochen ruft er mich noch häufiger an, andere Leser wollen mir auch helfen.

Als ich schließlich das Ticket in Händen halte – über Istanbul fliege ich nach Kabul, für sechs Wochen –, bin ich zum ersten Mal seit Monaten wieder ganz ruhig, das seltsame Gefühl der Leere ist weg, das mich seit Naems Tod begleitet hat und das auch durchs Nachdenken nicht verschwunden ist. Natürlich weiß ich, dass die Reise anstrengend wird, dass sie gefährlich wird. Vor allem aber weiß ich, dass ich nach Afghanistan muss, um mich wieder ganz auf mein Leben in Deutschland konzentrieren zu können. Dass mein zweites Leben eben nicht funktioniert ohne mein erstes.

Seitdem der Artikel über mich erschienen ist, fällt mir auf, dass in der Zeitung viel über Flüchtlinge geschrieben wird. Jeden Tag lese ich, dass neue Asylbewerber nach Bayern kommen, dass die Gemeinschaftsunterkünfte in Oberbayern voll sind, dass Neuankömmlinge jetzt in leerstehenden Pensionen untergebracht werden sollen. Ich lese auch, dass Deutsche sich über die vielen Flüchtlinge beschweren.

Als ich gerade darüber nachdenke, dass Martin Neumeyer, der Integrationsbeauftragte, jetzt wahrscheinlich viel zu tun hat, erhalte ich eine Einladung von der Arbeitsgruppe Integration der oberbayerischen CSU zu einer Veranstaltung in Anzing. In dem 3500-Einwohner-Dorf, zwanzig Kilometer westlich von München, sollen dreißig Asylbewerber in ein altes Gasthaus ziehen. Die Anwohner protestieren dagegen, sie wollen keine Flüchtlinge in ihrer Gemeinde. Neumeyer hat die Anzinger um ein Gespräch gebeten. Er will die Wogen glätten, Verständnis schaffen für die Notlage. Ich soll in der Runde von meiner Erfahrung als Asylbewerber erzählen.

Von der S-Bahn-Station in Markt Schwaben holt mich ein Abgeordneter mit dem Auto ab, er ist auch in der Arbeitsgruppe Integration der CSU. Als wir in die Hauptstraße von Anzing biegen, fällt mein Blick sofort auf eine Reihe von Plakaten, die an Balkonen hängen. „30 Männer an der Zahl, wird im Wohngebiet zur Qual", steht darauf. Der Forsthof, wo das Gespräch stattfindet, liegt ein wenig außerhalb, nicht weit von der Pension, in der die Flüchtlinge untergebracht werden sollen. Die Kellnerinnen tragen Dirndl, die Gasträume sind holzgetäfelt. Der Raum, in dem die Tagung stattfindet, ist voll, Männer und Frauen jeden Alters sind gekommen.

Martin Neumeyer und ein paar Politiker aus dem Ort bemühen sich, die Notlage zu erklären, werben um Solidarität und Toleranz. Es sei einfach kein Platz in den bisherigen Unterkünften für die vielen Flüchtlinge, die wegen den Krisen in der Welt nach Deutschland kommen. Man hätte die Anzinger ja gern früher informiert, sei aber selber von der großen Zahl der Flüchtlinge überrascht worden. Jeder sei in dieser Situation gefordert, eben auch die Anzinger. Ein Anwohner meldet sich zu Wort. Er und die anderen Dorfbewohner seien nicht rechtzeitig informiert worden über das geplante Flüchtlingsheim. Dreißig Asylbewerber seien auch viel zu viel für Anzing. Und eigentlich passe das ja sowieso überhaupt nicht zusammen, Anzing und ein Asylbewerberheim.

Ich sitze im Publikum, höre nur zu, warte darauf, dass jemand das Wort an mich richtet. Nach einer guten halben Stunde ist es soweit, die Organisatorin der Veranstaltung von der Arbeitsgruppe Integration bittet mich, aufs Podium zu kommen. „Ich habe jemanden mitgebracht, der erzählen kann, wie sich die Flüchtlinge fühlen, über die wir hier sprechen. Er kommt aus Afghanistan, er lebt seit acht Jahren in Deutschland. Er spricht besser Deutsch als ich, aber schlechter Bairisch", sagt Neumeyer. Und: „Er ist für mich der Mesut Özil am Elektrokasten." Er macht eine Pause, blickt in die Runde, die Anzinger sind stumm, alle Blicke sind auf mich gerichtet, kein Murren ist mehr zu hören. „Wie war das damals für dich, am Anfang als Asylbewerber?", fragt Neumeyer. Ich habe keinen Text vorbereitet, ich fange einfach an zu sprechen. „Die erste Zeit habe mich wie ein Taubstummer gefühlt in Deutschland. Ich habe ja kein Wort Deutsch gekonnt und

Englisch auch nicht." Ich erzähle, wie ich mich über jeden Kontakt mit Deutschen gefreut habe, wie schön es war, dass mir ein paar Menschen in der S-Bahn halfen, den Weg zu meiner ersten Unterkunft zu finden. „Aber ich habe erst nach über einem Jahr das erste Mal länger mit einem Deutschen gesprochen, der nicht beruflich mit mir zu tun hatte. Das war einer der wichtigsten Momente für mich." Frau Zopfy. Dann sage ich noch: „Stellen Sie sich mal Folgendes vor: Sie müssen nicht mehr in fremde Länder fahren, um neue Kulturen kennenzulernen! Sie kommen in ihr Dorf!" Plötzlich lachen alle, auch die Anzinger.

In den folgenden Tagen lese ich die Zeitung noch aufmerksamer. Anzing ist kein Einzelfall, in ganz Deutschland protestieren Anwohner gegen Asylbewerberheime. Und nicht nur das. Überall protestieren auch Asylbewerber. Gegen Abschiebungen. Gegen die Unterbringung in Gemeinschaftsunterkünften. Gegen die Residenzpflicht. Gegen die Lebensmittelpakete. Für einen Aufenthaltstitel. Sie nähen sich die Lippen zu, leben in Zelten auf Plätzen in der Innenstadt, gehen in den Hungerstreik.

Ich bin erstaunt. Woher haben die Flüchtlinge dieses Selbstbewusstsein, so fordernd aufzutreten?, frage ich mich. Ich erinnere mich daran, wie schwach und verwundbar ich mich oft gefühlt habe, als ich noch keinen Aufenthaltstitel hatte. Doch dann muss ich an die Veteranen denken, die jahrelang in der Gemeinschaftsunterkunft lebten, die Geduldeten. An jene Menschen, die aggressiv wurden, wenn man etwas Falsches sagte, die nachts nicht schliefen.

Jene protestierenden Flüchtlinge müssen diese Verzweifelten sein, denke ich. Wer sonst würde sich trauen, den deutschen Staat aufzufordern, Gesetze zu ändern? Wer sonst würde so viel Energie darauf verwenden, eine bessere Unterbringung während des Asylverfahrens zu fordern? Jeder andere würde seine Kraft doch für die Zukunft aufbewahren, für die Zeit nach dem Ausgang des Asylverfahrens.

Natürlich fand auch ich das Leben in den Gemeinschaftsunterkünften anstrengend. Die laute Musik, die dünnen Wände, der Dreck, die Lebensmittelpakete mit dem Toastbrot, das ich nie mochte. Trotzdem war die Unterkunft für mich ein angenehmer Ort, komfortabler als unsere Hütte in Almitu oder der Bauarbeiterverschlag in Teheran. Schlimm finde ich das Leben in der Gemeinschaftsunterkunft vor allem rückblickend. Erst seit ich nicht mehr dort lebe, seit ich weiß, wie das Leben auch sein kann. Und plötzlich wird mir klar: Wahrscheinlich stammen die protestierenden Flüchtlinge einfach aus besseren Verhältnissen als ich, wahrscheinlich fliehen sie nicht vor Armut, sondern vor Verfolgung. Wahrscheinlich stört sie deshalb von Anfang an der Dreck, die fehlende Privatsphäre, die eingeschränkte Freiheit.

Schon seltsam, dass die Welt geografisch aufgeteilt ist, dass wir Menschen auf diese geografische Zonen verteilt sind, die Länder heißen, denke ich. Es ist doch logisch, dass viele Menschen nicht hinnehmen wollen, dass sie in den benachteiligten geografischen Zonen leben. Es werden noch viel mehr Flüchtlinge nach Europa kommen.

„Du kannst meiner Familie bestimmt ein paar Sachen mitbringen, oder?", fragt Arif sofort, als ich ihm erzähle, dass ich im Sommer nach Afghanistan fliege. Wir sitzen bei mir zuhause auf dem Sofa. „Smartphones für meine Brüder, Klamotten für meine Schwestern, Geld für meine Mutter …" „Ich will nicht wegen deiner Geschenke umgebracht werden", unterbreche ich ihn. „Ich werde kein Bargeld und nichts Wertvolles mitnehmen. Es ist ja schon gefährlich genug, wenn die falschen Leute wissen, dass ich aus Europa komme, und denken, ich hätte viel Geld." Ich will nur mit kleinem Gepäck reisen. Gleich nach meiner Ankunft will ich auf dem Basar afghanische Kleidung kaufen und mich umziehen, um nicht aufzufallen. Erst dann will ich zu meiner Familie gehen. Arif schaut mich nachdenklich an, als ich ihm davon erzähle. Dann sagt er ganz ernst: „Ich würde überhaupt nicht nach Afghanistan fahren."

„Wie läuft es in der Arbeit?", frage ich, um das Thema zu wechseln. Ich will nicht länger darüber nachdenken, was auf meiner Reise passieren könnte. Aber ich ahne nicht, dass das, was jetzt kommt, mein weiteres Leben ändern wird, dass es den Wunsch, nach Hause zu fahren, wieder in den Hintergrund drängen wird. „Ich habe einen neuen Job", ruft Arif. „Ich arbeite jetzt bei Karstadt, für eine Reinigungsfirma." „Am Stachus?", frage ich sofort. Ich muss an das marokkanische Mädchen denken, das ich dort vor drei Jahren gesehen habe. Er nickt: „Am Stachus. Woher weißt du das?" Ich erzähle ihm, dass ich vor dreieinhalb Jahren, als ich dort gearbeitet habe, ein Mädchen gesehen habe, das mir sehr gefiel. Ich beschreibe sie. „Ich versuche, dir ihre Telefonnummer zu besorgen", sagt Arif sofort. Er kennt die beiden Türkinnen, die ich auch kenne, die schon ewig bei Karstadt arbeiten, die das marokkanische Mädchen kennen.

Nach ein paar Tagen schon gibt er mir einen Zettel mit ihrer Nummer. Wochenlang trage ich das Papier mit der Nummer in meinem Geldbeutel herum. Jedes Mal, wenn ich die Nummer hervorhole, um sie in mein Telefon zu tippen, denke ich: „Du kannst nicht einfach so anrufen, das ist viel zu aufdringlich", und stecke die Nummer erschrocken zurück.

„Hallo, ich bin Hassan Ali Djan", sage ich, als ich mich endlich durchgerungen habe, sie anzurufen, und denke sofort: „Sie findet es bestimmt unmöglich, dass ich einfach so anrufe." Meryem schweigt einen elend langen Moment. Ich fürchte, sie könnte einfach auflegen. „Ich kenne dich nicht“, antwortet sie schließlich, freundlich. Ich bin so erleichtert, dass sie nicht aufgelegt hat, dass ich viel zu überschwänglich losplappere. Ich erkläre, dass ich sie vor mehr als drei Jahren bei Karstadt gesehen habe, dass ich damals ein paar Monate dort arbeitete, dass ich an einem Abend mit zwei türkischen Kolleginnen in dem Café auf ihrer Etage saß, dass sie den Frauen winkte. „Ich erinnere mich leider nicht an dich“, sagt sie, als ich endlich wieder still bin. „Und das ist seltsam. Ich habe ein ziemlich gutes Gedächtnis.“ Bevor ich darüber nachdenken kann, ob sie das böse meint, lacht sie. Davon ermutigt, antworte ich: „Wenn du mich siehst, wirst du mich wiedererkennen.“ Sie schweigt ein wenig zu lang, bevor sie sagt: „Vielleicht melde ich mich bei dir.“ Dann legt sie auf.

Vier Wochen vergehen, ohne dass ich von ihr höre. Ich überlege, sie nach ihrer Schicht abzuholen. Doch ich verwerfe den Gedanken. Ich weiß ja nicht mal, wann sie arbeitet. Außerdem hat sie wahrscheinlich einfach kein Interesse, wenn sie sich nicht meldet.

Dann schreibe ich ihr eine Nachricht. Und sie antwortet.

Wir treffen uns in einem arabischen Café. Sie erzählt, dass sie zum Studium nach Deutschland gekommen ist. Sie studiert Produktion und Automatisierung an der Münchner Hochschule für angewandte Wissenschaften. Ich erzähle ein wenig von mir, von meinem zweiten Leben. Vom ersten spreche ich an diesem Nachmittag nicht. „Ich erinnere mich doch an dich“, sagt sie nach einer Weile und lächelt. Ich lächele zurück. Was für ein schönes Lächeln, denke ich.

Eine Woche später treffen wir uns wieder in dem Café. „Bist du verlobt?“, frage ich sie nach einer Weile. Sie senkt den Blick, antwortet leise, ihr Bruder, der auch in München lebt, habe ihr einige Männer vorgestellt, Ingenieure, Unternehmer, Angestellte, Studenten. „Aber noch bin ich ungebunden", sagt sie dann und schaut auf. „Auf was wartest du?", frage ich. „Ich warte auf den, der mich wirklich zu schätzen weiß, auf einen ganz besonderen Menschen", sagt sie und lächelt wieder. Als wir uns verabschieden, sagt sie, dass sie bald für zwei Wochen nach Marokko geht. „Ich freue mich, wenn du wiederkommst", rufe ich ihr hinterher.

Ein paar Tage später schreibe ich ihr eine Nachricht. „Ich wünsche dir einen guten Aufenthalt in Marokko. Komm gut zurück nach Hause." Wenig später antwortet sie. „Ich habe Süßigkeiten mitgebracht. Willst du sie abholen?"

Ich mag keine Süßigkeiten, trotzdem esse ich das Gebäck, das sie mitgebracht hat, als wir uns ein paar Tage später treffen. Sie gefällt mir noch besser als beim ersten Mal.

„Ich habe deine Nachricht bekommen, als ich gerade in München gelandet bin", sagt sie. Sie lächelt. „Nächsten Sonntag bin ich bei Freunden zum Essen eingeladen", sage ich. „Willst du mitkommen?" Sie nickt.

Bashirs Frau hat wieder mal mein afghanisches Lieblingsessen vorbereitet, Teigtaschen mit Gemüse und Lamm. Nach dem Essen trinken wir Chai, unterhalten uns, stundenlang. Meryem erzählt von Marokko, von ihrer Familie. Ich erzähle von Afghanistan, von meiner Mutter, meinen Geschwistern. Erst spät merke ich, dass Bashir und seine Frau fast gar nichts sagen.

„Wenn du deine Freunde das nächste Mal zu dir nach Hause einlädst, dann koche ich, okay?", sagt Meryem beim Abschied zu mir.

„Nächste Woche", sage ich sofort. „Wir haben schon was ausgemacht für nächste Woche."

„Wann genau?", fragt sie. „Wann hättest du Zeit?", frage ich zurück. Eigentlich muss ich bis auf Sonntag an allen Tagen arbeiten, aber ich könnte meinen Dienst ja einmal abgeben, denke ich. Sie sagt: „Sonntag?" „Wunderbar", antworte ich, ein wenig zu euphorisch. „Das passt!"

Kaum ist sie aus der Tür, renne ich zu Bashir. „Nächsten Sonntag müsst ihr zu mir kommen", rufe ich ihm zu. „Meryem kocht." Er lächelt wissend.

Am nächsten Sonntag treffe ich Meryem, Bashir und seine Frau am frühen Vormittag am Hauptbahnhof. In einem türkischen Laden kaufen wir Lammfleisch, Pflaumen, Datteln, Couscous. Anschließend bereiten wir in meiner Küche gemeinsam das Essen zu. Zum ersten Mal esse ich marokkanisch. Es schmeckt köstlich.

Von da an sehen wir uns an jedem Sonntag und oft auch samstags. Irgendwann weiß ich: Wir gehören zusammen. Ich stelle Meryem Frau Zopfy vor, dann Arif und allen anderen Freunden. Es fühlt sich gut an, gemeinsam mit ihr aufzutreten. Sie ist selbstbewusst, und gleichzeitig zurückhaltend. Sie spricht gut Deutsch, sie mag die deutsche Gesellschaft. Gleichzeitig ist sie sehr in ihrer Heimat verwurzelt. Ich liebe, wie sie kocht und dass sie gastfreundlich ist.

Ein paar Wochen später frage ich Meryem, ob sie meine Frau werden will. Ohne zu zögern, antwortet sie: „Ja." Dann lächelt sie ihr schönes Lächeln.

Und dann will sie mir ihrem Bruder vorstellen. Wir kennen uns jetzt einige Monate. Ich ziehe mein weißes Hemd an und eine Anzughose. Ich will einen guten Eindruck machen. Der Bruder ist der einzige Familienangehörige von Meryem, der in Deutschland lebt. Wir treffen uns in einem Café, ich finde ihn sofort nett. Irgendwann sagt er, zu mir gewandt, er vertraue seiner Schwester. Ich verstehe sofort, dass er uns meint, dass er in uns als Paar vertraut, weil seine Schwester sich für mich entschieden hat.

Gleich am nächsten Morgen erkundige ich mich im Standesamt, welche Unterlagen wir für die Heirat brauchen. Der

Beamte reicht mir einen Zettel, auf den eine lange Liste mit benötigten Dokumenten gedruckt ist. Ich muss sofort an die Wohnungssuche denken, an die vielen Dokumente, die wir gar nicht bekommen konnten. „Wir haben erst in ein paar Monaten wieder einen Termin frei", sagt er dann noch. Es muss einen anderen Weg geben, denke ich, so wie es damals mit der Wohnung auch einen anderen Weg gegeben hat. Zuhause gebe ich im Internet die Stichworte „Heiraten, Ausländer, Deutschland" in die Suchmaske ein. Der erste Treffer ist die Webseite einer dänischen Gemeinde. Für die Trauung dort brauchen wir nur das Ehefähigkeitszeugnis, ein Dokument, das bescheinigt, dass wir noch nicht verheiratet sind. Und schon in der nächsten Woche sind Trautermine frei.

Am Abend erzähle ich Meryem von meinem Plan. Sie findet die Idee gut, in Dänemark zu heiraten. Sofort beantragen wir beide die Ehefähigkeitszeugnisse, ich beim Standesamt, Meryem in der marokkanischen Botschaft. Gemeinsam schauen wir noch am Abend auf der Webseite der dänischen Gemeinde nach dem nächsten freien Termin. Freitag kommende Woche. Wir schauen uns an. Sie nickt. Ich klicke „bestätigen". In einer Woche werden wir heiraten!

Am nächsten Nachmittag klopfe ich an der Bürotür meines Chefs. „Nächste Woche bin ich nicht da", sage ich vorsichtig. Er blickt von seinen Unterlagen auf. „Wieso gibst du nicht früher Bescheid?", fragt er, ein wenig verärgert. Ich lege ihm die E-Mail mit der Bestätigung des Trautermins auf seinen Schreibtisch. „Am Mittwoch müssen wir uns in Dänemark beim Standesamt anmelden, am Freitag ist die Trauung", erkläre ich. „Ich verstehe", erwidert mein Chef und lächelt. „Na dann: Alles Gute!"

Am folgenden Sonntag mieten wir ein Auto und fahren in Richtung Norden. Nach zehn Stunden Fahrt erreichen wir die dänische Grenze, kurz dahinter liegt der Ort, in dem wir heiraten. Meryems Bruder hat ein Hotelzimmer für uns gebucht. Ich muss an die Insel Kisch denken, an mein erstes Hotel, an die Rundfahrten mit Hamid, an den Palmenstrand. Daran, dass wir kurz nach unserer Rückkehr nach Teheran nach Europa aufgebrochen sind. Und daran, dass ich eigentlich nach Almitu wollte, weil meine Mutter mich verheiraten wollte. Wie anders ist doch alles gekommen! Wie viel ist seitdem passiert!

Nachdem wir am nächsten Tag unsere Unterlagen auf dem Standesamt der Gemeinde abgegeben haben, fahren wir ans Meer. Dunkelblau und aufgewühlt liegt es vor uns, der Wind bläst so stark, dass wir uns dagegen lehnen können, ohne umzufallen. Ich muss an die Überfahrt denken von Izmir nach Griechenland. An das kleine Schlauchboot. An die sechs Plastikpaddel. An Naem. An mein erstes Leben. Ich denke: „Was für ein Glück wir hatten, dass das Meer an jenem Tag so ruhig war." Die übrigen Tage besuchen wir die Städte in der Umgebung. Ich will das Meer nicht mehr sehen.

„Mein Mann", ruft Meryem, als wir das Standesamt am Freitagvormittag verlassen. „Meine Frau", antworte ich glücklich.

Später heiraten wir auch nach islamischem Ritus, in der Moschee in Penzberg, im Süden von München. Meryems Bruder ist dabei und einer meiner ältesten Freunde in München, ein Junge, den ich auf dem Fußballplatz am Ostpark kennengelernt habe.

Am Abend telefonieren wir über Skype mit ihrer Familie in Marokko, dann mit ihren Brüdern, von denen einer in Kanada lebt. Die Eltern sagen: „Wir haben jetzt einen weiteren Sohn." „Willkommen in unserer Familie", begrüßen mich die Brüder. Ich spüre einen Kloß in meinem Hals, wie damals, als mein Vater gestorben ist. Diesmal bin ich aber nicht traurig. Diesmal bin ich überglücklich.

Ein paar Tage später rufen wir gemeinsam meine Mutter an, um ihr von der Hochzeit zu erzählen. Ich weiß: Sie wäre gern der Tradition gefolgt, sie hätte gern meine Frau ausgesucht. Doch in ihrer Stimme höre ich sofort, dass sie sich freut. „Sorgt sie gut für dich?", fragt sie, als Meryem kurz aus dem Zimmer geht. „Sehr gut", antworte ich. „Ich habe nur Gutes über dich gehört", sagt meine Mutter dann und seufzt. „Du wirst deine Sache schon richtig machen. Ich freue mich für dich."

Dass ich bald nach Afghanistan fliege, dass wir uns bald sehen, sage ich noch nicht. Ich will sie nicht zu früh in Aufregung versetzen.

„Ihr habt so schnell geheiratet. Ich habe nicht mal richtig mitbekommen, dass ihr euch überhaupt kennengelernt habt", sagt ein paar Tage nach der Trauung ein wenig irritiert eine von Meryems Freundinnen. Wir sitzen gemeinsam in einem Café. „Für mich war so klar, dass er der Richtige ist", antwortet Meryem. „Und auch mein Bruder hat mir sofort prophezeit, dass wir gemeinsam glücklich werden, als er Hassan kennengelernt hat." Ich bin noch glücklicher, als ich das höre.

Als ich meine Sachen packe, finde ich den Brief, den ich meinem Mitbewohner in meinem ersten Jahr in Deutschland für meine Familie diktiert habe. Den Brief, den ich nie abgeschickt habe. Ich hatte ihn in einem Koffer versteckt, den mir jemand für den zweiten Umzug geschenkt hat. Obwohl ich den Brief gar nicht lesen kann, er ist auf Persisch, macht er mich traurig. Er erinnert mich an die Zeit, als ich in der Gemeinschaftsunterkunft lebte, als ich nicht wusste, was mit mir passieren wird, als alles unsicher war, als ich jeden Tag zum Schwarzen Brett lief, um zu erfahren, ob das Ergebnis der Anhörung da ist.

Als ich so auf meinem Bett sitze – in den Händen halte ich den Brief, vor mir auf dem Boden liegt aufgeklappt der leere Koffer –, muss ich wieder an die protestierenden Flüchtlinge denken. Was hätte ich gemacht, wenn ich noch länger auf das Ergebnis meines Asylverfahrens hätte warten müssen? Mir wird klar: Ich hätte die Situation ertragen wie alles andere. Damals kannte ich das Gegenteil von Leiden gar nicht, mein ganzes Leben hatte ich bis dahin gelitten. Als Hirte und Diener in Almitu, als Bauarbeiter in Teheran, im Flüchtlingslager in Patras. Erst jetzt weiß ich, wie es ist, zu leben ohne zu leiden.

Wie sehr ich mich verändert habe! Bin ich überhaupt noch derselbe Mensch wie damals, als ich nach Deutschland gekommen bin? Ich muss daran denken, wie Hamid zu mir sagte: „Du bist so deutsch." Dann sage ich mir wieder: Mein Leben in Deutschland funktioniert nicht ohne mein Leben davor. Plötzlich bin ich zum ersten Mal stolz auf meine Geschichte. Darauf, dass ich aus Afghanistan komme, dass ich weggegangen bin, um für meine Familie zu sorgen. Und darauf, jetzt Teil der deutschen Gesellschaft zu sein.

Was für ein Glück ich doch hatte, in Deutschland gelandet zu sein. Der deutsche Staat, alle Deutschen, haben es mir ermöglicht, in die Schule zu gehen, eine Ausbildung zu machen. Und jetzt darf ich zurückgeben, was ich bekommen habe, mit meiner Arbeit, mit meiner Steuer. Ich muss mich nicht länger wie ein Bittsteller fühlen, ich bin Teil der Gemeinschaft.

Während ich warme Unterwäsche in den Koffer lege und zwei dicke Pullover – im September ist es schon frisch in Almitu, es gibt keine Heizung –, versuche ich mir vorzustellen, wie es wäre, wieder in Afghanistan zu leben. Es klappt nicht, es ist so weit weg. Afghanistan ist mir fremd geworden in den vergangenen dreizehn Jahren. Ich müsste wieder ganz von vorne beginnen. Ich halte inne beim Kofferpacken. Ich denke an Naem, der ermordet wurde, weil er mit ausländischen Truppen zusammengearbeitet hat. Der kurz zuvor zu Hamid und mir sagte: „Hier ist es wahnsinnig gefährlich. Seid froh, dass ihr in Europa seid."

Wie wird es mir in Afghanistan ergehen?

10. „Hierher kommen die Taliban nicht"
Heimreise nach Afghanistan

Als ich am Flughafen in Kabul durch die Sicherheitsschranke trete, trifft mich etwas am Kopf, dann an den Schultern, ich höre Schreie. Ich erschrecke, blicke auf den Boden. Was ist das? Und erkenne: Süßigkeiten! Bonbons in bunt glitzerndem Papier, Karamell und Schokolade in durchsichtiger Folie. Ich blicke hoch. Ein paar Meter vor mir stehen etwa zehn Menschen und ein Haufen Kinder. Alle schauen mich an, rufen, lächeln und werfen Süßigkeiten auf mich. Ich erkenne meine drei Geschwister, die in Kabul studieren, meinen ältesten Bruder Ehsan, der eigentlich im Iran lebt. Dann sehe ich meine Tante, die Schwester von meinem Vater, meinen Onkel, den Bruder meines Vaters, einen Cousin mit seiner Frau, eine Cousine und ihr Mann. Die vielen Kinder, die um die Erwachsenen stehen, aber habe ich noch nie gesehen. Alle halten bunte Ketten aus Plastikblumen in den Händen. Ich bin verblüfft – mit solch einem Empfang hatte ich niemals gerechnet. Ich hatte doch nur meinen Geschwistern gesagt, dass ich heute ankomme.

Es ist ein später Augusttag im Jahr 2014. Vor genau dreizehneinhalb Jahren bin ich aus Almitu fortgegangen.

Ich trage meine älteste Jeans und ein verwaschenes T-Shirt, seit Tagen habe ich mich nicht mehr rasiert. Keine Frage: Ich sehe schlampig aus. So war es geplant. Ich wollte ja aussehen wie ein Dorfbewohner, arm. Keiner sollte sehen, dass ich aus Europa komme. Bis gerade eben hat mein Plan auch funktioniert. Als ich dem Beamten bei der Passkontrolle sagte, dass ich aus Deutschland komme, lachte er, er glaubte mir nicht.

Dieses Begrüßungskomitee aber hat meine Tarnung auffliegen lassen. Offenbar macht sich in meiner Familie niemand Sorgen, die falschen Menschen könnten merken, dass ich aus dem Ausland zurückkomme. Ich beginne mich zu entspannen. Wahrscheinlich habe ich die Gefahr überschätzt. Meine Geschwister werden schon wissen, was sie tun, sie leben schließlich in Afghanistan, nicht ich.

Zuerst umarme ich Ehsan, dann meine ältesten Schwestern, meinen mittleren Bruder. Meine Tante erzählt aufgeregt, dass sie schon auf einen anderen jungen Mann Süßigkeiten werfen wollte, eine Verwechslung, dass mein Onkel sie gerade noch zurückhalten konnte. „Ich habe dich ja schon so lange nicht mehr gesehen, mein Junge." Mein Onkel unterbricht sie, er habe sofort gewusst, dass sie sich täusche. „Ich hätte dich nur nicht wiedererkannt, wenn du eine dunkle Sonnenbrille getragen hättest", sagt er und lacht. Ich lache auch. Vor Glück. Dann entschuldige ich mich für meine Kleidung, erkläre, dass ich einfach nicht damit gerechnet hatte, dass sie alle kommen würden, um mich zu empfangen. Meine Tante macht eine wegwerfende Handbewegung. „Du siehst toll aus."

Nach einer Viertelstunde habe ich jeden begrüßt, auch die Kinder, sie gehören zu meinen Cousins. Erst als ich fertig bin, verlassen wir alle zusammen das Flughafengebäude. Wir müssen aussehen wie eine Fußballmannschaft inklusive Nachwuchsspieler. Wir verteilen uns auf die Autos von meinem Onkel und die meiner Cousins und fahren – im Konvoi – zur Wohnung meines Cousins. Er lebt in einem Viertel am Stadtrand, wie alle aus meiner Familie, die jetzt in der Hauptstadt leben, wie überhaupt alle aus Almitu. Es ist das erste Mal, dass ich in Kabul bin. Doch ich habe kaum Zeit, aus dem Fenster zu schauen, ich sitze eingequetscht zwischen meinen vier Geschwistern, sie bestürmen mich mit Fragen wie: „Wie lange fliegt man?", „Wie ist das Fliegen?", „Hat das

Flugzeug gewackelt?" Immer, wenn ich es schaffe, doch kurz aus dem Fenster zu schauen, sehe ich graue Betonwürfel. Überhaupt scheinen alle Häuser in der Stadt gleich auszusehen. Auch mein Cousin wohnt in einem kleinen quadratischen, grauen Haus.

Seine Frau hat das Mittagessen für uns alle vorbereitet, Teigtaschen, Reis, Lammfleisch, Trauben, dazu gibt es Chai. „Wie ist Deutschland?", fragen die Kinder, während wir essen. „Lasst ihn doch erst mal in Ruhe", sagt mein Cousin. Während ich eine Teigtasche mit Fleisch-Gemüsefüllung esse, überlege ich, wie ich München am besten beschreiben könnte. Aber immer wenn mir eine Formulierung einfällt, kommt sie mir schon wieder unzulänglich vor. Ich finde einfach nicht die richtigen Worte. „München, die Stadt, in der ich wohne, ist alt und sauber", versuche ich es. „Alles ist sehr geordnet, sehr organisiert." Und weil ich ja auch nicht will, dass jemand aus meiner Familie auf die Idee kommt, es auf die gleiche Weise wie ich nach Europa zu wagen, schiebe ich sofort hinterher: „Als Flüchtling ist das Leben dort sehr hart." Einen kurzen Moment lang bin ich in Versuchung zu sagen: „Ihr müsst euch das selber anschauen." Doch ich weiß natürlich, dass das nicht geht, dass hier keiner das Geld für die Reise hätte, dass auch niemand ein Visum bekommen würde. Ich sehe erleichtert, dass die Kinder angesichts meiner verdrucksten Worte sowieso schon wieder das Interesse an dem Thema verloren haben. Und damit auch erst mal niemand anderes auf die Idee kommt, sich nach Deutschland zu erkundigen, frage ich schnell, wie es meiner Mutter geht. „Mutter geht es gut", sagt Ehsan. „Sie kann es nicht erwarten, dich zu sehen." Dann erzählen meine Geschwister durcheinander von ihrem Studium.

Als wir mit dem Essen fertig sind, verstummen plötzlich alle und mein Onkel beginnt feierlich zu sprechen. „Seit ein paar Jahren gibt es ein Ritual, wenn jemand aus dem Ausland heimkommt. Der Rückkehrer richtet ein Fest für das ganze Dorf aus", erklärt er. Seit ich nach Europa gegangen bin, haben viele junge Menschen Almitu verlassen, um ins Ausland zu gehen, die meisten leben heute in Australien. Wenn ich einverstanden sei, fährt mein Onkel umständlich fort, dann würde er jetzt veranlassen, dass mir auch solch ein Willkommensfest bereitet wird. Ich verstehe, dass ich keine andere Wahl habe als zuzustimmen und dass ich das Fest natürlich selbst bezahlen muss. Ich nicke heftig, als könnte ich es kaum erwarten. In Wahrheit habe ich keine große Lust darauf, mit ganz Almitu meine Rückkehr zu feiern, am liebsten hätte ich gar niemandem erzählt, dass ich zu Besuch bin. Ich hatte mir sogar schon ausgemalt, dass nur meine Mutter und meine Geschwister wüssten, dass ich da bin, dass ich um alle Willkommensrituale herumkomme. Jetzt wird mir klar, wie illusorisch diese Vorstellung war. Habe ich mich so verändert? War ich immer schon anders? Ich bin der Einzige aus unserer Familie, der im westlichen Ausland lebt, und ich war der Erste aus Almitu, der es überhaupt in die erste Welt geschafft hat. Wahrscheinlich habe ich mich in den dreizehn Jahren, in denen ich weg war, einfach in eine andere Richtung entwickelt.

Mein Onkel grinst fröhlich, als ich dem Fest zustimme, auch die anderen freuen sich. Mein Cousin erklärt aufgeregt, dass wir morgen nicht direkt nach Almitu fahren werden, sondern nur bis zum Nachbarort, der eine Stunde vor Almitu liegt. Von dort werde uns dann am folgenden Morgen ein Autokonvoi abholen und bis nach Almitu begleiten. Er strahlt, als er davon spricht, der Autokonvoi scheint ihm besonders große Vorfreude zu bereiten.

Und dann drückt mir mein Onkel ein Telefon in die Hand und sagt: „Deine Mama." „Hallo", sage ich vorsichtig –

die Antwort: lautes Schluchzen. Ich will meine Mutter beruhigen, doch ich merke: Ich kann selbst nicht sprechen,
wieder ist da dieser Kloß in meinem Hals. Minutenlang
weint sie, und ich schweige. Schließlich erklärt sie mit er-
stickter Stimme, sie werde alle ihre sieben Schafe schlachten
lassen für mein Fest. Das restliche Gespräch verbringe ich
damit, sie zu überreden, die Tiere nicht zu schlachten, sondern das Fleisch lieber auf dem Markt zu kaufen. Sie braucht
die Schafe doch für den Winter. Und das Fleisch würde sowieso nicht für alle Besucher reichen. Mein Onkel hat von
Hunderten Menschen gesprochen.

„Lass uns zum Basar gehen!", sagt Ehsan, als ich aufgelegt
habe. „Wir kleiden dich ein, damit du wieder aussiehst wie
ein Afghane!" Ich kaufe eine weiße, weite Stoffhose zum
Schnüren, ein weißes, weites Hemd, eine beigefarbene Weste.
Ehsan will, dass ich noch einen grauen Schal kaufe. Ich erkläre
ihn für verrückt, es ist Ende August und heiß. „Nicht wegen
der Kälte", sagt er, „wegen des Staubs." Erst da fällt mir auf,
dass überall, auch über der Kleidung auf den Marktständen,
eine feine Staubschicht liegt.

Als wir wieder zuhause bei meinem Cousin angelangt sind,
bitte ich ihn, mich zur Mutter von Naem zu bringen. Noch in
Deutschland hatte ich mir vorgenommen, sie so rasch wie
möglich zu besuchen. Auch sie wohnt in dem Bezirk am
Stadtrand, wo alle Auswanderer aus Almitu wohnen, zusammen mit der Witwe und den Kindern von Naem.

Auch ihr Haus ist ein grauer Würfel. Es dauert eine kleine
Ewigkeit, bis jemand öffnet, ich habe mich nicht angekündigt,
niemand erwartet mich. Dann steht plötzlich Naems Mutter
vor mir. Als sie mich erkennt, fängt sie an zu weinen. Sie
schlägt sich eine Hand vor den Mund, mit der anderen packt
sie mich am Arm und zieht mich in die Wohnung, die Fenster
sind mit dunklen Tüchern verhängt. Als sich meine Augen an

das Halbdunkel des Wohnzimmers gewöhnen, erkenne ich in einer Ecke eine junge Frau, im Arm hält sie einen Jungen, vor ihr spielt ein Mädchen. Die Frau und die Kinder von Naem! Ich grüße sie, spreche ihr mein Beileid aus. Sie dankt schüchtern, steht auf und bringt Tee. Dann zieht sie sich mit den Kindern zurück. Die Mutter beginnt zu erzählen, immer wieder unterbrochen von Schluchzen. Wie kaputt Naem war, als er vor sechs Jahren nach Afghanistan zurückkehrte, wie gut er sich dann erholte, wie glücklich er war, als er den Job bei den ausländischen Truppen fand, und erst, als seine Kinder zur Welt kamen.

Ich stelle mir vor, was für ein guter Vater Naem gewesen sein muss, er, der immer hilfsbereit war, und sich um die anderen mehr sorgte als um sich selbst. Ich spüre wieder diesen Kloß in meinem Hals, kann kaum sprechen, merke, dass auch ich weine. Bin froh über das Halbdunkel. Der Kloß verschwindet erst, als wir nach eineinhalb Stunden Naems Mutter, seine Frau und seine Kinder wieder verlassen.

Zurück im Haus meines Cousins, nimmt mich mein Onkel beiseite, führt mich ins Schlafzimmer. Es ist der einzige Ort in der Wohnung, an dem wir ungestört reden können. Mein Onkel erklärt mir leise und mit strengem Blick, ich müsse mich vor den Taliban in Acht nehmen. Sie hätten es besonders auf Menschen abgesehen, die mit dem Westen zu tun haben oder aus dem Westen kommen. Erst vor drei Wochen, so habe er gehört, sei ein junger Rückkehrer von den Taliban ermordet worden. Er lebte eigentlich in Australien.

Ich hatte also doch recht mit meiner Vorsicht! Wieso hat meine Familie mich dann nicht unauffälliger empfangen? Und was für eine blöde Idee ist es überhaupt, ein riesiges Willkommensfest in Almitu zu organisieren! Ich beginne, wütend zu werden.

„Keine Sorge: In Kabul und in Almitu sind wir sicher", erklärt mein Onkel da, als könne er meine Gedanken lesen. „Aber auf der Fahrt morgen musst du aufpassen." Das Gebiet zwischen Almitu und Kabul ist umkämpft. Der Großteil ist Taliban-Gebiet. Die afghanische Regierung hat es nie geschafft, sich dort dauerhaft durchzusetzen. Entlang der Straße, die Almitu mit Kabul verbindet, haben die Taliban mehrere Checkpoints errichtet, am Ein- und Ausgang zu den Gebieten, die sie kontrollieren. Mein Onkel sagt, ich solle mich unauffällig verhalten, meine neue afghanische Kleidung anziehen. Und dann senkt mein Onkel noch mal die Stimme. „Es passiert, dass Nachbarn oder Bekannte einen aus Missgunst und Neid an die Taliban verraten." Sie behaupteten, man arbeite für die Regierung oder, noch schlimmer, für den Westen, und informierten die Taliban, wann man wohin reise und in welchem Fahrzeug man unterwegs sei. „Sei also immer vorsichtig, reize niemanden", sagt mein Onkel. Dann setzen wir uns wieder ins Wohnzimmer, wo die Frau von meinem Cousin gerade beginnt, das Abendessen aufzutischen.

Die Worte meines Onkels hallen noch in meinem Kopf nach, da klingelt es an der Tür. Die Nachbarn. Sie haben gehört, dass Besuch aus Europa da ist. Ich begrüße die Männer freundlich, aber zurückhaltend. Nach dem, was mein Onkel gerade gesagt hat, habe ich ein seltsames Gefühl. Keinem der Besucher sage ich, dass wir am nächsten Tag nach Almitu fahren. Auch mein Cousin und mein Onkel erzählen nichts von unseren Plänen.

Am nächsten Morgen brechen wir noch in der Dunkelheit auf, im Auto meines Onkels. Wir sind zu acht. Mein Onkel fährt, meine Tante und ein anderer Onkel sitzen auf dem Beifahrersitz, mein Cousin und seine Frau, meine älteste Schwester, Ehsan und ich auf der Rückbank. Meine zweitälteste Schwester und mein mittlerer Bruder bleiben zurück. Mein

Bruder macht gerade einen Informatik-Kurs. Meine Schwester wiederholt gerade den Vorbereitungskurs für die Uni. Um an der Universität von Kabul einen Platz zu bekommen, um also bei den anderen Geschwistern bleiben zu können, braucht sie eine bessere Note als beim letzten Mal.

Ich bin ein wenig aufgeregt, als wir losfahren. Mein Onkel hat am Abend, nachdem die Nachbarn gegangen waren, noch lange von der Fahrt nach Almitu erzählt. Er hat gesagt, dass man manchmal mitten in ein Gefecht fährt, dass die Taliban dann auf der einen Seite der Straße stehen und die Regierungstruppen auf der anderen. Dann muss man mit einigem Abstand warten, bis der Kampf vorüber ist. Manchmal queren die Taliban auch mit Maschinengewehren auf dem Autodach die Straße, dann bleibt jeder Fahrer sofort stehen, denn jeder wisse: Wer weiterfährt, wird erschossen. Lastwagen, die Gas und Öl in von der Regierung kontrollierte Gebiete transportieren, werden häufig beschossen. Es ist wohl auch vorgekommen, dass die Taliban die Straße vermint haben – dann gibt es gar keine Rettung, für niemanden.

Üblicherweise trifft man aber nur die Checkpoints an. Gefährlich ist es dann vor allem für die, die die Taliban als Mitarbeiter der Besatzungstruppen oder der Regierung identifizieren, für Übersetzer, Polizisten, Beamte. Und natürlich auch für Menschen, die aus dem Westen zurückkehren. Mein Onkel hat erzählt, dass es ausreiche, verdächtig zu wirken. Er hat auch gesagt, dass die afghanischen Taliban freundlich seien im Vergleich zu den Taliban, die aus Pakistan oder aus Tschetschenien kommen. Die töten ihre Gegner nicht einfach, sie quälen sie. Und die Leichen übergeben sie den Verwandten nur gegen Lösegeld.

Während wir durch die staubigen Straßen von Kabul zur Schnellstraße in Richtung Süden fahren, zu jener Straße, von der mein Onkel berichtet hat, geht all das durch meinen Kopf.

Nach einer Stunde kommen wir an. Die Straße ist im Grunde nur ein schmaler Asphaltstreifen, der durch ein Meer aus Sand führt. Links und rechts erstreckt sich endlos grell die Wüste, so grell, dass es in den Augen schmerzt. Es ist noch nicht mal zehn Uhr morgens, aber die Sonne scheint schon stark, und der Sand blendet wie Schnee. Bereits nach wenigen Kilometern müssen wir dem ersten Hindernis ausweichen, einem zerbombten Tankwagen. Er liegt quer auf der Straße wie ein Mahnmal. Wir fahren in den Sand, die Reifen drehen durch, minutenlang. Als ich mir gerade ausmale, wir könnten steckenbleiben, die Taliban könnten kommen, mein Gepäck durchsuchen und mein Smartphone finden, gibt der Sand die Reifen frei. Nur wenige Kilometer später blockiert ein ausgebranntes Militärauto unsere Spur, immerhin müssen wir nicht in den Sand, nur auf die Gegenfahrbahn. Es folgen weitere zerstörte Tanklaster, mehrere Militärautos.

Nach einer Stunde passieren wir das erste Mal einen Posten der Taliban. Ein paar Männer mit weißen Turbanen auf dem Kopf stehen mit Kalaschnikows vor einer Wand von schmutzig-braunen Sandsäcken, davor hat sich eine Schlange von zehn Autos gebildet. Wir halten an, ich schiebe mein Smartphone, mit dem ich gerade noch Fotos gemacht habe, unter den Beifahrersitz. Von dem Geld, das es kostet, könnte in Afghanistan eine Familie ein ganzes Jahr lang leben. Es würde mich sofort verdächtig machen. Ich merke, dass auch meine Familie angespannt ist. Als wir vor den Sandsäcken angekommen sind, nähert sich ein Mann mit weißem Turban mit vorgehaltener Kalaschnikow und schaut mit strengem Blick in unseren Wagen. Dann macht er mit der Waffe eine schnelle Bewegung: „Weiterfahren!" Wir müssen wieder in den Sand, um die Sandsackwand zu umfahren, diesmal finden die Reifen sofort Halt.

Nach mehr als sieben Stunden Fahrt erkenne ich ein paar Kilometer vor uns ein paar flache Häuser. Das Dorf, in dem wir die Nacht verbringen. „Jetzt sind wir in Sicherheit", sagt mein Onkel wenig später. „Hierher kommen die Taliban nicht." Wir halten vor einer Pension, dort werden wir die Nacht verbringen. Meine Schwester steigt in eines der Sammeltaxis, das weiter nach Almitu fährt, sie wird bei den Vorbereitungen für mein Fest helfen. Vor dem Abendessen schleppt mich mein Onkel noch zum Basar, wo wir kiloweise Stoff kaufen. Es gehört zum Ritual des Willkommensfests, dass der Rückkehrer jedem Gast Stoff für ein neues Kleidungsstück schenkt. Wir zanken uns über die Menge – ich finde, er kauft viel zu viel – doch ich habe keine Chance.

Während wir zurücklaufen in die Pension, ist die Wüste in ein bläulich gelbes Licht getaucht.

Am nächsten Morgen weckt mich lautes Hupen. Ich habe mich noch nicht richtig angezogen, da zerrt mich mein Onkel vor die Tür. Zehn Autos sind aus Almitu gekommen, um mich in Empfang zu nehmen, weit mehr als fünfzig Menschen. Alle tragen die bunten Plastikblumenketten in den Händen, mit denen mich meine Familie auch am Flughafen begrüßt hat. Von meiner Schwester habe ich mittlerweile erfahren, dass die Ketten seit ein paar Jahren als Willkommensgeste verschenkt werden, dass Kunstblumen in Afghanistan sogar teurer sind als echte Blumen. Wieder prasseln Süßigkeiten auf mich.

Mitten unter den Menschen steht klein und zierlich meine Mutter. Sie sieht fast genauso aus wie vor dreizehn Jahren, als ich sie verlassen habe. Sie steht einfach da, in der einen Hand eine Kette, mit der anderen wirft sie Süßigkeiten auf mich, lächelt. Und dann sehe ich, dass sie weint. Auch ich bleibe wie angewurzelt stehen. Soll ich mich wie ein Kind verhalten, wie ihr Kind? Oder wie ein erwachsener Mann? So wie der Mensch also, den all die in mir sehen sollen, die um uns herumstehen? Plötzlich ist mir egal, was die anderen denken. Ich laufe auf meine Mutter zu, wir umarmen uns schweigend, halten uns eine Ewigkeit fest, als könnten wir aufholen, was wir in den vergangenen Jahren verpasst haben. Ich merke, wie mein T-Shirt nass wird von ihren Tränen.

Als wir uns wieder loslassen, sehe ich das junge Mädchen neben ihr und den jungen Mann. Meine jüngsten Geschwister! Als ich Almitu verlassen habe, konnten sie noch nicht laufen. Einmal hat meine Mutter mir ein Foto von ihnen geschickt, da waren sie noch Kleinkinder. Jetzt sind sie so groß wie ich. Sie lächeln mich schüchtern an. Ich umarme auch sie.

Im Konvoi fahren wir dann über eine Bergkette nach Almitu, auf derselben schmalen Sandpiste voller Schlaglöcher, die schon da war, als ich noch hier lebte. Erster Gang, zweiter Gang, erster Gang, zweiter Gang. Manche Kurven sind so eng, dass wir umständlich manövrieren müssen, vor, zurück, vor, zurück. Und dann, als wir den höchsten Punkt überschritten haben, liegt plötzlich Almitu vor uns. Auf den ersten Blick sieht alles aus wie immer. Doch als wir ins Dorf hineinfahren, sehe ich, dass viele Häuser leer stehen. Mein Onkel sagt, dass fast die Hälfte der Bewohner in die Stadt oder ins Ausland gegangen ist.

Die Willkommensfeier findet im Haus meines Onkels statt, dort ist am meisten Platz. Meine Mutter verschwindet mit meiner Schwester, kaum sind wir aus dem Auto gestiegen. Ich verstehe, dass ich erst einmal nur mit den Männern zusammen sein werde. Der Raum ist schon voll, als ich eintrete, mehr als dreißig sitzen auf dem Holzboden. „Hassan ist zurück!", ruft mein Onkel, als wir mitten im Raum stehen. Alle springen auf und jubeln, drängeln sich um mich wie um einen Popstar, umarmen mich. Als wir uns alle gesetzt haben, gehen zwei Jungs herum, sie reichen Schalen mit Wasser und ein Handtuch, zum Händewaschen. Dann legen sie rote Tischtücher aus mit bunten Blumen drauf. Ich nehme neben meinem Onkel Platz. Nach und nach strömen noch mehr Männer in den Raum, auch sie finden Platz, manche setzen sich auf die Tischtücher. Die Jungs mit den Wasserschalen bahnen sich geschickt einen Weg zu den Neuankömmlingen. Als ich mich gerade frage, wo noch Platz zum Essen sein soll, tragen die beiden Jungs silberne Schalen herein, aus denen Dampf aufsteigt. Darin ist eine dicke Sauce. Als sie ungefähr zehn Schalen im Raum verteilt haben, bringen sie noch mal so viele silberne Platten mit Fleisch, Brot, Trauben, Äpfeln. Während wir essen, servieren die beiden Jungs Chai. Und immer wieder tragen sie Wasserschalen herein und weitere Schalen und Platten. Denn es kommen die ganze Zeit neue Leute. Im Raum ist immer Bewegung. Ich schaffe es kaum zu essen, denn alle Gäste setzten sich irgendwann zu mir, begrüßen und beglückwünschen mich. Und mein Onkel übergibt die Pakete mit Stoff, die wir am Vorabend gekauft haben.

Als sich der Raum am späten Nachmittag langsam leert und ich mich schon darauf freue, mich gleich ausruhen zu können, kommen die Frauen. Ich hatte sie ganz vergessen! Zwei Mädchen bringen jetzt die Wasserschalen, das Essen, den Chai. Auch alle Frauen begrüßen mich, auch sie bekommen ein Paket mit Stoff.

Am späten Abend, als wirklich alle gegangen sind, liegt immer noch ein großer Haufen Stoffe neben mir. „Ich habe es doch gewusst, wir haben zu viel gekauft", sage ich zu meinem Onkel, ein wenig triumphierend, ein wenig ratlos, was wir mit dem ganzen Stoff machen sollen. „Warte ab, den werden wir schon noch los." Er wird recht behalten.

Erschöpft sinke ich wenig später im Haus meiner Familie auf die Matratze, die immer noch genauso dünn ist wie vor dreizehn Jahren. Ich erinnere mich an die Nacht, in der ich aufgebrochen bin, in der ich genau an der Stelle, wo ich jetzt liege, wach lag, aus Angst, die Abfahrt zu verschlafen. Ich erinnere mich daran, wie meine Mutter mir die süßen Teilchen und die gekochten Eier gab. Wie sie in der Tür stand und ich einfach ging.

Am nächsten Morgen werde ich von einem leisen Rascheln wach. Meine Mutter schichtet gerade in der Küche ein paar Holzscheite in den Ofen, der immer noch nur ein Loch im Boden ist. Ich beobachte durch den halbgeöffneten Vorhang, wie sie kleine Äste zerbricht und zwischen die Scheite steckt, wie sie ein Streichholz hineinwirft. Wie sie den Teig knetet, wie sie dann dieselbe gusseiserne Schale in den Ofen stellt, die sie schon früher verwendet hat, und den Teig hineinlegt. Sie macht das Brot fürs Frühstück.

Als sie fertig ist, stehe ich auf. Wie früher wasche ich mein Gesicht am Bach nicht weit von unserem Haus. Dann setze ich in der Küche Teewasser auf. Allmählich stehen auch meine Geschwister auf. Zum Brot reicht meine Mutter gekochte Kartoffeln, die sie am Morgen geerntet hat. Ich habe das Gefühl, das erste Mal in meinem Leben Kartoffeln zu essen. Sie schmecken viel besser als in Deutschland, viel intensiver.

In unserem Haus hat sich kaum etwas geändert. Die Lehmwände, die früher braun waren, sind jetzt mit Gips verputzt und weiß gestrichen. Der Lehmboden, den ich noch voller Löcher und Hubbel kenne, ist jetzt eben. Die Fenster sind ein wenig größer, die Holzrahmen sind versiegelt, damit sie nicht mehr so schnell kaputtgehen. Die einzigen technischen Errungenschaften sind: ein kleiner Röhrenfernseher, eine Glühbirne über der Kochstelle und eine kleine Solaranlage, die an eine Autobatterie angeschlossen ist und den Strom liefert. Dort laden meine Mutter und meine Geschwister auch ihre Handys.

Der Alltag aber ist immer noch so hart wie immer. Meine Mutter backt nicht nur das Brot wie früher. Sie wäscht auch die Wäsche wie vor dreizehn Jahren. In einer Holzschale mischt sie kochendes Wasser mit kaltem, löst darin ein wenig Seife auf.

Als sie alle Hausarbeiten erledigt hat, es ist später Vormittag, nimmt mich meine Mutter mit zu ihrem Stall und zeigt mir stolz ihre sieben Schafe. Dann führt sie mich zu einem kleinen Feld gleich daneben, auf dem dichtes, saftiges Gras wächst, Futter für die Tiere. Als mein Vater noch lebte, hatten wir auch Tiere. Kühe, Schafe, Hühner. Als er starb, mussten wir alles verkaufen, wir brauchten das Geld für seine Beerdigung.

Am Nachmittag gehe ich mit meinen Geschwistern auf den Markt, ich will ihnen Kleidung kaufen, warme Sachen für den Winter. Erst weigern sie sich, sie sagen: „Was du uns gibst, ist schon genug." Dann gehen wir doch.

In den folgenden Tagen besuchen mich im Haus meiner Mutter all jene Nachbarn und Bekannte, die nicht bei der Willkommensfeier dabei sein konnten. Nach und nach wird der Stoffstapel kleiner.

Am dritten Tag kommt einer der Bauern, für den ich nach dem Tod meines Vaters als Hirte gearbeitet habe. Als er mir gegenübersteht, in der Hand den bunten Blumenkranz, denke ich an den Zwölfjährigen, der ich damals war, der Kleinste, der Ärmste von allen, auf den alle hinabschauten, den sie schlecht behandelten. Und jetzt? Jetzt bin ich derjenige, zu dem alle aufschauen.

Wie passt das zusammen, frage ich mich später, als der Mann schon wieder gegangen ist. Wie passt dieser arme Junge, der ich war, zu dem erfolgreichen Mann, der ich jetzt bin, der in Deutschland lebt, eine Anstellung als Elektriker hat, für seine Familie in Afghanistan sorgt, der verheiratet ist? Zuletzt sind mir meine Errungenschaften so normal vorgekommen, in meinem deutschen Umfeld lebt schließlich jeder wie ich. Aber jetzt, von meinem alten Leben aus betrachtet, kommt mir meine Verwandlung plötzlich wieder ungeheuerlich vor. Ich spüre zum ersten Mal nicht nur Stolz auf das, was ich in Deutschland erreicht habe, sondern auch tiefen Respekt vor dem Dreizehnjährigen, der ich war. Wie viel Mut ich damals besessen habe! Ich habe mich einfach in das Leben gestürzt, ohne zu ahnen, was mich erwartet, ohne Angst. Und wie viel Weisheit ich besessen habe! Ich habe mich nie ablenken lassen, weder von Drogen, noch von Alkohol. Und auch nicht von bösen Gedanken. Ich habe immer versucht, aus meinen Erfahrungen zu lernen, vor allem aus den negativen. In meinen ersten Jahren in Teheran zum Beispiel habe ich mich noch geärgert, wenn mich jemand beschimpft hat. Ich habe immer zurückgeschimpft. Doch dann merkte ich, dass ich damit nur mir selbst schade, dass es mich nicht weiterbringt. Damals nahm ich mir vor, alle Menschen als Partner zu sehen, auch jene, die mich nicht gut behandelten. Ich sagte mir, dass ich diesen Menschen wichtig sein musste, weil sie mich wahrnahmen. Und ich fragte mich, was ich lernen kann von ihnen, über mich, über das Leben. Seitdem ich so denke, ist das Leben leichter.

Als ich mir all das im Haus meiner Mutter in Erinnerung rufe, breitet sich ein warmes Gefühl in meinem Inneren aus.

Erst an meinem fünften Tag in Almitu ebbt der Strom der Besucher langsam ab. Mit meinen Geschwistern gehe ich meinen Großvater besuchen. Er wohnt ein wenig außerhalb. Auf dem Weg passieren wir das Haus, in dem wir früher mit meinem

Vater gelebt haben. Das Dach ist eingestürzt, die Mauern bröckeln. Die Felder drum herum, auf denen ich als Kind fast jeden Tag gearbeitet habe, sind von Gestrüpp überwuchert. Ich muss an den Moment denken, als mein Vater in diesem Haus zu mir sagte: „Ich gehe jetzt in eine andere Welt. Jetzt bist du für unsere Familie verantwortlich." Es ist der Moment, der mein Leben veränderte.

Ich bin ein wenig zurückgefallen, laufe ein paar Schritte hinter meinen Geschwistern, hänge meinen Gedanken nach. Da höre ich, wie Ehsan zu meiner Schwester sagt: „Du siehst aus wie eine Bettlerin." Sie geht gebeugt, hat das weiß-graue Bündel mit dem Stoff für meinen Großvater über die Schulter geschwungen. Meine Geschwister lachen über Ehsans Bemerkung. Ich lache nicht. Ich denke, es hätte auch alles ganz anders kommen können. Wenn ich es nicht nach Europa geschafft hätte, wenn ich nicht in Deutschland hätte bleiben können, dann hätten wir jetzt nichts.

In der zweiten Woche muss meine Schwester zurück nach Kabul, an die Uni, wo sie Literatur studiert. Ich beschließe, sie zu begleiten. Ich will Zeit mit ihr, mit meiner zweitältesten Schwester und meinem mittleren Bruder verbringen, ich will ihre Welt kennenlernen. Auch Ehsan kommt mit, er will Zeit mit mir verbringen. Meiner Mutter muss ich versprechen, in einer Woche wieder zurückzukommen. Sie weint beim Abschied.

Diesmal nehmen wir einen Bus nach Kabul. Es ist genauso eng wie im Auto meines Onkels. Wir sind keine Stunde unterwegs, da bleibt der Bus im Sand stecken. Wir müssen aussteigen und schieben. Ich muss an meine allererste Reise denken, von Almitu nach Pakistan nach Teheran, an die Grenzüberquerungen. Als ich auf der Ladefläche von Jeeps saß, die ohne Licht durch das Gelände rasten, die irgendwann im Schlamm steckenblieben, und die wir auch schieben mussten.

Zurück in Kabul trennen Ehsan und ich uns von meiner Schwester. Sie teilt sich ein Zimmer mit fünf Mädchen aus Almitu, die schon studieren. Es liegt nicht weit weg vom Haus meines Cousins, wo Ehsan und ich bleiben. Auch meine anderen beiden Geschwister leben nicht weit entfernt. Meine Schwester wohnt in einem Wohnheim. Mein Bruder teilt sich ein Zimmer mit vier Jungs. Obwohl sie in der Nähe leben, sehe ich die drei in den nächsten Tagen nur ein paar Mal, zum Mittagessen. Sie müssen den Unterricht besuchen, viel lernen. Abends verlassen sie das Haus gar nicht mehr – wie überhaupt niemand in Kabul. Es ist zu gefährlich. In der Nacht gehört Kabul den Verbrechern. An einem Abend erzählt mein Cousin, dass vor kurzem ein Bekannter von ihm entführt worden ist, der nachts unterwegs war. Der Vater, ein Goldhändler, wird seitdem erpresst, immer, wenn er das geforderte Lösegeld übergeben hat, fordern die Entführer mehr.

Mit Ehsan laufe ich in den nächsten Tagen stundenlang durch Kabul. Ehsan sagt, es lohne sich nicht, mit dem Bus oder mit dem Sammeltaxi zu fahren, zu Fuß sei man immer schneller. Auf den Straßen herrscht tatsächlich permanentes Chaos. Es gibt nur eine Regel: Der Stärkere hat recht. Wer das größere Auto hat, wer länger hupt, wer dreister fährt, der kommt weiter. Einmal beobachte ich, wie ein Wagen einfach auf die Gegenfahrbahn fährt, weil dort weniger los ist. Als die entgegenkommenden Autos hupen, ruft der Fahrer aus dem Fenster, er sei der Sohn von Politiker XY – und die anderen weichen aus.

Auf den Straßen von Kabul fahren Autos, die ich in Deutschland noch nie gesehen habe. Amerikanische Wagen, die aussehen wie kleine Lastwagen. Entlang den Straßen laufen mit uns viele arme Menschen, in zerrissener Kleidung, mit fahlen Gesichtern, manchmal sehe ich, wie sie Essensreste vom Boden aufheben. Aber fast niemand bettelt. Wer in Afghanistan bettelt, der verliert seine Ehre. Es betteln vor allem Frauen in Burka.

Einmal gehen Ehsan und ich mittags essen, in ein günstiges Restaurant in der Innenstadt. Eine Frau in Burka, ihre Augen sind kaum zu erkennen, bleibt an unserem Tisch stehen, hält die Hand auf, wiegt den Oberkörper, in meine Richtung. Ich gebe ihr 50 Afghani. „Fang damit besser gar nicht an", flüstert Ehsan, als sie weg ist. Keine zwei Minuten später kommt eine weitere Frau in Burka an unseren Tisch, ich schüttle den Kopf, sie bleibt trotzdem stehen, mit offener Hand. „Ich habe nichts", sage ich zu ihr. „Du hast doch etwas zu essen", sagt sie. Sie zieht eine Plastiktüte unter ihrer Burka hervor, nimmt meinen Teller, er ist fast leer, und kippt den Rest in die Tüte.

Einmal gehen wir in ein Internetcafé, ich will Meryem schreiben. Die Verbindung ist so schlecht, dass ich es nicht mal schaffe, mich bei meinem E-Mail-Anbieter anzumelden. Ehsan sagt, die Internetverbindung sei immer so schlecht. Ich rufe Meryem schließlich an. Ihre Stimme ist so nah, als würde sie neben mir stehen. Und doch ist sie weit weg, in einer anderen Welt.

Wenn ich neben Ehsan durch Kabul laufe, frage ich mich oft: Ob meine Geschwister jemals in Afghanistan Arbeit finden werden? Ich habe den Eindruck, dieses Land bietet keinerlei Perspektiven. Irgendwann frage ich Ehsan, ob er glaubt, in Afghanistan einen Job zu finden. Er schweigt lange. Dann antwortet er, er habe vor zwei Jahren mal in Kabul auf einer Baustelle gearbeitet, sei dann aber krank geworden, er habe Keuchhusten bekommen von dem Staub. Er habe dann eine andere Arbeit gesucht, weil er nicht in den Iran zurückwollte. Doch er fand nichts, auch nicht in Almitu. Die Bauern wollten ihn nicht, weil er im Ausland gewesen war. Wer lange weg war, gilt in Almitu als verweichlicht. Ehsan fand auch keine

Felder, die er hätte pachten können, um sie selbst zu bestellen. Schließlich ist er doch zurück nach Teheran gegangen.

Während ich Ehsan zuhöre, wird mir klar, dass meine Familie noch lange auf mich angewiesen sein wird. Ich denke daran, dass auch meine kleinen Geschwister sicher bald studieren wollen, dass sie dann mehr Geld von mir brauchen. Es macht mich nachdenklich. Insgeheim hatte ich gehofft, in Afghanistan zu erfahren, dass meine Familie mich bald weniger braucht, dass meine Geschwister bald auf eigenen Beinen stehen können. Stumm laufe ich neben Ehsan durch die Straßen von Kabul, ich denke daran, dass meine Geschwister ein Stipendium fürs Ausland bekommen, dass sie in Europa studieren könnten. Ich ahne: Erst wenn sie das schaffen, sind sie nicht mehr auf mich angewiesen.

Ich habe noch keine Woche in Kabul verbracht, da habe ich keine Lust mehr auf die Stadt. Gemeinsam mit Ehsan nehme ich den Bus in Richtung Süden. Auf halber Strecke, ich bin gerade eingedämmert, bleibt der Bus plötzlich stehen. „Nicht schon wieder schieben", denke ich. Noch bevor ich die Augen aufschlage, höre ich Gewehrsalven. Keine 200 Meter von uns entfernt, in einer Apfelbaumplantage, tobt ein Kampf zwischen Taliban und Regierungstruppen. „Den hat es erwischt", kommentiert einer der anderen Passagiere. Fast als würde er ein Fußballspiel schauen.

Nach endlosen Stunden, hinter uns hat sich eine kilometerlange Schlange gebildet, herrscht plötzlich Ruhe. „Feuerpause", ruft der Fahrer, lässt den Motor an und gibt Vollgas. Zwischen den Apfelbäumen liegen leblose Körper.

Nach ein paar Tagen zurück in Almitu habe ich fast das Gefühl, ich wäre nie weggewesen. Deutschland ist weit entfernt. Mit der Sichel schneide ich das Gras auf unserem Feld. Auf dem flachen Dach unseres Hauses sortiere ich mit meiner Schwester die Steine aus dem Getreide, das wir auf dem Basar gekauft haben. Als ich einmal bei einem Bauern Heu für die Schafe kaufe, sagt er zu mir: „Ich kann gar nicht glauben, dass du so lange weg warst."

An den Abenden versuchen meine Mutter, meine Geschwister und ich die Zeit nachzuholen. Meine Mutter holt eine Schachtel aus einer blechernen Kommode, in der sie Fotos und Briefe aufbewahrt. Sie zeigt Bilder von der ganzen Familie, die sie alle paar Jahre von einem Nachbarn machen ließ, der eine Kamera besitzt. Und sie erzählt, stundenlang. Dass mein kleiner Bruder eine Zeitlang Teakwondo gelernt hat, dass er dann nicht weiter machen konnte, weil sie sich den Unterricht nicht mehr leisten konnten. Dass alle Kinder viel lernen, seit die Schule wieder aufgemacht hat. Sie erzählt von zwei großen Dürren, während derer es kaum etwas zu essen gab. Ich höre erstaunt zu, am Telefon hatte sie mir nie davon erzählt.

An einem der nächsten Abende zeigt meine Mutter auch die Bilder, die ich ihr geschickt habe. Das erste zeigt mich in Pakistan. Ich hatte es ganz vergessen. Es muss in dem Hotel gewesen sein, in dem wir darauf warteten, jemanden zu finden, der uns nach Teheran bringen würde. Ich sehe darauf sehr jung und sehr ernst aus, auch ein wenig traurig. Ich muss wieder an diesen Jungen denken, der ich einmal war, der so mutig war, der mir jetzt so fremd ist.

Irgendwann erzählt meine Mutter auch, dass sie immer noch Kreislaufprobleme hat, dass sie noch immer manchmal bewusstlos wird, einfach so. Kaum hat sie es erwähnt, sagt sie auch schon, es sei gar nicht mehr schlimm, passiere viel seltener als früher. Ich weiß: Sie will mich wieder beruhigen. „Warst du beim Arzt?", frage ich. Sie schüttelt still den Kopf. Dann sagt sie, dass es der ganzen Familie gut gehe, dass ich mir keine Sorgen machen müsse. Und ich ahne: In Afghanistan kann man ihre Krankheit gar nicht behandeln.

Schon ein paar Tage vor meinem Flug zurück nach München, merke ich, dass meine Mutter traurig wird. „Mama, du kommst mit nach Kabul", sage ich. „Dann siehst du auch mal, wie deine Kinder dort leben." Sie war noch nie in der Hauptstadt, sie war überhaupt noch nie in einer großen Stadt. Ich denke: Wenn sie nach Kabul fährt, wird sie so viele Eindrücke verarbeiten müssen, dass sie gar keine Gelegenheit haben wird, mich zu vermissen. Als wir gemeinsam in den Bus steigen, ist sie nicht mehr traurig, sondern aufgeregt.

Am Nachmittag kommen wir in Kabul an, wieder bleiben wir bei meinem Cousin. Es ist meine letzte Nacht in Afghanistan. Es gibt keine Abschiedsfeier. Es ist ein ganz normaler Abend, wir legen uns früh ins Bett. Doch ich kann nicht schlafen. Die Vorstellung, schon morgen Abend wieder in München zu sein, macht mich unruhig. Ich muss an meine beschwerliche erste Reise nach Deutschland denken. Und jetzt soll es plötzlich so schnell gehen? Ich kann es nicht fassen.

Um elf Uhr vormittags geht mein Flug. Mein Cousin fährt mich zum Flughafen, meine Mutter und meine Geschwister begleiten mich. Wir sind schon um acht Uhr da, viel zu früh. Doch ich will nicht in der Wartehalle bleiben, ich will den Abschied nicht hinauszögern, verlängern. Ich mag keine Abschiede. Ich umarme alle, nur kurz. Bevor ich in den Sicherheitsbereich trete, drehe ich mich ein letztes Mal um. Meine Mutter, meine Geschwister, mein Cousin – sie stehen alle ganz ruhig da, sie schauen ernst, winken.

In dem Moment muss ich daran denken, dass ich es nicht geschafft habe, ein Foto mit der ganzen Familie zu machen. Und ich frage mich, wann wir uns wohl wiedersehen.

Die Schiebetüre, die den Sicherheitsbereich von der Wartehalle trennt, schließt sich. Meine Familie ist weg. Während ich
meine Sachen auf das Band lege, spüre ich wieder diesen Kloß
in meinem Hals. Dann denke ich an Meryem, an München.
Und der Kloß verschwindet.